# AMMIEN MARCELLIN.

TOME SECOND;

# AMMIEN MARCELLIN,

OU

LES DIX-HUIT LIVRES

DE SON HISTOIRE,

QUI NOUS SONT RESTÉS.

*Nouvelle Traduction.*

## TOME SECOND.

*A LYON,*

Chez JEAN-MARIE BRUYSET, Pere & Fils,
Imprimeurs-Libraires, rue S. Dominique.

M. DCC. LXXVIII.

*Avec Approbation et Permission.*

# TABLE
## DES CHAPITRES
### DU TOME SECOND.

### LIVRE XX.

CHAP. I. *Le Général Lupicin est envoyé avec une armée dans la Grande-Bretagne, pour s'opposer aux incursions des Pictes & des Ecossois,* pag. 1

CHAP. II. *Ursicin, Général d'infanterie, qui étoit de la suite de l'Empereur, est calomnié & congédié,* 3

CHAP. III. *Eclipse de soleil: de deux soleils: des causes des éclipses de lune & de soleil, ainsi que des phases & autres changemens de la lune,* 5

CHAP. IV. *Les soldats Gaulois que Constance veut détacher de Julien & faire servir en Orient contre les Perses, forcent ce jeune Prince qui hivernoit à*

*Tome II.* a

TABLE

*Paris, à prendre le nom d'Auguste,* 10

CHAP. V. *Julien Auguste harangue ses troupes,* 19

CHAP. VI. *Sapor assiege, prend & rase Singare; les habitans sont menés en Perse avec la cavalerie auxiliaire, & deux légions qui défendoient la ville,* 23

CHAP. VII. *Sapor s'empare de Bezabde, ville défendue par trois légions; il la répare & y met une garnison & des vivres. Ce Prince attaque encore Virta, mais sans succès,* 27

CHAP. VIII. *Julien Auguste écrit à Constance Auguste, & l'instruit de ce qui s'est passé à Paris,* 34

CHAP. IX. *Constance Auguste ordonne à Julien de se contenter du nom de César; les légions Gauloises s'y opposent unanimement,* 43

CHAP. X. *Julien Auguste tombe à l'improviste au-delà du Rhin sur les Francs surnommés Attuaires; il en tue un grand nombre, en fait plusieurs prisonniers, & donne la paix au reste,* 47

CHAP. XI. *Constance Auguste assiege avec toutes ses forces Bezabde; mais il se retire sans avoir rien fait,* 49

## DES CHAPITRES.

### LIVRE XXI.

CHAP. I. *Julien Auguste célebre à Vienne la cinquieme année de son regne. Il apprend que Constance mourra bientôt. Des divers moyens de connoître l'avenir,* 63

CHAP. II. *Julien Auguste étant à Vienne, feint pour gagner le peuple, d'être Chrétien ; & va un jour de fête dans un temple prier Dieu publiquement,* 69

CHAP. III. *Vadomaire, Roi des Allemands, rompt le traité, envoie des pillards sur nos frontieres, tue un petit nombre de nos gens & le Comte Libinon,* 71

CHAP. IV. *Julien Auguste après avoir surpris une lettre de Vadomaire, le fait saisir dans un festin : il massacre ensuite une partie des Allemands, en fait quelques-uns prisonniers, & accorde la paix au reste,* 74

CHAP. V. *Julien Auguste harangue ses troupes & leur fait approuver son projet de faire la guerre à Constance,* 77

CHAP. VI. *Constance épouse Faustine : il augmente son armée & s'attache par* des présens les Rois d'Arménie & d'Hibérie, 82

Chap. VII. *Constance Auguste qui étoit alors à Antioche, retient l'Afrique dans le devoir par le ministere de Gaudence le Secrétaire: il passe l'Euphrate avec son armée & se rend à Edesse,* 86

Chap. VIII. *Julien Auguste après avoir mis ordre aux affaires des Gaules, se rend sur les bords du Danube, & fait prendre les devants à un corps de ses troupes par l'Italie & par les Rhéties,* 89

Chap. IX. *Taurus & Florentius, Consuls & Préfets du Prétoire, fuient à l'approche de Julien, l'un par l'Illyrie, l'autre par l'Italie. A. Lucilien, Général de la cavalerie, qui se disposoit à résister, est surpris & mené à Julien,* 91

Chap. X. *Julien Auguste s'empare de Sirmium, capitale de l'Illyrie occidentale, & de la garnison qui y étoit: il occupe le pas de Succues & écrit contre Constance au Sénat,* 94

Chap. XI. *Deux légions qui s'étoient rangées à Sirmium sous les drapeaux de Julien, ayant été envoyées dans les Gaules, s'emparent, du consentement des*

## DES CHAPITRES.

habitans, de la ville d'Aquilée & en ferment les portes à Julien, 99

CHAP. XII. *On fait le siege d'Aquilée qui étoit dans le parti de Constance. A la nouvelle de la mort de ce Prince la place se rend à Julien,* 100

CHAP. XIII. *Sapor rentre dans ses états avec son armée, parce que les auspices n'étoient pas favorables. Constance Auguste sur le point de marcher contre Julien, harangue ses troupes à Hiérapolis,* 111

CHAP. XIV. *Présages de la mort de Constance,* 118

CHAP. XV. *Constance Auguste meurt à Mopsucrene en Cilicie,* 120

CHAP. XVI. *Vertus & vices de Constance Auguste,* 123

## LIVRE XXII.

CHAP. I. *Julien Auguste qui craint Constance Auguste, s'arrête dans la Dace & consulte secrétement les Aruspices & les Augures,* 131

CHAP. II. *A la nouvelle de la mort de Constance Auguste, Julien traverse les Thraces, entre tranquillement dans*

a iij

Constantinople, & obtient sans combat
l'Empire Romain, 133
CHAP. III. On condamne quelques Officiers de Magnence, les uns à tort, les autres avec équité, 135
CHAP. IV. Julien Auguste chasse de la Cour tous les eunuques, les barbiers & les cuisiniers. Vices des Officiers du Palais, & abus de la discipline militaire, 140
CHAP. V. Julien professe publiquement le culte des Dieux auquel il avoit jusques-là vaqué en secret, & tâche de mettre aux prises les Evêques Chrétiens, 144
CHAP. VI. Julien se débarrasse avec adresse de plusieurs plaideurs Egyptiens qui l'importunoient, & les force à retourner chez eux, 146
CHAP. VII. Julien, pendant qu'il est à Constantinople, décide dans le Palais plusieurs questions de droit ; il s'occupe des Thraces, & reçoit des Ambassadeurs de diverses nations étrangeres, 148
CHAP. VIII. Description des Thraces, du Golfe Pontique, des pays & des nations qui environnent le Pont, 152
CHAP. IX. Julien Auguste augmente & embellit Constantinople ; il se rend à

Antioche ; sur la route, il assigne des sommes aux habitans de Nicomédie pour réparer leur ville, & s'occupe à Ancyre des affaires civiles, 179

CHAP. X. Julien durant l'hiver qu'il passe à Antioche, rend la justice & ne greve personne pour la religion, 186

CHAP. XI. Les païens d'Alexandrie traînent à la campagne George Evêque de cette ville ; ils le mettent en pieces & le brûlent impunément avec deux autres de ses collegues, 189

CHAP. XII. Julien se prépare à faire la guerre aux Perses ; dévoué comme il l'étoit aux Aruspices & aux Augures, il consulte les Oracles, & égorge des victimes sans nombre, pour savoir quelle seroit l'issue de cette guerre, 193

CHAP. XIII. Julien attribue injustement aux Chrétiens l'incendie du temple d'Apollon à Daphné : il fait fermer la grande Eglise à Antioche, 197

CHAP. XIV. Julien Auguste sacrifie à Jupiter sur le mont Casius ; motifs qui le porterent à écrire son Misopogon contre les habitans d'Antioche, 199

CHAP. XV. Description des affaires d'Egypte, du Nil, du Crocodile, de l'ibis, & des pyramides, 204

Chap. XIV. *Des cinq Provinces de l'Egypte & des villes célebres qu'elle renferme*, 216

## Livre XXIII.

Chap. I. *Julien entreprend inutilement de rebâtir le temple de Jérusalem, détruit depuis long-temps*, 225

Chap. II. *Arsace, Roi d'Arménie, reçoit l'ordre de se préparer à la guerre contre les Perses. Julien passe l'Euphrate avec son armée & les troupes auxiliaires des Scythes*, 229

Chap. III. *De petits Rois Sarrasins offrent des secours & une couronne d'or à Julien qui traversoit la Mésopotamie; la flotte Romaine forte de onze cents voiles, arrive & couvre l'Euphrate*, 233

Chap. IV. *Description des machines propres à l'attaque des murailles, telles que la balliste, le scorpion, l'onagre, le belier, l'hélépole*, 238

Chap. V. *Julien Auguste passe près de Cercusium avec toutes ses troupes, la*

# DES CHAPITRES.

*fleuve Aboras sur un pont de bateaux, & harangue son armée,* 244

CHAP. VI. *Description des dix-huit principales Provinces du Royaume de Perse, des villes de chacune de ces Provinces, & des mœurs de cette Nation,* 255

## LIVRE XXIV.

CHAP. I. *Julien entre en Assyrie avec son armée, & met le feu au fort Anatha qui s'étoit rendu à lui,* 299

CHAP. II. *Julien, tantôt laissant des villes & des forts sans les attaquer, tantôt en brûlant d'autres, soumet Pirisabore & y met le feu,* 306

CHAP. III. *Julien, pour récompenser les soldats, leur promet à chacun cent deniers ; & comme ils paroissent mépriser un aussi chétif présent, il les rappelle à la raison par un discours plein de sens,* 316

CHAP. IV. *La ville de Maogamalcha est attaquée & prise par les Romains,* 322

CHAP. V. *Les Romains attaquent & mettent en feu un château très-fort par son assiette & par ses ouvrages,* 334

## TABLE

CHAP. VI. *Julien tue dans un combat où il ne perd que soixante & dix hommes, deux mille cinq cents Perses ; il harangue son armée & distribue plusieurs couronnes,* 339

CHAP. VII. *Julien rebuté du siege de Ctésiphon, fait brûler tous ses vaisseaux & s'éloigne du fleuve,* 346

CHAP. VIII. *Julien ne pouvant, ni construire des ponts, ni joindre une partie de son armée, se détermine à retourner par la Cordouene,* 349

## LIVRE XXV.

CHAP. I. *Les Perses attaquent les Romains qui étoient en marche, & sont vigoureusement repoussés,* 353

CHAP. II. *L'armée éprouve la disette de blé & de fourrage. Julien est effrayé par des prodiges,* 360

CHAP. III. *L'Empereur qui avoit oublié sa cuirasse, se jette imprudemment dans la mêlée pour repousser les Perses qui l'assaillent de tous côtés ; il est percé d'un coup de javelot, & porté dans sa tente,* 364

CHAP. IV. *Vertus & vices de Julien. Sa figure & sa taille*, 373
CHAP. V. *Jovien, Primicere des Gardes, est tumultuairement élu Empereur*, 383
CHAP. VI. *Les Romains qui se hâtent de quitter la Perse, sont fréquemment attaqués, pendant leur marche, par les Perses & par les Sarrasins, qui sont obligés de se retirer après avoir beaucoup perdu*, 387
CHAP. VII. *La famine & la disette qu'éprouvoit l'armée, porte Jovien à faire avec Sapor une paix nécessaire, mais honteuse; il rend cinq Provinces, ainsi que Nisibe & Singare*, 392
CHAP. VIII. *Les Romains passent le Tigre, & après avoir long-temps & cruellement souffert de disette, entrent enfin dans la Mésopotamie. Jovien regle tant bien que mal les affaires de l'Illyrie & des Gaules*, 398
CHAP. IX. *Binese, Seigneur Persan, reçoit des mains de Jovien, la ville imprenable de Nisibe; les habitans quittent avec douleur leur patrie, & se retirent à Amide. Selon le traité on assigne cinq Provinces, avec la ville de Singare, & seize Châteaux*, 406

CHAP. X. *Jovien qui craint les entreprises qu'on peut former en Syrie, en Cilicie, en Cappadoce, & dans la Galatie, accélere sa marche; il prend à Ancyre le Consulat avec son fils Varronnien qui étoit encore enfant; peu après il expire de mort subite à Dadastane,* 411

*AMMIEN*

# AMMIEN MARCELLIN.
## LIVRE XX.

### CHAPITRE I.

*Le Général Lupicin est enyoyé avec une armée dans la Grande-Bretagne, pour s'opposer aux incursions des Pictes & des Ecossois.*

TELLE est la suite des événemens qui arriverent en Illyrie & dans l'Orient. Mais Constance étant Consul pour la dixieme fois & Julien pour la troisieme, les Pictes & les Ecossois, nations féroces, au mépris des traités dévaſtoient dans la Grande-Bretagne les lieux voiſins des frontieres, & répandoient la terreur dans les Provinces que tant de pertes avoient déjà affoiblies. Le Céſar qui paſſoit l'hiver à Paris, n'étoit pas ſans inquiétudes. Il craignoit en traverſant la mer comme avoit fait Conſtant, d'abandonner les Gaules aux entrepriſes des Allemands qui ſembloient encore rouler des projets de guerre & de pillage. Il ſe termina donc à envoyer le Général Lupicin pour appaiſer ces troubles, par la douceur ou par la force. C'étoit un bon ſoldat, qui entendoit très bien le métier des armes, mais d'ailleurs arrogant & porté à faire grand bruit de tout. On a long-temps été embarraſſé à décider, ſi c'étoit l'avarice ou la cruauté qui le dominoit. Lupicin partit donc au milieu de l'hiver avec un corps de troupes armées à la légere, ſavoir d'Erules, de Bataves & de deux légions de la Méſie, & vînt à Boulogne; il y raſſembla des vaiſſeaux qu'il chargea de tout ſon monde, & au premier vent favorable, il paſſa à Rutopies (*a*) qui

(*a*) Aujourd'hui *Sandwick* dans le Comté de Kent.

est vis-à-vis, & vint à Londres d'où il comptoit être à portée d'entrer en campagne, aussitôt que les circonstances l'exigeroient.

## CHAPITRE II.

*Ursicin Général d'Infanterie qui étoit de la suite de l'Empereur, est calomnié & congédié.*

EN attendant, Ursicin qui avoit succédé, comme nous l'avons dit, à Barbation, se rendit après la prise d'Amide, en qualité de Général de l'infanterie auprès de Constance ; ses envieux l'y attaquerent ; d'abord ils répandirent sourdement des bruits injurieux ; peu après ils le chargerent ouvertement de crimes supposés ; l'Empereur acquiesçant à ces propos, parce qu'il croyoit tout à la légere, & n'étoit jamais en garde contre les gens artificieux, avoit nommé Arbétion & Florentius maître des offices pour faire des recherches, & examiner

ner par quelles raisons on avoit laissé saccager Amide ; ceux-ci rejeterent les causes claires & sensibles de ce désastre, & dans la crainte d'offenser le Grand-Chambellan Eusebe, s'ils faisoient valoir les preuves incontestables qu'on avoit, que l'opiniâtre paresse de Sabinien avoit seule occasionné ce malheur, ils s'écarterent de la vérité & s'appesantirent dans leurs recherches sur des bagatelles très-éloignées de l'objet principal.

Ursicin, que l'injustice de cette manœuvre indigna, leur dit : « *Quelque mépris que l'Empereur me témoigne, l'affaire est assez grave pour qu'il n'y ait que lui qui doive en prendre connoissance & la juger : qu'il compte en attendant sur ce que je lui prédis ; c'est que tandis qu'il s'afflige du malheur d'Amide dont on lui a fidélement expliqué les raisons, & qu'il se laisse gouverner par de vils eunuques, sa présence même, soutenue de toute l'élite de son armée, ne sera pas capable au printems prochain, d'empêcher le démembrement de la Mésopotamie* ». Le rapport que l'on fit au Prince de ce discours, que la malignité ne manqua pas d'exagérer & d'envenimer, l'irrita au point que sans approfondir davantage cette affaire & sans permettre qu'on l'éclairât, il déposa Ursicin & le condamna à l'exil. Par une promotion inouie, Agilon, qui n'étoit que Commandant d'une Compagnie de la Garde, le remplaça.

## CHAPITRE III.

*Eclipse de Soleil, de deux Soleils : des causes des Eclipses de Lune & de Soleil, ainsi que des Phases & autres changemens de la Lune.*

Dans ce même temps le Ciel fut couvert dans les parties de l'Orient d'épaisses ténebres, à travers desquelles les étoiles brillerent sans discontinuer depuis l'aube du jour jusqu'à midi ; à ce phénomene effrayant se joignit encore ceci, c'est que tandis que le Soleil étoit aussi obscurci que si la lumiere eût entiérement disparu, le peuple alarmé estima que cet astre restoit éclipsé plus long-temps qu'à l'ordinaire; sa clarté diminua d'abord jusqu'à ne lui laisser que l'apparence du premier croissant de la Lune, il revint ensuite à la moitié de sa forme qu'il reprit enfin tout-à-fait. Ceci n'arrive d'ailleurs d'une maniere si marquée, que lorsqu'après diverses révolutions inégales, la Lune se retrouve au bout d'un certain temps au même point, c'est-à-dire, lorsqu'étant toute entiere dans le même signe opposée en ligne droite au Soleil, elle s'y arrête quelques minutes que les Géometres appellent parties des parties. Quoique, selon les observations des Physiciens, les conversions & les mouvemens de ces deux astres reviennent aux mêmes conjonctions à la fin de chaque mois lunaire, il ne s'ensuit pas qu'alors le Soleil soit toujours éclipsé, mais seulement lorsque la Lune, comme par une espece de balancement, revient à ces termes moyens, & se trouve en ligne droite entre l'orbite solaire & nos yeux. En un mot l'éclipse de Soleil a lieu lorsque cet astre & la Lune, qui de tous les corps célestes est le plus voisin de la terre, marchant également dans les orbites qui leur sont propres & indépendamment de l'éloignement qui est entr'eux, paroissent n'occuper qu'une même place, comme s'exprime Ptolomée, avec autant de profondeur que d'élégance, & reviennent aux dimensions qu'on appelle points ascendans ou descendans des conjonctions écliptiques ; ce que les Grecs expriment par des termes qui signifient conjonctions défectives. L'éclipse sera foible, si ces astres ne se trouvent que dans le voisinage de ces points ou nœuds ; au contraire, s'ils sont précisément dans ces nœuds qui forment exactement les points d'intersection du cours ascendant & descendant de la Lune, le Ciel se couvrira de maniere que l'air épaissi ne permettra pas de voir les objets les plus voisins.

On croit encore appercevoir le Soleil double lorsque la nue élevée plus que de coutume & resplendissante des rayons éternels de cet astre, nous en réfléchit l'image, comme d'un miroir bien poli.

Parlons maintenant de la Lune. Elle souffre une éclipse visible, quand étant pleine & d'une lumiere parfaitement ronde, elle se trouve opposée au Soleil, & éloignée de son disque de cent quatre-vingts degrés, ou quand elle entre dans le septieme signe ; & quoiqu'elle soit à cette distance toutes les fois qu'elle est pleine, il n'en résulte pourtant pas toujours une éclipse : mais comme cet astre qui est voisin de la terre & dans le plus grand éloignement des autres corps célestes, se présente quelquefois à la lumiere qui le frappe, quelquefois aussi il est un peu obscurci par l'ombre de la nuit qui s'étend en forme d'un cône fort étroit. La Lune est encore enveloppée d'épaisses ténebres, lorsque le Soleil étant au plus bas point de son orbite, ne peut, à cause de l'interposition du globe terrestre, répandre ses rayons sur elle qui n'a point de lumiere propre, ce que l'on conclud de plusieurs preuves. Revenue au même signe que le Soleil occupe, elle s'obscurcit & perd toute sa lumiere, lorsqu'elle n'est ni plus haut ni plus bas que lui. C'est ce qu'on nomme conjonction de la Lune. Elle paroît naître, quand elle s'écarte de la perpendiculaire tirée du Soleil ; on la revoit, quoiqu'encore très-mince, lorsqu'après avoir quitté cet astre, elle entre dans le second signe. Plus avancée, & ayant plus d'éclat par son croissant, on l'appelle Lune cornue; mais lorsque plus éloignée du Soleil, elle approche du quatrieme signe & reçoit un plus grand nombre de rayons de cet astre, sa lumiere s'augmente au point que les Grecs lui donnent le nom de *Dichotome*, la moitié de son disque étant lumineuse; elle s'éloigne ensuite davantage, & offre, quand elle est au cinquieme signe, une figure convexe des deux côtés. Directement opposée au Soleil & parvenue au septieme signe, elle brille en plein; à mesure qu'elle continue sa marche, elle diminue, ce qu'on nomme Lune décroissante, & repasse ensuite par les mêmes phases qu'elle a eues en croissant. Tous les sentimens s'accordent à dire qu'il n'y a jamais d'éclipse de Lune que vers le milieu du mois lunaire.

Pour comprendre ce que nous avons dit, que le Soleil se promene tantôt dans l'Ether, tantôt dans le monde inférieur, il faut savoir que les corps célestes considérés relativement à l'Univers ne se couchent ni ne se levent pas, mais qu'ils paroissent tels à nos yeux de dessus la terre qui est suspendue par l'action d'un agent interne, & n'est qu'un petit point comparée à l'immensité des choses ; ce qui fait que quelquefois les étoiles dont l'ordre est éternel, paroissent être fixes dans le ciel, & d'autres fois, qu'elles nous semblent abandonner leurs demeures & changer de place : mais revenons à notre sujet.

## CHAPITRE IV.

*Les soldats Gaulois que Constance veut détacher de Julien & faire servir en Orient contre les Perses, forcent ce jeune Prince qui hivernoit à Paris, à prendre le nom d'Auguste.*

CONSTANCE tout en se hâtant de porter du secours à l'Orient que les Perses, selon le rapport unanime des transfuges & des espions, alloient envahir, étoit tourmenté par l'envie qu'il ressentoit des vertus de Julien.

La renommée publioit par-tout les travaux & le brillant succès avec lequel ce Prince avoit détruit quelques royaumes Allemands, & repris dans la Gaule des villes ravagées par les Barbares qu'il avoit soumis & rendus tributaires. L'Empereur navré de ces bruits, & craignant que les choses n'allassent plus loin, envoya, à l'instigation à ce qu'on prétend du Préfet Florentius, le Secrétaire & Tribun Decentius, avec ordre de tirer de l'armée de Julien les soldats auxiliaires, tels que les Erules, les Bataves, les Petulans, les Celtes, & trois cents hommes d'élite choisis dans chacun des autres corps: ils eurent ordre de partir au plutôt, sous prétexte qu'ils devoient être prêts dès le printemps prochain à agir contre les Perses. Lupicin fut chargé seul, (car on ignoroit qu'il fût en Angleterre,) de se mettre incessamment en marche avec les auxiliaires & les trois cents hommes pris sur chaque légion. Sintula Grand Écuyer du César, reçut pareillement ordre de faire un choix de ce qu'il y avoit de meilleur parmi les Scutaires & les Gentils & de l'amener. Julien se soumit sans murmurer aux volontés de son supérieur. Cependant pour épargner, s'il étoit possible, des désagrémens à des troupes qui ne s'étoient attachées à lui, & n'avoient quitté les lieux qu'elles habitoient au-delà du Rhin, que sous la promesse qu'on ne les meneroit jamais au-delà des Alpes, il crut devoir représenter qu'il étoit à craindre que cette violence ne dégoûtât ces étrangers de nous offrir à l'avenir leurs services ; mais le Tribun méprisant les plaintes du Prince, ne pensa qu'à obéir à Auguste ; & après avoir trié ce qu'il y avoit de plus vigoureux & de plus adroit dans l'armée, il partit à la tête de ce corps, dans l'espérance d'avancer par là sa fortune. Julien très-embarrassé sur la maniere dont il s'y prendroit avec les autres troupes qu'on lui ordonnoit d'envoyer, sentit tout ce que sa position avoit de critique ; car il craignoit d'un côté le caractere sauvage de ses soldats, de l'autre les ordres de Constance étoient pressans. L'absence du Général de la Cavalerie augmentoit encore les inquiétudes de Julien ; il commença par mander le Préfet qui s'étoit rendu à

Vienne fous prétexte d'y établir des magafins, mais dans le vrai pour s'éloigner de l'armée, parce qu'il fe rappeloit qu'il avoit autrefois dans une de fes relations confeillé à Conftance de retirer des Gaules les troupes qui les avoient défendues & qui étoient redoutées des Barbares. Florentius ayant reçu les lettres de Julien qui le conjuroit de hâter fon retour & de l'aider de fes confeils dans une affaire qui intéreffoit la République, refufa obftinément de le faire; il fut encore faifi de je ne fais quelle crainte, parce qu'on lui marquoit fans déguifement que le Préfet dans des circonftances critiques & dangereufes ne devoit jamais s'éloigner de fon Général; Julien ajoutoit même à cette réflexion qu'il renonceroit à fa qualité de Céfar, s'il perfévéroit dans fon refus, préférant la mort, difoit ce Prince, à la honte de foufcrire à la ruine de ces Provinces; mais tout cela n'ébranla pas Florentius. Au milieu de ces délais qu'occafionna l'abfence de Lupicin, & le Préfet qui craignoit les féditions des foldats, Julien privé de confeil & flottant dans l'indécifion, crut ne pouvoir rien faire de mieux que d'ordonner que les troupes qui avoient déjà quitté leurs quartiers, se missent en marche. Dès que cet ordre fut publié, quelqu'un jeta clandestinement près des enseignes des Pétulans un libelle qui entre autres choses portoit : *On nous chasse comme des criminels aux extrémités du monde ; nos femmes & nos enfans que nous avons arrachés par de sanglans combats à l'esclavage des Allemands, y retomberont.* Ce billet fut porté & lu à la Cour ; Julien trouvant que leurs plaintes étoient fondées, ordonna que leurs familles les accompagneroient dans leur marche, & permit même d'employer les voitures d'usage dans ces occasions. Comme on hésitoit sur la route qu'on prendroit, le Secrétaire Decentius proposa de passer par Paris, que Julien n'avoit pas encore quitté. On suivit ces avis. A l'entrée de ces troupes dans les fauxbourgs de cette ville, Julien selon sa coutume fut au devant d'elles, loua ceux qu'il connoissoit, les exhorta à bien faire, & les encouragea à se rendre sans répugnance près d'Auguste, dont le pouvoir & la générosité les récompenses roit dignement de leurs travaux. Pour traiter ensuite avec distinction des gens qui étoient à la veille d'entreprendre une si longue marche, il invita les Officiers à sa table & leur permit de lui demander ce qu'ils souhaitoient. Cette bienveillance les toucha, ils se retirerent pénétrés de douleur en pensant qu'un sort rigoureux les arrachoit à leur patrie & à un chef qui avoit tant d'humanité. Tout remplis de ces tristes idées, ils rentrent dans leurs quartiers. Mais vers le commencement de la nuit ils éclatent en murmures, & s'échauffent les uns les autres: comme tous étoient également au désespoir de cette révolution, ils courent aux armes, se rendent avec un bruit effroyable au palais, l'environnent à n'en laisser sortir qui que ce soit, & demandent à grands cris que Julien Auguste paroisse. Enfin, après avoir attendu jusqu'au jour, ils forcent le Prince à sortir. A peine l'ont-ils apperçu, qu'ils redoublent leurs cris, & l'appellent tout d'une voix Auguste.

Julien résiste d'abord avec courage; tantôt il témoigne de l'indignation, tantôt il leur tend les mains, les prie, les conjure de ne pas fouiller tant de victoires par une démarche inconsidérée, & de ne pas donner lieu par une révolte à des guerres civiles; enfin lorsqu'il les vit un peu calmés, il ajouta avec douceur: « Cessez de » vous échauffer; on pourra sans ex- » citer de troubles, & sans rien in- » nover, obtenir ce que vous souhai- » tez: puisque les douceurs de la pa- » trie vous tiennent à cœur, & que » vous craignez des lieux nouveaux » & étrangers, retournez dans vos » habitations, vous ne passerez pas » les Alpes qui vous déplaisent; je » me charge de vous justifier auprès » d'Auguste dont je connois la sagesse » & l'équité. »

Les cris ne continuerent cependant pas moins après ce discours: ces troupes obstinées joignirent les injures & les reproches au fracas qu'elles faisoient, & Julien se vit forcé de souscrire à leur volonté. Elevé sur un pavois, il fut donc unanimement proclamé Auguste: on voulut l'orner du diadême, & ayant dit qu'il n'en avoit jamais eu, on demanda le collier ou tel autre ornement de tête de son époufe; mais il répondit que ce feroit commencer fous des aufpices peu favorables que de recourir à une parure de femme ; on prit une aigrette de cheval pour qu'il portât du moins quelque marque de dignité ; Julien la rejeta comme une indécence : alors un certain Maurus devenu Comte, & qui enfuite fe conduifit mal au pas de Sucques, Haftaire parmi les Pétulans, détacha le collier dont il fe fervoit comme Porte-Enfeigne, & le mit hardiment fur la tête de Julien. Ce Prince pouffé à l'extrémité, & voyant bien qu'il ne pouvoit échapper au péril, s'il s'obftinoit plus long-temps, promit à chaque foldat cinq pieces d'or & une livre d'argent. Il ne fut pas moins agité d'inquiétudes après ceci, qu'il l'avoit été auparavant, & prévoyant ce qui arriveroit, il ne porta point le diadême, ne parut pas en public, & ne vaqua pas même aux affaires les plus férieufes & le plus preffées.

Tandis que pour fe fouftraire aux divers maux qui le menaçoient, il vivoit ainfi retiré dans l'appartement le plus fecret, un Décurion du palais, ce qui est un emploi distingué, courut à grands pas aux enseignes des Pétulans & des Celtes, & s'écria avec force qu'on venoit de commettre une action atroce, & que le Prince qu'ils avoient élu Auguste la veille, avoit été clandestinement assassiné. A ces mots les soldats que ce qu'ils ignorent met autant en mouvement que ce qu'ils savent, agitent les uns leurs javelots, les autres d'un air menaçant leurs épées, & tous courant de divers côtés & sans ordre, (ce qui arrive toujours dans des momens de trouble) s'emparent à la hâte du palais : les sentinelles alarmées, les Tribuns & le Commandant de la garde, nommé Excubitor, appréhendant quelque perfidie de l'inconstance des soldats, s'enfuient. Les troupes qui trouvent partout un profond silence, s'arrêtent un peu ; on leur demande la cause de ce bruyant éclat : inquietes sur le salut du Prince, elles hésitent longtemps avant de répondre, & ne quittent la place qu'après qu'on les eut introduites dans le conseil où elles virent Julien revêtu des ornemens de sa dignité.

## CHAPITRE V.

*Julien Auguste harangue ses troupes.*

La nouvelle de cette révolution s'étant répandue, les soldats qui étoient déjà partis sous la conduite de Sintula, revinrent tranquillement avec lui à Paris ; l'ordre fut ensuite donné pour que tous se rassemblassent le lendemain dans le camp. Julien environné des aigles, des enseignes, des étendards & des cohortes de gens armés, monta avec plus de pompe que de coutume sur son tribunal. Il s'arrêta quelques instans à considérer le maintien des assistans, & les voyant tous gais & contens, il leur tint à haute voix ce discours.

» Généreux & fideles défenseurs
» de la République & de ma person-
» ne, vous qui avez tant de fois ex-
» posé vos jours avec moi pour le
» salut des provinces, la circonstance
» critique où nous nous trouvons,
» ( puisque par une résolution iné-

« branlable vous venez de m'élever
« du rang de César à celui d'Auguste)
« semble demander que je vous en-
« tretienne en peu de mots, des sa-
« ges précautions que la prudence
« veut que nous prenions. Vous le
« savez, à peine j'étois sorti de l'en-
« fance, que revêtu de la pourpre,
« seulement pour la forme, une di-
« rection divine me confia à vos
« soins ; depuis ce moment je ne me
« suis jamais écarté du dessein de me
« bien conduire ; toujours à votre tê-
« te, vous m'avez vu partager tous
« vos travaux, lorsque des nations
« féroces après avoir saccagé nos vil-
« les & massacré plusieurs milliers
« de nos concitoyens, s'apprêtoient
« à consommer la ruine de nos Pro-
« vinces. Il est inutile de vous rap-
« peller combien de fois au milieu
« de l'hiver, malgré la rigueur de la
« saison & dans un temps, où les
« travaux de Mars demeurent pour
« l'ordinaire suspendus, tant sur terre
« que sur mer, nous avons repoussé
« les Allemands & fait essuyer des
« pertes considérables à ces peuples
« jusqu'alors indomptés. Mais ce que

» je ne saurois taire ni passer, sous
» silence, c'est cette brillante jour-
» née de Strasbourg qui apporta,
» pour ainsi dire, sur ses ailes, l'é-
» ternelle liberté des Gaules ; c'est là
» où courant à travers une grêle de
» traits je vous vis par un courage
» qui vous est propre depuis long-
» temps, tels que des torrens, fon-
» dre sur l'ennemi, le mettre en piece
» ou le chasser dans le fleuve, &
» ne perdre qu'un petit nombre de
» nos amis dont nos éloges ont bien
» mieux honoré les funérailles, que
» ne l'auroient fait nos regrets. Je
» suis assuré qu'après tant de belles
» actions, la postérité se souviendra
» toujours des services éclatans que
» nous avons rendus à la République,
» sur-tout si vous continuez à sou-
» tenir courageusement dans le dan-
» ger, celui que vous avez élevé au
» rang suprême. Mais pour que tout
» se fasse avec ordre, pour que les
» récompenses soient toujours le prix
» incorruptible de la valeur, & que
» les honneurs ne soient plus celui de
» l'intrigue, je déclare en votre pré-
» sence & j'établis comme une loi

» sacrée, qu'aucun Officier tant civil
» que militaire, ne pourra déformais
» être avancé que par son mérite,
» & que la honte sera le partage de
» quiconque tâchera d'obtenir des gra-
» ces pour quelqu'un, par la voie des
» recommandations. » Les simples
soldats qui depuis long-temps avoient
été exclus des avancemens & des
récompenses, animés par ces paroles,
de l'espoir d'un meilleur sort, frap-
pèrent avec bruit leurs boucliers de
leurs piques & témoignerent combien
ils approuvoient ce discours. Les Petulans & les Celtes, pour ne pas laif-
fer à cette loi le temps de s'établir,
prierent aussitôt le Prince d'accorder
à leurs Commissaires des vivres, quelques administrations dans telle Province qu'il voudroit, mais il leur
refusa cette grace & ils se retirerent
sans en témoigner ni dépit ni douleur.

 Julien la nuit qui précéda son élévation à l'empire, raconta à ceux qui
l'approchoient de plus près, qu'une
figure, telle qu'on peint le génie de
l'Empire, lui étoit apparue en songe
& lui avoit dit d'un ton de repro-

che; « *Il y a long-temps, Julien, que je me tiens cachée à ta porte, pour te conduire aux honneurs, j'en ai été renvoyée quelquefois; si contre l'avis de tous, tu me refuses encore, je me retirerai triste & humiliée, mais en attendant, pense sérieusement, que de ce moment je t'abandonnerai* ».

## CHAPITRE VI.

*Sapor assiege, prend & rase Singare, les habitans sont menés en Perse avec la Cavalerie auxiliaire & deux légions qui défendoient la ville.*

Tandis que ceci se passoit dans les Gaules, le cruel Roi des Perses incité par Antonin, auquel se joignit Craugase, brûloit du désir de conquérir la Mésopotamie. Il profita de l'éloignement où étoit Constance avec son armée, passa promptement le Tigre avec toutes ses forces, & entreprit le siege de Singare (*a*). Elle étoit abondam-

___
(*a*) A présent *Sindschar* ou *Sendschar* dans le Gouvernement de Mosul dans la Turquie Asiatique.

ment pourvue de troupes, & de l'aveu même de ceux qui veilloient à la défense de ces contrées, de toutes les choses nécessaires.

A la vue des ennemis, les assiégés fermerent promptement les portes, parcoururent avec résolution les tours & les créneaux, y rassemblerent des pierres & des machines de guerre, & après avoir pourvu à tout, ils se mirent sous les armes, prêts à repousser ce monde d'assaillans, s'ils essayoient d'approcher des murailles. Le Roi dès qu'il fut arrivé fit agir, mais inutilement, les Grands qui l'invironnoient, pour gagner les habitans par des entretiens pleins de douceur. Le premier jour se passa sans qu'on entreprît quelque chose : le lendemain on éleva dès le matin une enseigne couleur de feu, & aussi-tôt la ville fut investie par des gens dont les uns portoient des échelles, les autres préparoient des machines : la plupart couverts de mantelets & de claies d'osier, cherchoient à s'ouvrir un chemin jusqu'aux pieds des murailles pour les renverser.

De leur côté les habitans placés sur de hautes tours, écartoient avec des

des pierres & des traits de toute espece, ceux qui s'opiniâtroient à s'avancer. On combattit ainsi avec un succès équivoque pendant plusieurs jours : il y eut de part & d'autre beaucoup de morts & de blessés : enfin au plus fort de la mêlée, & le soir approchant, les Perses, entre autres machines, firent avancer un vigoureux bélier qui frappant à coups redoublés une tour ronde, ouvrit la ville précisément comme cela étoit arrivé au siege précédent. L'effort se porta alors de ce côté, & on s'y battit avec acharnement ; les torches, les brandons & les brûlots volerent de toutes parts pour consumer, s'il étoit possible, cette machine dangereuse ; les fleches & les glands ne discontinuerent pas non plus. Mais la tête aiguë du bélier triompha de tout ; elle perça le ciment qui lioit les pierres nouvellement rassemblées, & dont l'humidité affoiblissoit la résistance. Pendant qu'on se disputoit le terrain avec le fer & les feux, la tour en tombant ouvrit le passage de la ville, & dégarnit la place de ses défenseurs que la grandeur du péril dispersa. Aussi-tôt les bataillons ennemis qui ne trouverent plus d'obstacles, se répandirent par les rues en poussant de grands cris; on massacra indistinctement quelques habitans, le reste fut fait prisonnier par l'ordre de Sapor & envoyé aux extrémités de la Perse.

Deux légions défendoient cette ville: savoir la premiere Flavienne & la premiere Parthique, avec plusieurs naturels du pays, & un renfort de cavalerie que l'approche imprévue de l'ennemi empêcha de sortir; tous les mains liées sur le dos, furent ainsi conduits sans qu'on pût les secourir. La plus grande partie de notre armée campoit loin de là, près de Nisibe qu'elle couvroit; d'ailleurs jamais, même dans les temps les plus anciens, personne n'avoit pu empêcher la prise de cette place, à cause de la disette d'eau qui regne dans ses arides environs. Quelqu'avantageusement que fût située cette forteresse pour être avertie des entreprises subites de l'ennemi, on peut dire cependant qu'elle a beaucoup coûté à la République, par les pertes considérables en soldats que sa prise a plus d'une fois occasionnées.

## CHAPITRE VII.

*Sapor s'empare de Bezabde, ville défendue par trois légions; il la répare & y met une garnison & des vivres. Ce Prince attaque encore Virta, mais sans succès.*

APRÈS la prise de cette place, Sapor qui se ressouvenoit de ce qu'il avoit essuyé devant Nisibe, l'évita prudemment, & marcha sur la droite par des chemins détournés; son dessein étoit d'enlever par la force ou de gagner par des promesses la garnison de Bezabde (*a*) que ses anciens fondateurs appelerent aussi Phenice. Cette place bien fortifiée, étoit située sur une petite colline qui donne sur les bords du Tigre, & revêtue d'une double muraille aux endroits les moins surs: on envoya trois légions pour la défendre, la seconde Flavienne, la seconde Parthique, la seconde Arménienne, & plusieurs Archers Zabdicenes, qui alors

(*a*) Présentement *Zabde* ou *Dschsirai Ibni*, ville du Diarbeckr, dans la Turquie Asiatique.

B ij

nous étoient soumis, & sur le territoire desquels se trouvoit cette ville.

D'abord le Roi, avec un brillant escadron de cavaliers armés de toutes pieces au milieu desquels il se distinguoit, fit le tour de la place & approcha avec beaucoup de témérité des bords du fossé; des traits sans nombre qu'on lui décocha des ballistes, atteignirent les armes défensives dont il étoit couvert, & qui étoient faites en forme de tortue; il se retira cependant sans blessures. Cachant pour le moment sa colere, il députa, selon l'usage, des gens chargés d'exhorter les assiégés à sauver leur vie & leurs biens, & à se rendre en ouvrant en suppliants leurs portes au vainqueur de tant de nations. Ces députés qui oserent s'approcher de fort près des murailles furent épargnés par la garnison, parce que chacun d'eux avoit à son côté des gens connus que l'on avoit fait prisonniers à Singare; la pitié qu'inspiroient ces infortunés, fit qu'on ne tira aucun trait de la ville; d'ailleurs on ne répondit rien aux propositions de paix.

Après vingt-quatre heures d'inaction, dès la pointe du jour, toute l'armée Perse fondit sur une espece de retranchement qui étoit devant la ville; puis tout en faisant d'horribles menaces elle s'approcha résolument des murailles. On s'y battit vaillamment, les assiégés se défendant de toutes leurs forces; la plupart des Parthes furent blessés, parce que les uns qui se couvroient de mantelets d'osier, les autres qui portoient des échelles, avançoient à l'aveugle; nos gens ne souffrirent pas moins cependant, car des fleches sans nombre perçoient nos troupes qui fort serrées, bordoient les défenses des murs; les partis se séparerent à la fin du jour, avec une perte égale. On recommença le lendemain au bruit des trompettes avec plus d'acharnement qu'auparavant, & il y eut beaucoup de carnage, la valeur étant égale des deux côtés. Toutes ces fatigues engagerent à consacrer de part & d'autre le jour suivant au repos.

Mais pendant que la terreur environne les murailles, & que les Perses ne sont pas plus tranquilles, l'Evêque Chrétien indique aux assiégeans par ses gestes & par ses signes qu'il voudroit sortir de la ville, & sur l'assurance qu'il reçoit qu'on lui permettra de s'en retourner sain & sauf, il se fait conduire à la tente du Roi.

Lorsqu'il eut obtenu la liberté de parler, il exhorta les Perses à rentrer dans leur pays; représenta qu'après tant de pertes réciproques, on devoit craindre de plus grands maux, qui peut-être n'étoient pas éloignés. Mais ce fut inutilement qu'il insista; le Roi, dans sa fureur insensée, jura qu'il ne se retireroit pas avant l'entiere destruction de la ville. Un bruit que je crois sans fondement, quoique plusieurs personnes l'ayent débité avec assurance, chargea l'Evêque d'avoir, dans ces entretiens secrets, indiqué à Sapor la partie des murailles qu'il pouvoit attaquer avec succès; cela parut d'autant plus vraisemblable, que dans la suite les ennemis, aussi gaiement que s'ils fussent guidés par des gens qui connoissoient l'intérieur de la place, ne dirigerent leurs efforts que contre les endroits peu surs & qui menaçoient ruine.

Bien que d'étroits sentiers rendissent l'accès des murailles difficiles, que les beliers ne pussent être remués qu'avec peine, parce que les pierres & les javelots qu'on lançoit à la main écartoient l'ennemi, cependant ni les ballistes, ni les scorpions ne cessoient pas de jouer ; les premieres envoyoient des traits, ceux-ci nombre de pierres; on jetoit aussi des corbeilles remplies de poix & de bitume enflammé ; ces matieres qui couloient de haut en bas, arrêtoient comme par de fortes racines, les machines que des torches & des brûlots achevoient de consumer. Quoique les choses en fussent à ce point & qu'il périt beaucoup de monde des deux côtés, les assiégeans n'en étoient pas moins acharnés à s'emparer avant l'hiver de cette ville, tant à cause de sa situation & de sa force, que parce qu'ils ne voyoient pas d'autre moyen de calmer la rage du Roi. Le sang qu'on avoit déjà perdu, & la vue de ceux qui avoient reçu de mortelles blessures, ne diminuerent donc pas le courage du reste de l'armée, au contraire elle n'en parut que plus animée à braver la mort & à s'exposer aux plus grands dangers; cependant le jeu des machines, le poids des lourdes pierres, & des feux de toute espece, empêchoient l'ennemi d'avancer. Mais un belier plus haut que les autres, couvert de cuirs mouillés, & par cela même moins exposé aux traits & à l'action des flammes, fut insensiblement poussé avec de grands efforts jusqu'à la muraille; & de sa vaste tête brisant le ciment qui lioit les pierres, il renversa une tour que de puissantes secousses avoient fendue. Sa chute fit un fracas horrible & devint le tombeau de ceux qu'elle portoit; brisés ou accablés sous cette masse, ils périrent sur le champ. L'ennemi profita de cette ouverture pour se jeter en foule dans la ville. Le bruit que faisoient les Perses portant l'alarme par-tout, il y eut des actions très-vives au dedans des murailles : des pelotons d'ennemis combattirent de près avec nos gens; on se prit au corps, & on se perça de tous côtés sans épargner personne. Enfin les assiégés, après une longue résistance, furent accablés par le nombre. Les vainqueurs massacrerent alors tout ce qui s'offrit à eux, les enfans furent arrachés du sein de leurs meres, & celles-ci égorgées ; personne ne pensoit dans ce moment à ce qu'il faisoit. Au milieu de ces horreurs, l'ennemi avide de butin, chargé d'immenses dépouilles & emmenant avec lui une foule de prisonniers, reprit en triomphe le chemin de son camp. Sapor fut transporté d'une joie insolente : comme il avoit depuis long-temps souhaité la conquête de cette place si avantageusement située, il ne partit pas avant d'avoir solidement rebâti la partie des murailles qui avoit été détruite. Après l'avoir abondamment pourvue de vivres, il y mit des défenseurs aussi distingués par leur naissance, que par leur habileté dans l'art de la guerre. Il craignoit ce qui arriva en effet, c'est que les Romains, qui supporteroient difficilement la perte d'une forteresse aussi importante, ne l'assiégeassent avec de grandes forces.

Marchant ensuite plus loin dans l'espérance qu'il soumettroit tout ce qu'il attaqueroit, après avoir enlevé quelques châteaux de moindre importance, il se disposa à s'emparer de Virta (*b*); ce fort très-ancien, bâti, à ce qu'on croit, par Alexandre le Grand, est situé à l'extrémité de la Mésopotamie : divers ouvrages défendoient l'accès de ses murs qui en partie étoient saillans, & en partie rentrans. Sapor mit tout en œuvre pour venir à bout de cette place, il employa d'abord les promesses, puis menaça la garnison des derniers supplices ; quelquefois il paroissoit prêt à élever des terrasses, quelquefois à faire approcher des machines. Enfin après bien des coups donnés de part & d'autre, il se retira sans avoir pu réussir.

## CHAPITRE VIII.

*Julien Auguste écrit à Constance Auguste, & l'instruit de ce qui s'étoit passé à Paris.*

DE fréquens couriers porterent à Constance, qui passoit l'hiver à Constantinople, le détail des événemens

(*b*) On croit que c'est *Tecrit* ou *Ticrit*, dans le Gouvernement de Mosul, dans la Turquie Asiatique.

qui arriverent pendant cette année entre le Tigre & l'Euphrate. La crainte que lui infpirerent les expéditions des Parthes, lui fit donner tous fes foins à garnir fes frontieres d'un grand attirail de guerre : il ramaffa des armes & des recrues, il augmenta les légions de jeunes gens forts & robuftes, qui avoient fouvent brillé par leur intrépidité dans les batailles livrées en Orient : il tâcha encore d'engager les Scythes, foit en qualité d'alliés, foit en les foudoyant, à lui donner du fecours ; afin que quittant la Thrace dès le printemps, il pût d'abord occuper les lieux dont on avoit à fe défier.

De fon côté Julien qui hivernoit à Paris n'étoit pas fans inquiétude fur les fuites de fon entreprife ; plus il y penfoit, & plus il comprenoit que jamais Conftance, qui le méprifoit & le dédaignoit, ne foufcriroit à ce qui s'étoit fait. Après avoir donc mûrement penfé à tout ce que fa fituation avoit de critique, il réfolut d'envoyer des députés qui, d'accord avec les lettres qu'il leur remit pour l'Empereur, l'inftruiroient de ce qui étoit arrivé, & lui déclareroient sans détour ses intentions; il se doutoit bien pourtant que ce Prince auroit déjà tout appris par Decentius & par les autres Officiers de la Chambre qui s'en étoient retournés après lui avoir porté les ordres de l'Empereur.

Quoiqu'au fond il ne fût pas fâché d'annoncer son élévation à Constance, il le fit cependant sans hauteur, afin qu'il ne parût pas qu'il avoit secoué le joug. Ce qu'il lui mandoit revenoit à peu près à ceci : « Je crois qu'il est
» prouvé de plus d'une maniere que
» j'ai conservé sans varier, & autant
» qu'il a dépendu de moi, soit par ma
» conduite, soit en respectant les trai-
» tés, la fidélité que je vous ai jurée.
» Depuis le temps où me créant Cé-
» sar vous m'avez exposé à l'horrible
» fracas des batailles, content du pou-
» voir qui m'étoit confié, tel qu'un
» appariteur fidele, je vous ai fait par-
» venir de fréquentes nouvelles de
» succès conformes à vos désirs, &
» cela sans parler jamais des périls que
» j'ai courus, tandis qu'il est connu
» qu'à la défaite & à la déroute des
» Germains, j'ai toujours été le pre-

» mier à supporter les fatigues, & le
» dernier à les réparer par le repos.
» Mais si vous trouvez à redire à ce
» qu'on vient de faire, permettez-
» moi de vous représenter que le sol-
» dat, après avoir passé sans fruit sa
» vie dans des guerres rudes & fré-
» quentes, frémissant & supportant à
» regret un Chef qui n'étoit qu'au
» second rang, & qui ne pouvoit pas
» le récompenser de ses sueurs & des
» nombreuses victoires qu'il avoit
» remportées, a exécuté ce qu'il avoit
» depuis long-temps résolu. Sa colere
» s'est encore inopinément accrue en
» voyant, qu'outre le défaut d'avan-
» cement & la gratification annuelle
» dont il étoit si digne, on a prétendu
» que des hommes, accoutumés aux
» glaces du Nord, se séparassent de
» leurs femmes & de leurs enfans
» pour aller nuds & destitués de tout
» aux extrémités de l'Orient. Plus
» échauffés que de coutume, ils se
» sont donc réunis de nuit autour du
» palais, & à cris redoublés m'ont
» proclamé Auguste. J'en ai frémi, je
» l'avoue, & me suis retiré pour cher-
» cher, en m'éloignant autant que je

» le pouvois mon salut dans la fuite
» & dans les ténebres ; voyant enfin
» qu'ils ne me donnoient point de
» répit, environné de mon innocen-
» ce, comme d'un mur, je me suis
» présenté à eux dans l'espérance d'ap-
» paiser le tumulte par la douceur ou
» par l'autorité ; mais ils se sont irri-
» tés d'une étrange maniere, & mê-
» me au point que, nonobstant mes
» prieres, pour triompher de leur obs-
» tination, ils n'ont cessé de me me-
» nacer de la mort. Vaincu enfin, &
» pensant tout bas qu'un autre, si je
» périssois, accepteroit peut-être avec
» plaisir la qualité d'Auguste, j'y ai
» consenti, dans l'espoir que je par-
» viendrois peut-être à adoucir cette
» multitude armée.

» Recevez favorablement cet ex-
» posé que je vous fais de la maniere
» dont les choses se sont passées. Ne
» pensez pas que je vous en impose ;
» n'ajoutez point foi non plus aux
» dangereuses insinuations de la mali-
» gnité accoutumée par un principe
» d'intérêt à brouiller les Princes ;
» écartez l'adulation qui fomente les
» vices, n'écoutez que la plus belle

» des vertus, la justice, & envisagez
» impartialement l'équité des propo-
» sitions que je vous fais. Je me suis
» convaincu, en y réfléchissant, que cet
» événement ne peut qu'être avanta-
» geux & à la République, & à nous,
» que les liens du sang & de la for-
» tune placent au premier rang. Par-
» donnez-moi donc; ce que je de-
» mande avec tant de raison, je sou-
» haite moins de l'obtenir, que de
» vous voir l'approuver comme utile
» & équitable; vous me verrez me
» plier ensuite avec empressement à
» vos ordres Voici donc en un mot ce
» qui me paroît convenir. Je vous four-
» nirai des chevaux de trait d'Espagne
» & quelques jeunes Letes qui des-
» cendent d'une excellente race de Bar-
» bares en deçà du Rhin, du moins de
» ceux qui se sont rangés sous nos
» lois; ils sont bons à mêler avec les
» Scutaires & les Gentils; je remplirai
» fidélement cet engagement jusqu'à
» la fin de ma vie, non-seulement par
» reconnoissance, mais encore avec
» plaisir. Vous me donnerez pour Pré-
» fets du Prétoire des gens distingués
» par leur équité & par leurs talens;

» quant aux Juges ordinaires & aux
» Officiers de la milice, il me paroît
» raisonnable que ce soit moi qui les
» nomme, ainsi que mes gardes; car
» il est absurde, quand on peut l'évi-
» ter, d'approcher d'un Prince des
» hommes dont il ne connoît ni les
» mœurs, ni les inclinations. Je ne
» balance pas non plus à vous assurer
» que les Gaulois, excédés depuis
» long-temps de troubles & de re-
» vers pénibles, n'enverront ni libre-
» ment ni de force leurs recrues dans
» des contrées éloignées; le souvenir
» des maux qu'ils ont soufferts, suffi-
» roit seul pour les jeter dans le déses-
» poir sur ce qu'ils auroient à crain-
» dre s'ils s'exposoient à sacrifier leurs
» jeunes gens. Il ne convient pas non
» plus de tirer de là les forces qu'on
» doit opposer aux Parthes, puisque
» d'un côté ces provinces ne sont pas
» encore à l'abri des entreprises des
» Barbares, & que de l'autre (pour
» vous le dire naturellement) elles
» ont elles-mêmes besoin de secours
» puissans, vu les maux continuels qui
» les ont désolées. Voilà ce que j'ai cru
» devoir vous écrire : je vous prie &

» je vous conjure d'y faire attention.
» Je sais, sans prendre un ton que ma
» dignité autoriseroit, quelles affaires
» l'union de Princes qui se sont mu-
» tuellement aidés, a rétablies; il pa-
» roît par l'histoire de nos ancêtres,
» que ceux qui suivent de semblables
» principes, rendent leur regne heu-
» reux & florissant, & laissent après
» eux un nom que la postérité la plus
» reculée chérira ».

A ces lettres Julien en joignit de particulieres qu'on eut charge de remettre en secret à Constance; elles étoient, à ce qu'on prétend, mordantes & pleines de reproches: on n'a pas pu en savoir les détails; & quand on l'auroit pu, il n'auroit pas été de la décence de les rendre publiques. Julien chargea de graves personnages de cette commission; c'étoit Pentade, Grand-Maître des offices, & Euthérius, Grand-Chambellan; ils devoient après avoir remis ces lettres, lui rendre compte, sans rien déguiser, de ce qu'ils auroient vu, & suivre avec fidélité ce qui leur seroit prescrit dans la suite. En attendant, l'entreprise de Julien étoit en quelque sorte aggravée par la fuite du Préfet Florentius. Cet homme donnoit à entendre qu'il avoit preffenti cette révolution au moment où l'on avoit, à ce qu'il difoit, mandé les troupes, & que pour s'éloigner de Julien qu'il craignoit, lui ayant parlé fouvent avec dureté, il avoit prétexté d'aller à Vienne arranger les magafins des vivres. Dès qu'il apprit l'élévation de ce Prince, perdant tout espoir de vivre, il profita de l'éloignement où il fe trouvoit pour fe fouftraire aux maux qui le menaçoient, abandonna toute fa famille, & fe rendit à petites journées près de Conftance : là, pour fe mettre à l'abri de tout reproche, il peignit Julien comme un rebelle & le chargea de plufieurs crimes. Julien, dès qu'il apprit le départ du Préfet, donna habilement à entendre qu'il lui eût fait grace s'il fût demeuré ; il ne toucha ni à fes biens, ni à ceux qui lui appartenoient ; au contraire, il leur accorda des voitures publiques, & ordonna qu'on les reconduisît en toute fureté du côté de l'Orient.

## CHAPITRE IX.

*Constance Auguste ordonne à Julien de se contenter du nom de César; les Légions Gauloises s'y opposent unanimement.*

Les Ambassadeurs chargés des lettres dont nous venons de parler, suivirent avec soin leurs instructions : au milieu de leur voyage ils furent artificieusement arrêtés par les Magistrats des villes ; après avoir essuyé dans l'Italie & dans l'Illyrie des retardemens longs & pénibles, ils passerent le Bosphore, puis marchant à petites journées ils trouverent Constance qui étoit encore à Césarée en Cappadoce ; cette ville commode & célebre, située aux pieds du mont Argée portoit autrefois le nom de Mazaca. On les introduisit chez le Prince, & ils eurent la permission de remettre leurs dépêches ; à peine l'Empereur les eut-il lues, qu'il fut transporté d'une colere inexprimable ; jetant ensuite sur les députés un regard terrible & qui les fit trembler pour leur vie, il leur ordonna de sortir sans permettre qu'on l'informât de quoi que ce fût. Sa consternation cependant fut extrême; partagé entre deux partis, il ne savoit s'il marcheroit d'abord contre les Perses, ou s'il emploieroit contre Julien celles de ses troupes sur lesquelles il comptoit le plus. Cédant enfin, après bien des incertitudes, à l'avis de quelques sages conseillers, il prit sa route du côté de l'Orient; en attendant il congédia les députés, & fit partir à grandes journées pour les Gaules son Questeur Léonas, auquel il remit des lettres pour Julien : il disoit à ce Prince qu'il n'approuvoit absolument pas ces nouveautés ; qu'il l'exhortoit, pour peu que son salut & celui des siens lui fût cher, à déposer ce vain orgueil, & à se contenter de la qualité de César; puis, comme s'il étoit assuré d'un secours bien efficace, & pour achever d'effrayer ce Prince, il nomma à la place du Préfet du Prétoire Florentius, Nébridius qui alors étoit Questeur de Julien ; le Secrétaire Félix obtint le caractere de Maître des offices, & quelques autres encore furent élevés à d'autres emplois : car pour Gumohaire, il l'avoit désigné successeur de Lupicin & créé Général de la cavalerie, avant même qu'on sût quelque chose de la révolution. Léonas fut accueilli à son arrivée à Paris comme un homme sage & estimable ; on lui ordonna le lendemain de présenter ses lettres au Prince qui s'étoit rendu au camp avec une multitude de gens armés, & beaucoup de peuple qu'on avoit rassemblé à dessein. Julien pour être mieux vu, se tint debout sur son tribunal, les lettres furent ouvertes, on en commença la lecture ; mais lorsqu'on vint à l'endroit qui portoit que Constance désapprouvoit ce qui avoit été fait, & prétendoit que Julien s'en tînt à la qualité de César, on entendit ces paroles accompagnées d'un bruit terrible : « Auguste » Julien, ce sont les provinces, ce » sont les soldats, c'est l'autorité de » la République qui l'a ainsi résolu : » elle est, il est vrai, soulagée, mais » elle craint encore les ravages des » Barbares réveillés. » Léonas s'en retourna après cela avec des lettres du Prince qui contenoient la même chose. Nebridius fut le seul qu'il garda comme Préfet; Julien en écrivant à Constance, avoit publiquement prédit, que le choix qu'on feroit de cet homme lui feroit agréable. Quant à la place de Maître des offices, il y avoit déjà élevé depuis long-temps Anatolius qui avoit eu ci-devant le soin de répondre aux requêtes; il conféra encore quelques autres emplois, suivant qu'il le trouva convenable à son avantage & à sa sureté. Cependant au milieu de tout cela on craignoit Lupicin quoiqu'il fût absent & pour lors en Angleterre; c'étoit un homme fier, insolent & capable de former des entreprises, s'il apprenoit ce qui s'étoit passé. On envoya donc Notaire à Boulogne, pour empêcher soigneusement que personne ne passât la mer. Par cette précaution Lupicin revenant sans avoir rien appris, ne put exciter aucun trouble.

## CHAPITRE X,

*Julien Auguste tombe à l'improviste au-delà du Rhin sur les Francs surnommés Attuaires ; il en tue un grand nombre, en fait plusieurs prisonniers, & donne la paix au reste.*

JULIEN satisfait de l'accroissement de sa fortune & de la confiance de ses troupes, pour les tenir en haleine, & ne pas paroître indolent ou paresseux, après avoir député des Ambassadeurs à Constance, & fait tous les préparatifs que demandoit l'état présent des affaires, marcha vers les frontieres de la seconde Germanie. Il approcha de la ville de Tricensime (*a*); passant ensuite le Rhin, il tomba sur le pays des Francs qu'on appelle Attuaires (*b*); ce peuple inquiet ravageoit insolemment les extrémités des

(*a*) Aujourd'hui Santen près de Cleves.
(*b*) Ils habitoient le pays de Liege.

Gaules. Il les attaqua à l'improviste & les défit sans peine, parce qu'ils ne s'attendoient à rien, & que pleins de sécurité, & se confiant sur la difficulté des chemins, il étoit sans exemple qu'aucun Prince eût pénétré dans leurs habitations. Plusieurs furent pris, ou massacrés : les autres implorerent la pitié de Julien qui leur accorda la paix aux conditions qu'il voulut, jugeant que cela suffiroit pour assurer la tranquilité de ceux dont les terres avoisinoient celles de ces Barbares. Il revint & repassa le fleuve avec la même célérité, parcourut les garnisons qui étoient sur les frontieres, pourvut à ce qui y manquoit encore, & se rendit au pays des Rauraques (c). Enfin, après avoir repris & bien fortifié les villes qui étoient autrefois tombées au pouvoir des Barbares, il retourna par Besançon à Vienne pour y passer l'hiver.

(c) Ils occupoient Basle & ses environs.

CHAPITRE

## CHAPITRE XI.

*Constance Auguste assiege avec toutes ses troupes Bezabde; mais il se retire sans avoir rien fait: d'un arc-en-ciel.*

Tels furent les événemens qui arriverent dans les Gaules. Pendant que Julien y conduisoit les affaires avec autant de prudence que de succès, Constance qui avoit mandé Arsace, Roi d'Arménie, le reçut avec beaucoup d'égards, & l'exhorta à persévérer inviolablement dans notre alliance; car on avoit souvent rapporté que le Roi des Perses avoit plus d'une fois essayé par des intrigues, par des menaces, & par des ruses, de l'engager à renoncer à l'amitié des Romains, pour passer dans son parti; mais ce Prince promit avec des sermens redoublés, qu'il perdroit plutôt la vie que de changer: comblé de présens avec toute sa suite, il retourna dans ses Etats, & n'osa dans la suite manquer à ses engagemens, à cause des grandes obligations qu'il avoit à Constance. La principale étoit qu'il en avoit reçu pour femme Olympias, fille d'Ablatius, autrefois Préfet du Prétoire; elle avoit été promise à Constant, frere de Constance. Arsace étant congédié, l'Empereur quitta la Cappadoce, passa par Melitine, ville de la petite Arménie, par Lacotene, & traversant l'Euphrate à Samosate, il vint à Edesse (*a*). Il s'y s'arrêta long-temps pour attendre les troupes & les vivres qu'on y menoit de toutes parts : à l'équinoxe d'automne il marcha à Amide (*b*). A l'approche des murailles de cette ville, les restes de l'incendie qu'il y vit, lui firent verser des larmes en lui rappellant ce que cette malheureuse place avoit souffert. Ursule, Trésorier de l'épargne, se trouvant dans ce moment près du Prince, s'écria douloureusement, *voilà la bravoure avec laquelle nos soldats défendent les villes, eux à qui l'on prodigue les trésors de l'Empire pour leur payer exactement leur solde.* Les troupes

---

(*a*) *Orroha*, ville de la Turquie Asiatique, dans le Diar-beckr.

(*b*) Le nom d'*Amid* lui est resté, quoiqu'elle porte plus communément celui de Diarbekir.

se ressouvinrent dans la suite de ce reproche, & furent sur le point de massacrer Ursule devant Calcedoine.

L'Empereur partit de là à la tête d'une nombreuse armée, & arriva près de Bezabde, où il assit son camp qu'il environna de retranchemens & de profonds fossés; comme il faisoit le tour de la place, il apprit par divers rapports, qu'on avoit fortifié les endroits que le temps avoit auparavant ruinés. Pour ne négliger aucune des mesures qu'il importoit de prendre avant que le feu de la guerre recommençât, il chargea d'habiles députés d'engager ceux qui défendoient la ville, ou à retourner sains & saufs chez eux avec le butin qu'ils avoient fait, ou à passer sous la domination des Romains qui les combleroient de récompenses & de dignités. Mais ces hommes d'une naissance illustre, & dont le courage bravoit les fatigues & les périls, n'ayant pas voulu souscrire à ces conditions, on prépara tout ce qu'il falloit pour commencer le siege. Les soldats bien serrés & au bruit des trompettes investirent la place de tous les côtés; ensuite les légions partagées en divers corps, arrangerent leurs boucliers en façon de tortues, & avançant peu à peu & d'abord sans danger, elles essayerent de renverser les murailles ; mais la prodigieuse quantité de traits de toute espece dont on les accabloit, rompit l'union des boucliers, & força à donner le signal de la retraite. Après s'être reposé un jour, au troisieme, couverts plus soigneusement encore de leurs armes, nos gens pousserent de grands cris & tenterent de tous côtés l'assaut. Quoique les assiégés se tinssent cachés derriere des cilices qu'ils avoient tendus devant eux pour n'être pas vus de l'ennemi, toutes les fois cependant que la nécessité l'exigea, ils combattirent avec courage & lancerent des pierres & des traits contre tout ce qui étoit à leur portée. Dès que nos claies d'osier avançoient trop, & approchoient de trop près des murs, on jetoit sur elles de grands tonneaux remplis de terre, des meules & des fragmens de colonnes, dont le poids nous écrasoit, rompoit nos mantelets, & nous forçoit à fuir avec le plus grand danger. Le siege avoit déjà duré dix jours, & l'assurance de nos gens répandoit l'allarme dans la ville, lorsque nous jugeâmes à propos d'avancer un grand bélier dont les Perses s'étoient autrefois servis pour détruire Antioche, & qu'ils avoient laissé à Carras. La vue de cette machine très artistement fabriquée, effraya tellement les assiégés qu'ils furent sur le point de se rendre ; mais reprenant courage, ils firent des arrangemens pour rendre inutiles les effets de cette terrible piece, & depuis ce moment ils ne cesserent pas de se battre, avec autant de courage que d'habileté ; car tandis qu'on préparoit & qu'on ajustoit ce vieux bélier dont on avoit déjoint les parties pour le transporter plus aisément, tandis qu'on déployoit tout l'art & toute la force possible pour en protéger l'approche, des traits que lançoient les machines de la ville, des pierres & des dards sans nombre, tomboient à droite & à gauche sur nos manoeuvres, & en tuoient plusieurs : en attendant l'on élevoit promptement des terrasses : le siege de jour en jour devenoit plus meur-

C iij

trier, & plusieurs des nôtres y périssoient, parce que, combattant sous les yeux de l'Empereur & animés de l'espoir des récompenses, ils quittoient leurs casques pour qu'on les distinguât mieux, ce qui les exposoit d'avantage aux archers des ennemis. Les jours & les nuits qu'on passoit de l'un & de l'autre côté sur le qui-vive, faisoient encore que les deux partis n'en étoient que plus vigilans.

Les Perses effrayés de la hauteur des terrasses que nous avions élevées, & de l'énorme grandeur du bélier qu'accompagnoient de moindres pieces, firent les plus grands efforts pour y mettre le feu ; ils ne cessoient de décocher des torches, & des matieres embrasées, mais sans que cela produisît d'effet, parce que tout ce qui étoit de bois dans ces machines, étoit pour la plupart couvert de cuirs, ou de gros draps mouillés & encore enduit d'alun pour que le feu ne pût s'y attacher.

Les Romains approcherent donc ces machines avec une extrême vigueur: ils les soutinrent quoiqu'avec des peines infinies, & braverent les plus grands dangers, dans l'espoir d'emporter la place. De leur côté les assiégés, au moment que le grand bélier s'approcha pour renverser la tour, en arrêterent la tête, qui représente en effet la figure d'un bélier, en l'entortillant adroitement au moyen de longues cordes qu'ils avoient ajustées des deux côtés, afin de lui ôter la faculté de rétrograder, pour revenir avec de nouvelles forces, frapper le mur. Ils jeterent encore dessus de la poix ardente. Toutes ces machines qu'on avoit portées en avant, résisterent long-temps à l'effort des grosses pierres qu'on fit tomber sur elles du haut des murs, & des traits dont on les accabla.

Les assiégés qui s'apperçurent que nos terrasses étoient si hautes que leur perte seroit inévitable, s'ils n'y prenoient garde, se porterent à une résolution désespérée ; ce fut par une brusque attaque de tomber sur nos gens, & de jeter avec force sur les béliers des torches & des vases de fer remplis de feux. Cependant après un combat dont le succès fut long-temps indécis, plusieurs sans avoir rien avancé furent repoussés dans la ville; peu après les Romains du haut de leurs terrasses, firent pleuvoir sur les Perses qui défendoient les murailles, des fleches, des pierres, & des traits enflammés, mais ils firent peu de mal aux tours contre lesquelles on les décochoit, parce qu'il s'y trouvoit des gens prompts à éteindre le feu.

Comme le nombre des combattans diminuoit de part & d'autre, les assiégés auroient indubitablement été réduits aux dernieres extrémités, s'ils n'avoient pas pris le sage parti, de tenter une vigoureuse sortie. Plusieurs donc qui portoient des feux, accompagnés & soutenus d'un bon nombre de soldats, vinrent à l'improviste, pour jeter des corbeilles de fer remplies de sarmens allumés & d'autres matieres combustibles. L'épaisseur de la fumée qui ne permettoit pas de voir ce qui se passoit, jointe au bruit des instrumens qui appelloient aux armes, fit que les légions qui se trouverent prêtes, accoururent à grands pas; peu à peu l'ardeur de combattre s'accrut, & lorsqu'on en fut venu aux mains, nos machines s'allumerent tout à coup & furent couvertes de flammes. Il n'y eut que le grand bélier que des soldats forts & vigoureux, arracherent à demi consumé, aux cordes qui le retenoient à la muraille.

Le repos qu'apporta la nuit ne fut pas de longue durée, après un court sommeil nos troupes réveillées par leurs chefs, éloignerent l'appareil des machines des murs, & se disposerent à combattre du haut des terrasses qui dominoient déjà les murailles. Pour en écarter plus aisément les assiégés, on plaça au sommet de ces levées de terre, deux balistes dont on croyoit que l'effet seroit tel qu'il empêcheroit les ennemis de se montrer. Lorsqu'on eut pourvu à tout, autant qu'on le crut nécessaire, nos soldats partagés en trois corps & précédés de gens qui portoient des échelles, se mirent en marche sur le matin, & secouant d'un air menaçant les cimiers de leurs casques, ils tenterent l'assaut des murs. Le bruit des armes & des instrumens de guerre retentit des deux côtés & on en vint aux mains avec une égale ardeur. Les Romains qui commencerent à s'étendre, voyant que la crainte des machines qui étoient sur nos terrasses, portoit les Perses à se cacher, frapperent la tour avec le bélier, & malgré les traits sans nombre, qu'on leur décochoit, ils avancerent avec des hoyaux, des doloirs, des leviers & des échelles.

Les différens coups qui partoient sans cesse de nos balistes, comme s'ils couloient en un seul trait des rainures de ces pieces, incommodoient infiniment les Perses : aussi se voyant aux derniers abois, ils voloient au devant de la mort, puis se partageant dans ce moment qu'ils regardoient comme le dernier de leur vie, une partie resta pour défendre les murailles, & une troupe de gens d'élite ouvrit clandestinement une poterne, & en sortit l'épée à la main, suivie des soldats qui portoient des feux cachés. Tandis que d'un côté les Romains poursuivent les fuyards, ou que de l'autre ils s'opposent aux ennemis qui surviennent, ceux qui portoient ces feux, courbés & marchant ventre à terre, glissent des brandons entre les jointures d'une des terrasses construite de branches d'arbres, de roseaux, & de faisceaux de cannes; toutes ces matieres inflammables commencerent bientôt à brûler. Nos troupes, non sans courir de grands dangers, furent obligées de se retirer avec les machines qui n'étoient pas encore endommagées. La nuit termina cette action & l'on se sépara pour prendre quelque repos.

L'Empereur occupé de divers projets, sentit, quoique de puissantes raisons demandassent qu'il se rendît maître de Phénice qui étoit une barriere insurmontable aux courses de l'ennemi, que la saison avancée l'empêcheroit de la prendre de vive force : il résolut donc de la bloquer & de se borner à de légeres attaques, dans l'espérance que la disette forceroit les Perses à se rendre. Mais il en arriva tout autrement. Pendant qu'on se battoit avec moins de vivacité, l'air devint humide, & il se forma d'épais nuages qui répandoient une obscurité effrayante; des pluies continuelles détremperent tellement les terres, qu'une boue glutineuse gâta tout dans ces contrées, dont le terrain est naturellement gras. Joignez à cela le fracas des tonnerres & d'éclairs sans nombre, qui porterent l'épouvante dans l'ame; enfin on vit encore de fréquens arcs-en-ciel, phénomene dont je vais donner en peu de mots l'explication. Les exhalaisons les plus chaudes de la terre, & les particules aqueuses rassemblées en nuages, d'où elles se répandent ensuite en petites larmes, & brillent par la dispersion des rayons, s'élevent en tournant contre le Soleil & forment l'Iris, dont la courbure vient de ce qu'elle se déploie sur notre monde, que la Physique place sur la moitié d'une sphere. Ce que l'œil en peut découvrir présente d'abord une sombre couleur jaune, la seconde plus claire, la troisieme rouge, la quatrieme pourpre, la cinquieme bleue mêlée de vert. On explique la gradation des couleurs de ce beau mélange en disant, que la premiere paroît plus sensiblement, à cause de sa conformité avec l'air qui l'environne; la seconde est jaune, c'est-à-dire un peu plus vive que la premiere; la troisieme rouge, parce que opposée à l'action du Soleil elle pompe pour ainſi dire & enleve la partie la plus ſubtile de ſes rayons ; la quatrieme eſt pourpre, parce que ſe perdant en quelque ſorte au milieu des gouttes de la nue, ſes rayons approchent plus de la couleur du feu, & cette couleur plus elle ſe répand, plus elle devient bleue & verte.

D'autres penſent que la figure de l'Iris n'eſt telle à nos yeux, que parce que les rayons du Soleil jettent ſur un nuage épais qui s'eſt élevé plus qu'à l'ordinaire, une lumiere déliée qui ne trouvant point de paſſage n'en brille que davantage en ſe repliant ſur elle-même par un violent frottement; qu'elle prend les rayons plus voiſins du blanc de la partie la plus élevée du Soleil, les verdâtres de la nue elle-même, à peu près comme il arrive que les ondes de la mer qui ſont près du rivage ſont blanches, & celles du milieu bleues. Comme c'eſt, ainſi que nous l'avons dit, un ſigne de changement dans l'air lorſqu'un beau ciel ſe couvre de nuages, ou qu'au contraire la ſérénité ſuccede à un temps ſombre, de-là vient que nous trouvons ſouvent dans les Poëtes, qu'Iris est envoyée du ciel lorsqu'il est nécessaire de produire quelque révolution. Il y a bien d'autres opinions encore. Je crois superflu de les détailler, voulant reprendre le fil de mon histoire.

Ces choses & d'autres semblables qui tenoient l'Empereur flottant entre l'espoir & la crainte, l'inquiétoient à cause de l'hiver qui augmentoit, & des embuches qu'on pouvoit lui dresser dans des chemins impraticables. Il craignoit encore les mouvemens séditieux des troupes aigries. Ce qui le navroit sur-tout, c'est qu'ayant ouvert, pour ainsi dire, la porte d'un opulent édifice, il se voyoit contraint de s'en retourner sans en avoir profité. Toutes ces considérations le déterminerent à renoncer à son entreprise. Il rentra donc dans la malheureuse Syrie pour passer l'hiver à Antioche, après avoir essuyé cet été des revers à jamais déplorables ; car ce Prince avoit, par une sorte de fatalité, toujours été malheureux en faisant la guerre aux Perses ; & c'est ce qui lui faisoit souhaiter de vaincre, du moins par ses Généraux, comme cela arriva quelquefois.

# AMMIEN MARCELLIN.

## LIVRE XXI.

---

### CHAPITRE I.

*Julien Auguste célebre à Vienne la cinquieme année de son regne. Il apprend que Constance mourra bientôt : des divers moyens de connoître l'avenir.*

Tandis qu'une guerre pénible arrêtoit Constance au-delà de l'Euphrate, Julien qui passoit à Vienne les jours & les nuits à faire des arrangemens pour l'avenir, tâchoit, autant que la foiblesse de ses moyens le permettoit, d'augmenter de plus en plus ses forces. Toujours indécis sur le parti qu'il prendroit, il ne savoit s'il devoit essayer de gagner Constance par des caresses, ou l'intimider par la force. D'un côté, il craignoit l'amitié constamment cruelle de ce Prince ; de l'autre, il redoutoit l'ascendant qui l'avoit toujours suivi dans les discordes civiles : ce qui redoubloit sur-tout ses alarmes, c'étoit l'exemple de son frere Gallus, que trop de sécurité & les ruses de faux amis avoient perdu ; quelquefois cependant il se déterminoit pour de promptes & vigoureuses entreprises, dans l'idée qu'il étoit plus sûr de se déclarer ouvertement ennemi d'un homme capable, comme le passé l'avoit fait voir, de lui tendre des pieges mortels sous les dehors d'une feinte amitié. Méprisant donc ce que Constance lui avoit écrit par Léonas, & n'acceptant de tous ceux que ce Prince avoit nommés que Nébridius, il célébra la cinquieme année de son regne par des jeux publics, & assista à cette solennité avec un diadême tout brillant de pierreries, au lieu qu'il n'avoit eu au commencement de son élévation qu'une couronne ordinaire, & telle que la portent ceux qui président en habit de pourpre aux jeux publics : sur ces entrefaites il envoya à Rome & fit déposer dans le faubourg qui est sur le chemin de Nomente (*a*), le corps de sa femme Hélene à côté de celui de Constantine sa belle-sœur, femme de Gallus.

Ce qui se joignoit encore au désir qu'avoit Julien, les Gaules étant pacifiées, d'attaquer directement Constance, c'est qu'il avoit compris par des songes & par beaucoup de présages, auxquels il s'entendoit, que ce Prince ne vivroit plus long-temps. La malignité a prétendu que Julien éclairé & avide de connoissances, n'étoit parvenu que par des voies détestables à découvrir l'avenir. Voyons en peu de mots comment un homme sage peut acquérir cette science intéressante.

L'esprit qui dirige tous les élémens, & qui toujours & par-tout exerce son activité par le mouvement même de ces corps éternels, peut nous communiquer le talent de connoître l'avenir à l'aide des sciences que nous cultivons dans cette vue. Souvent les puissances intermédiaires rendues favorables par diverses cérémonies, suggerent aux hommes des oracles qu'elles

(*a*) Ce chemin alloit de la porte Viminale jusqu'à Numentum, ville des Sabins.

leur font pour ainſi dire puiſer dans des ſources qui ne tariſſent jamais. Thémis, dit-on, préſide à ces oracles, les anciens Théologiens l'ont placée pour cette raiſon dans le lit & ſur le trône de l'immortel Jupiter, comme la Déeſſe qui ſeule fait découvrir d'avance les décrets irrévocables du deſtin, nommée τετειμένα chez les Grecs.

Ce n'eſt point de la fantaiſie des oiſeaux qui ignorent ce qui arrivera, qu'on recueille les augures & les auſpices; perſonne n'eſt aſſez dépourvu de ſens pour le dire: mais Dieu dirige leur vol, de maniere que leurs cris, ou le mouvement de leurs ailes tantôt rapide, tantôt modéré, indique l'avenir. Car la bonté divine, ſoit qu'elle juge les hommes dignes de cette grace, ſoit par un ſimple principe de bienveillance, ſe plaît à leur faire connoître par ces arts ce qui doit leur arriver.

Les entrailles prophétiques des animaux, qui prennent, comme on ſait, des formes ſans nombre, découvrent encore l'avenir à ceux qui les conſiderent avec attention. Un certain Tages (*b*) passe pour être l'auteur de cette science ; on dit qu'il sortit tout à coup de la terre dans l'Etrurie. Les hommes lorsque leur cœur est échauffé, lisent aussi dans l'avenir ; mais alors ce sont les Dieux qui les inspirent. Car le Soleil qui, selon les Physiciens, est l'ame du monde, agissant plus que de coutume sur nos ames, émanées de lui comme des étincelles, les rend capables de connoître l'avenir ; de-là vient que les Sybilles disent qu'elles sont comme embrasées d'un torrent de flammes.

Les éclats de voix, certains signes, les tonnerres même, les éclairs, la foudre, les étoiles tombantes, appartiennent encore à cette science, & la foi aux songes seroit indubitable & certaine, si ceux qui les expliquent ne se trompoient pas. Ces songes, selon Aristote, sont fixes & suivis, lorsque la prunelle de celui qui dort profondément, ne se détournant d'aucun côté, se porte directement.

L'ignorance du peuple s'éleve quelquefois contre ces idées, & dit sotte-

---

(*b*) *Voyez ci-dessus*, Liv. XVII, Chap. 16.

ment tout bas : si l'on pouvoit connoître l'avenir, pourquoi tel qui a dû périr à la guerre, ou essuyer d'autres malheurs, l'a-t-il ignoré ? Il n'y a qu'un mot à répondre. Un Grammairien ne parle-t-il pas mal quelquefois ? Un Musicien ne joue-t-il pas quelquefois ridiculement ? Un Médecin n'ignore-t-il jamais les remedes qui conviennent ? Mais la Grammaire, la Musique, la Médecine perdent-elles par-là de leur mérite ? Cicéron s'exprime sur ce sujet, comme sur tout autre, admirablement bien : *Les Dieux*, dit-il, *indiquent l'avenir par des signes ; si quelqu'un les saisit mal, ce n'est pas leur faute, mais celle des hommes qui conjecturent mal*. Ne poussons pas trop loin cependant ces détails, & revenons à notre sujet.

## CHAPITRE II.

*Julien Auguste étant à Vienne, feint, pour gagner le peuple, d'être Chrétien, & va un jour de fête dans un temple prier Dieu publiquement.*

JULIEN qui n'étoit encore que César, s'amusant un jour à Paris à un exercice militaire, son bouclier qu'il agitoit se détacha, & ne lui laissa dans la main que la poignée qu'il tint ferme ; les assistans témoignerent quelque crainte, comme si c'étoit là un mauvais augure. *Rassurez-vous*, leur dit-il, *je n'ai pas lâché ce que je tenois*. Dans la suite étant à Vienne, pendant qu'il se reposoit légérement après un repas frugal, il crut voir au milieu de la nuit un spectre éclatant qui lui adressa & lui répéta plusieurs fois distinctement des vers dont le sens étoit : *Constance, Roi d'Asie, terminera ses jours dans de grands tourmens, lorsque Jupiter aura parcouru le signe du Verseau, & que Saturne entrera dans le vingt-cinquie-*

ms degré de la constellation de la Vierge. Ces paroles remplirent Julien de tant de courage, qu'il crut n'avoir plus rien à redouter. En attendant, il ne changea rien pourtant à l'état actuel des affaires : il fit avec calme & tranquillité les arrangemens que demandoient les circonstances, & tâcha d'augmenter peu à peu ses forces, afin qu'elles fussent en quelque sorte proportionnées à sa dignité.

Dans la vue de gagner tout le monde, il feignit d'être encore attaché au Christianisme, qu'il avoit abandonné depuis long-temps ; ( ce qu'il n'avoit confié qu'à peu de personnes ) pour vaquer aux Augures, aux Aruspices, & à tout ce qui distingua toujours les adorateurs des Dieux. Afin de mieux tenir son changement secret, au jour de la fête que les Chrétiens célebrent dans le mois de Janvier & qu'ils nomment l'Epiphanie, il parut au milieu d'un de leurs temples, d'où il ne sortit qu'après y avoir fait publiquement sa priere.

## CHAPITRE III.

*Vadomaire, Roi des Allemands, rompt le traité, envoie des pillards sur nos frontieres, tue un petit nombre de nos gens & le Comte Libinon.*

JULIEN reçut à l'approche du printemps une nouvelle qui l'affligea beaucoup, c'étoit que les Allemands, sortis du canton de Vadomaire, d'où l'on ne s'attendoit à aucun acte d'hostilité depuis le traité conclu, ravageoient les frontieres des Rhéties, & qu'exercés aux rapines, ils portoient la désolation de tous côtés. Dans la crainte, si l'on ne témoignoit aucun ressentiment, qu'ils ne s'enhardissent à de nouvelles guerres, Julien envoya pour arrêter ces mouvemens les Celtes & les Pétulants, légions Gauloises, commandées par le Comte Libinon, qui étoit en quartier d'hiver avec elles. Cet Officier étant arrivé de bonne heure près de la ville de Sanctio (*a*), fut apperçu de loin par les ennemis ; déterminés à se battre, ils s'étoient postés dans des vallons. Libinon exhorta ses troupes qui, bien qu'inférieures en nombre, n'en brûloient pas moins du désir d'en venir aux mains, & attaqua imprudemment les Germains ; il tomba le premier au commencement de l'action ; sa perte releva d'un côté le courage des Barbares, & de l'autre, elle excita nos gens à venger la mort de leur Chef, le combat devint des plus opiniâtres, la multitude nous obligea cependant à plier ; quelques-uns des nôtres resterent sur la place, & un petit nombre fut blessé.

Constance avoit fait, comme nous l'avons dit, la paix avec Vadomaire & son frere Gundomade ; à la mort de ce dernier, Constance pensant que Vadomaire lui resteroit fidele & le serviroit puissamment dans l'exécution de ses secrets projets, lui écrivit & le chargea, si l'on peut en croire un simple bruit public, d'inquiéter de temps en temps les frontieres, comme

(*a*) On croit que c'est *Seckingen* dans la Suabe.

s'il avoit rompu la paix : l'Empereur vouloit empêcher par-là Julien de s'éloigner de la garde des Gaules. Vadomaire obéiſſant, à ce qui paroît, à ces ordres, & accoutumé dès ſa jeuneſſe à en impoſer par ſes artifices, ainſi qu'on en eut des preuves lorſqu'il gouverna dans la ſuite la Phénicie, fit donc ces mouvemens & d'autres ſemblables ; mais ayant été découvert, il diſcontinua ; car un de ſes Secrétaires fut pris par nos gardes avancées, avec une lettre qu'il envoyoit à Conſtance ; elle contenoit entr'autres choſes ceci : *votre Céſar ne connoît plus la ſoumiſſion* ; d'ailleurs il donnoit fréquemment à Julien, lorſqu'il lui écrivoit, les noms de Seigneur, d'Auguſte, de Dieu.

## CHAPITRE IV.

*Julien Auguste, après avoir surpris la lettre de Vadomaire, le fait saisir dans un festin; il massacre ensuite une partie des Allemands, en fait quelques-uns prisonniers & accorde la paix au reste.*

La circonstance étoit critique; Julien prévoyant bien que tout cela pouvoit enfin occasionner sa perte totale, ne pensa, pour mettre sa personne & ses provinces en sureté, qu'à saisir Vadomaire. Voici donc le plan qu'il suivit. Il envoya dans ces quartiers le Secrétaire Philagrius, qui dans la suite fut Comte de l'Orient : sa fidélité lui étoit connue ; aux instructions qu'il lui donna sur ce qu'il avoit à faire dans ces circonstances, Julien joignit un billet signé de sa main & cacheté; le Secrétaire ne devoit l'ouvrir que lorsque Vadomaire seroit en deçà du Rhin. Philagrius suivit ces ordres. Lorsqu'il fut sur les lieux & qu'il s'y occupoit de divers arrangemens, Vadomaire traversa le fleuve, comme assuré qu'on étoit en pleine paix ; feignant encore d'ignorer ce qui s'étoit fait de contraire aux traités, il s'entretint quelques momens, selon l'usage, avec le Chef de nos troupes, & pour écarter même tout soupçon, il s'invita au festin dont devoit être aussi Philagrius. Celui-ci n'eut pas plutôt apperçu le Roi, qu'il se rappela les ordres qu'il avoit reçus, & sous prétexte d'une affaire pressante & sérieuse, il retourna à son auberge, instruit par la lettre de Julien, il revint au plus vîte se placer avec les autres convives. A peine le repas fut-il fini, qu'il saisit vigoureusement Vadomaire, chargea l'Officier qui commandoit de conduire ce Prince au drapeau, & de l'y garder soigneusement ; il justifia ensuite ce qu'il venoit de faire, par la lecture de la lettre de Julien, & força ceux qui avoient accompagné le Roi à s'en retourner chez eux, attendu qu'il n'avoit point d'ordres qui les concernassent. Vadomaire, qu'on mena ensuite au camp du Prince, ayant appris qu'on avoit arrêté son

D ij

Secrétaire & découvert ce qu'il écrivoit à Constance, désespéra d'obtenir grace ; cependant il n'essuya pas même des reproches, & fut simplement envoyé en Espagne : on ne vouloit qu'empêcher cet homme cruel, de profiter de l'éloignement de Julien, pour troubler de nouveau des provinces qu'on avoit eu tant de peine à pacifier.

Julien, encouragé par la prise de ce Roi qu'il craignoit de laisser derriere lui pendant sa longue absence, se disposa à attaquer, sans perte de temps, les Barbares contre lesquels le Comte Libinon avoit perdu la vie : pour que le bruit de son arrivée ne les portât pas à s'éloigner, il passa le Rhin au milieu de la nuit, & sans qu'ils s'en doutassent, il les enveloppa avec un corps de troupes légeres. Pendant que réveillés par le bruit des armes, ils cherchent leurs dards & leurs épées, le Prince fond sur eux, en tue quelques-uns, fait grace à ceux qui offrent en supplians de rendre le butin qu'ils avoient fait, & accorde la paix aux autres qui promirent d'être toujours tranquilles.

## CHAPITRE V.

*Julien Auguste harangue ses troupes & leur fait approuver son projet de faire la guerre à Constance.*

AU milieu d'expéditions conduites avec autant de courage, Julien considérant les maux que ces divisions intestines entraîneroient, & que rien ne convenoit mieux aux entreprises inattendues que la célérité, prévit sagement qu'il étoit de son intérêt d'avouer publiquement sa défection; c'est pourquoi n'étant pas encore bien assuré de la fidélité des soldats, après s'être secrétement rendu Bellone favorable par un sacrifice, il fit assembler l'armée au son des trompettes, puis se plaçant sur un tribunal de pierre, il éleva sa voix plus que de coutume, & d'un air ferme, il tint aux troupes ce discours.

« Il y a long-temps, braves cama-
» rades, que je pense tout bas, que
» les belles actions par lesquelles vous

» vous êtes signalés, vous font atten-
» dre que je vous inftruife des fuites
» qu'elles auront & des mefures qu'il
» convient de prendre; car le foldat,
» content de s'illuftrer par de hauts
» faits, doit plus écouter que parler,
» & un Chef qui afpire à la gloire de
» paffer pour équitable, ne doit avoir
» que des fentimens dignes de l'efti-
» me & de l'approbation publique.
» Accordez donc une attention favo-
» rable au court expofé que je vais
» vous faire de mon plan.

» Placé dès ma jeuneffe au milieu
» de vous, par la volonté du Ciel,
» j'ai arrêté les irruptions continuel-
» les des Allemands & des Francs;
» j'ai mis un frein à leur audace opi-
» niâtre, & par des actes de bravoure
» ordinaires aux armées Romaines,
» j'ai rendu libre le paffage du Rhin.
» Tout s'eft exécuté à l'aide de la
» confiance que j'ai eue en votre cou-
» rage, & en oppofant un front iné-
» branlable aux bruyans éclats & aux
» armes de ces nations puiffantes.
» Voilà ce que les Gaules, qui ont
» vu nos travaux & qui fe trouvent
» remifes des longues pertes & des

» cruels désastres qu'elles avoient souf-
» ferts, transmettront aux siecles les
» plus reculés. Mais à présent que vos
» suffrages & la nécessité des circons-
» tances m'ont élevé au rang suprê-
» me, soutenu de votre assistance &
» protégé par le Ciel, j'ose, si la for-
» tune me favorise, m'élever à de plus
» hauts projets; & je le fais avec d'au-
» tant plus d'assurance, que cette ar-
» mée qui s'est toujours distinguée par
» sa bravoure & par ses exploits, m'a
» vu aussi doux & aussi modéré pen-
» dant la paix, que circonspect &
» avisé au milieu des guerres que nous
» avons soutenues contre des nations
» acharnées à notre perte. Pour pré-
» venir donc par l'union & par la con-
» corde les revers qui nous menacent,
» suivez le conseil salutaire que l'in-
» térêt commun & la pureté de mes
» intentions vous donnent; tandis
» que l'Illyrie est dénuée de troupes,
» volons aux extrémités des Daces,
» de-là nous penserons à de nouveaux
» succès. Mais de votre côté jurez-
» moi une obéissance & une fidélité
» soutenue, à moi qui donnerai tous
» mes soins, comme je l'ai fait jus-

D iv

« qu'ici, pour que rien ne se fasse
» lâchement ni à l'étourdie. Je serai
» toujours prêt à justifier mes démar-
» ches aux yeux de quiconque l'exi-
» gera, & à prouver que je ne for-
» merai jamais d'entreprise que dans
» l'intention la plus pure de la faire
» servir au bien public. Je vous prie
» & je vous conjure encore, d'éviter
» que la passion ne vous entraîne à
» causer la perte des particuliers : pen-
» sez que c'est moins la déroute de
» nos ennemis qui nous a couverts
» de gloire, que l'exemple des vertus
» que nous avons donné en épargnant
» & en sauvant nos Provinces ».

Ce discours de Julien fut applaudi comme un oracle, l'armée entiere en fut extrêmement touchée ; avide de nouveautés, elle joignit aux cris tumultueux d'un consentement unanime, le bruit des armes, prodigua à son Chef les noms de grand, d'illustre, & comme l'expérience le vérifia dans la suite, celui d'heureux vainqueur des peuples & des Rois. Lorsqu'on ordonna ensuite aux troupes de jurer solennellement, toutes éleverent leurs épées sur leurs têtes, & promirent dans les termes uſités, & ſous les plus fortes imprécations, qu'elles s'expoſeroient pour le Prince à tous les haſards, & même à la mort, ſi la néceſſité le demandoit. Les Généraux & tous ceux qui étoient près de Julien, firent la même choſe. Le Préfet Nébridius fût le ſeul qui ferme dans ſon deſſein, oſa refuſer courageuſement, & dire qu'il avoit reçu trop de bienfaits de Conſtance, pour s'engager par un ferment contre lui. Les ſoldats qui l'entendirent, indignés de ſon refus, l'auroient mis à mort, ſi Julien dont il embraſſa les genoux ne l'eût pas couvert de ſa robe. De retour au palais, Nébridius ſe jeta aux pieds du Prince & le conjura de le tranquilliſer en lui tendant la main. *Et qu'auroient mes amis*, lui répondit Julien, *ſi tu touchois ma main? Ne crains rien cependant, & retire-toi où tu voudras.* A ces mots le Préfet retourna ſain & ſauf en Toſcane ſa patrie. Julien après avoir fait les arragemens que demandoit la grandeur de ſon entrepriſe, & déjà convaincu par ſon expérience, combien il importe de prendre les devants dans le trouble

& dans la confusion des affaires, donna l'ordre de marcher en Pannonie, leva son camp & s'abandonna aveuglément à la fortune.

## CHAPITRE VI.

*Constance épouse Faustine : il augmente son armée & s'attache par des présens les Rois d'Arménie & d'Hiberie.*

L'ORDRE des faits demande que nous parlions en peu de mots de ce que Constance qui passa l'hiver à Antioche, fit pendant cette révolution des Gaules, soit dans le civil, soit dans le militaire. Des Tribuns illustres & plusieurs personnages distingués s'empresserent à venir saluer l'Empereur à son retour de la Mésopotamie. Un certain Amphilochius Paphlagonien qui avoit été ci-devant Tribun, & qui déjà du temps de Constant sous lequel il servoit, fut justement soupçonné de nourrir des dissensions entre ce Prince & son frere Constantin, parut aussi, & se présenta avec assurance : mais il fut reconnu & repoussé ; plusieurs même firent du bruit & dirent tout haut qu'il ne convenoit pas de laisser vivre cet insolent rebelle ; à cela Constance répondit avec une douceur qui ne lui étoit pas ordinaire ; « *Cessez de poursuivre cet homme* » *que je ne crois pas innocent, mais* » *dont le crime n'est pas démontré, &* » *souvenez-vous bien, que s'il est cou-* » *pable, ma vue seule lui fera trouver* » *dans sa conscience, un supplice auquel* » *il n'échappera pas* ». Après ces mots on se sépara.

Le lendemain ce même homme assistant aux jeux du cirque, se trouva vis-à-vis de l'endroit où l'Empereur avoit coutume de se placer ; tout à coup au moment où commençoit le combat, il s'éleva un grand bruit, les balustrades sur lesquelles Amphilochius étoit appuyé avec plusieurs spectateurs, se casserent, tous tomberent ; quelques uns furent légérement blessés, lui seul fut trouvé mort sous les bancs de l'amphithéâtre. Constance triompha d'avoir ainsi été prophete. Dans ce même temps ce Prince épousa Faustine ; il avoit depuis long-

D vj

temps perdu Eufebie, sœur des Confuls Eufebe & Hypace; cette Princesse joignoit des qualités infiniment estimables à une beauté accomplie; au faîte des grandeurs elle avoit de l'humanité : c'est elle dont la protection éclairée en fauvant Julien des dangers qui le menaçoient, le fit déclarer César.

On récompenfa auffi Florentius à qui la crainte des nouveautés avoit fait abandonner les Gaules; il fut envoyé en Illyrie, pour y remplacer le Préfet du Prétoire Anatolius mort depuis peu, & il prit les marques de cette dignité avec Taurus qu'on nomma également Préfet du Prétoire en Italie. En attendant on faifoit tous les préparatifs néceffaires pour poufler les guerres tant civiles qu'étrangeres : on augmenta auffi la Cavalerie & les légions. Les provinces eurent ordre de fournir des recrues; toutes les claffes des citoyens furent vexées, & toutes les profeffions obligées à livrer des habits, des armes, des machines de guerre, de l'or, de l'argent, ainfi qu'une grande quantité de vivres, & diverfes efpeces de bêtes de fomme

Comme on craignoit à l'approche du printemps, les entreprises du Roi des Perses, à proportion du dépit qu'il ressentoit de s'être vu arrêté par la rigueur de l'hiver, des députés chargés de riches présens furent envoyés aux Rois & aux Satrapes qui étoient au delà du Tigre, pour les exhorter à partager nos intérêts & à ne former aucune entreprise frauduleuse contre nous. On tâcha sur-tout de gagner par de somptueux vêtemens & par plusieurs autres présens, l'amitié d'Arsace & de Meribane, Rois d'Arménie & d'Hiberie : dans la situation critique où nous étions, ils auroient pu faire un très grand mal à la République, s'ils fussent passés du côté des Perses. Sur ces entrefaites mourut Hermogene : Helpidius Paphlagonien le remplaça : c'étoit un homme de mauvaise mine & qui s'exprimoit mal, d'ailleurs franc, humain & si doux, que Constance lui ordonnant un jour d'appliquer publiquement un innocent à la question, il supplia le Prince de lui ôter sa charge, & de donner cette commission à d'autres qui s'en acquitteroient mieux.

## CHAPITRE VII.

*Constance Auguste qui étoit alors à Antioche, retient l'Afrique dans le devoir par le ministere de Gaudence le Secrétaire : il passe l'Euphrate avec son armée & se rend à Edesse.*

CONSTANCE irrésolu à la vue des maux qui le menaçoient, hésita longtemps sur le parti qu'il devoit prendre. Iroit-il attaquer Julien & le chercher à un aussi grand éloignement ? ou s'attacheroit-il à repousser les Parthes qui faisoient mine de passer l'Euphrate ? Enfin après en avoir souvent délibéré avec ses Généraux, il résolut, dès qu'il auroit terminé cette guerre, ou du moins ralenti l'ardeur avec laquelle les Perses la faisoient, & qu'il ne laisseroit rien derriere lui qui fût à craindre, de traverser l'Illyrie & l'Italie, de fondre sur Julien comme sur une proie, & de l'arrêter ainsi dès le commencement de sa course; c'est du moins ce qu'il publioit de temps en temps, afin de dissiper les inquiétudes de ses troupes. Cependant pour qu'il ne parût pas se ralentir ou perdre de vue cet objet, il fit semer partout la nouvelle de son arrivée ; & dans la crainte qu'on n'attaquât l'Afrique pendant son absence, il y envoya à tout hasard par mer, le Secrétaire Gaudence que nous avons vu quelque temps dans les Gaules, chargé du soin d'observer les actions de Julien. Deux raisons lui firent espérer que cet homme exécuteroit promptement ses ordres ; l'une, c'est qu'il devoit redouter Julien qu'il avoit offensé ; & l'autre, qu'il saisiroit cette occasion de mériter les bonnes graces de Constance, étant persuadé, comme tout le monde, qu'il sortiroit vainqueur de cette guerre. Gaudence, dès qu'il fut arrivé, fit part de ses instructions au Comte Crétion & aux autres Officiers : puis rassemblant de tous côtés de bons soldats avec d'habiles coureurs qu'il fit venir des deux Mauritanies, il garda soigneusement les côtes opposées à la Gaule & à l'Italie. Constance ne se trompa pas dans le choix qu'il fit de Gaudence; car tant qu'il fût dans le pays, aucun ennemi n'en approcha, quoique la côte de la Sicile, depuis le promontoire de Lilybée (*a*) jusqu'à celui de Pachyn (*b*), fût garnie de troupes qui n'auroient pas tardé à passer la mer, si elles en avoient trouvé l'occasion.

Constance ayant, conformément aux circonstances, fait ces arrangemens dont il se promettoit beaucoup, & d'autres moins importans, apprit que les Perses rassemblés, & leur Roi qui marchoit fièrement à leur tête, approchoient des bords du Tigre, sans qu'on sût précisément où ils se porteroient : cette nouvelle l'alarma. Pour être plus en état de s'opposer aux efforts des ennemis, il quitta ses quartiers d'hiver, manda toute sa cavalerie avec l'élite de son infanterie, & passant l'Euphrate sur un pont de bateaux, il se rendit par Capessane à Edesse qui étoit fortifiée & approvisionnée : il s'y arrêta quelque temps,

(*a*) Présentement *Capo di Boco*.
(*b*) *Capo di Passaro*.

pour attendre les rapports que les transfuges ou les espions lui feroient de la marche des Perses.

## CHAPITRE VIII.

*Julien Auguste après avoir mis ordre aux affaires des Gaules, se rend sur les bords du Danube, & fait prendre les devants à un corps de ses troupes par l'Italie & par les Rhéties.*

Sur ces entrefaites, Julien quittant le pays des Rauraques, après avoir pris les mesures dont nous avons parlé plus haut, renvoya dans les Gaules Salluste en qualité de Préfet, & donna à Germanien la place de Nébridius ; il fit aussi Nevitte Général de la cavalerie, parce qu'il se défioit de Guomaire qui, lorsqu'il commandoit les Scutaires, avoit sourdement trahi son Prince Vétranion. Jovius, dont nous avons parlé dans l'histoire de Magnence, eut la Questure, & Mamertin l'Intendance du trésor. Il créa Dagalaiphe Commandant des Gardes, & assigna à plusieurs autres, selon les talens & l'attachement qu'il leur connoissoit, divers grades militaires. Sur le point de traverser les forêts (*a*) Marciennes & les routes qui touchent aux rives du Danube, ce qu'il redoutoit sur-tout au milieu de tous les dangers qui l'attendoient, c'étoit que les habitans du pays le voyant accompagné d'une troupe si peu considérable, ne le méprisassent & n'entreprissent de s'opposer à sa marche. Mais il pourvut encore avec habileté à cet inconvénient, & partageant son monde, il en fit promptement marcher une partie sous la conduite de Jovius & de Jovin par les chemins connus de l'Italie; Nevitte fut chargé d'en mener d'autres à travers les Rhéties; ses troupes ainsi répandues donnerent une idée excessive de ses forces, & semerent par-tout la terreur. C'est ce qu'Alexandre le Grand & d'habiles Généraux après lui, ont pratiqué dans l'occasion. Cependant Julien ordonna encore à ses gens de marcher d'abord aussi vîte que s'il étoit question d'en

(*a*) Aujourd'hui Schwartzwald dans la Suabe.

venir aux mains, & de se précautionner contre les surprises, en établissant toutes les nuits des corps-de-garde & de bons postes.

## CHAPITRE IX.

*Taurus & Florentius, Consuls & Préfets du Prétoire, fuient à l'approche de Julien, l'un par l'Illyrie, l'autre par l'Italie. A. Lucilien, Général de la Cavalerie, qui se disposoit à résister, est surpris & mené à Julien.*

APRÈS ces sages dispositions, & enhardi par ses succès précédens, il avança aussi résolument qu'il l'avoit déjà fait plus d'une fois, en tombant sur les contrées des Barbares. Parvenu à un endroit où il apprit que le fleuve étoit navigable, il profita de plusieurs petites barques que le hasard lui fit rencontrer, pour s'avancer dans le silence aussi loin qu'il fût possible. Il réussit d'autant mieux à cacher sa marche, que patient & courageux, il ne lui falloit aucun mets d'apprêt, mais que se contentant de choses simples, & en petite quantité, il n'avoit pas besoin d'approcher des villes ou des forts; il se conformoit en cela au beau mot de l'ancien Cyrus, qui, interrogé par son hôte sur ce qu'il vouloit qu'on lui préparât pour son repas, répondit: *Rien que du pain; car je compte de souper au bord d'un ruisseau.*

En attendant, la Déesse, qui comme on dit, exagere étrangement tout, parcouroit l'Illyrie, & publioit que Julien, après avoir vaincu dans les Gaules nombre de Rois & de nations, arrivoit fier de tant de succès à la tête d'une puissante armée. Taurus, Préfet du Prétoire, épouvanté par ce bruit, prit aussi-tôt la fuite: & comme s'il s'agissoit d'éviter un ennemi du dehors, changeant fréquemment de chevaux, il passa les Alpes Juliennes & entraîna avec lui le Préfet Florence. Le Comte Lucilien qui commandoit alors l'armée de ce pays, & qui se trouvoit à Sirmium, au premier avis qu'il eut de la marche du Prince, tira le plus promptement qu'il put ses soldats de leurs garnisons, & résolut de résister. Mais Julien, tel qu'un trait qui va droit au but, dès qu'il fut à Banonia (*a*), qui n'est éloigné de Sirmium que de dix - neuf milles, ( la lune étoit alors sur son déclin, & par conséquent la plus grande partie de la nuit obscure,) sauta tout d'un coup hors du bateau, détacha sur le champ Dagalaiphe avec des troupes légeres, & le chargea de lui amener Lucilien de gré ou de force. Le Comte, que le bruit des armes tira de son sommeil & qui se vit environné d'hommes inconnus, comprit ce que c'étoit : tout tremblant au nom de l'Empereur, il obéit, quoique fort à contre-cœur. Ce Général si vain & si farouche peu auparavant, soumis à une force étrangere, fut mis sur un cheval & conduit comme un vil prisonnier à Julien ; son trouble étoit inconcevable. Cependant la permission qu'il eut de baiser la pourpre, le rassura. Il témoigna ensuite la surprise où il étoit de voir le Prince s'exposer ainsi avec si peu de monde dans un pays ennemi. *Gardez*, lui répondit Julien avec un souris moqueur, *gardez vos prudens conseils*

( *a* ) On croit que c'est *Bonmunster* dans l'Esclavonie.

*pour Constance, je ne vous ai pas donné cette marque de ma clémence pour recevoir vos avis, mais pour calmer vos craintes.*

## CHAPITRE X.

*Julien Auguste s'empare de Sirmium, capitale de l'Illyrie occidentale, & de la garnison qui y étoit; il occupe le pas de Sucques, & écrit contre Constance au Sénat.*

Jugeant ensuite, après avoir écarté Lucilien, qu'il n'y avoit ni à s'amuser ni à agir foiblement, intrepide & plein de confiance, comme il l'étoit au milieu des affaires les plus périlleuses, il marcha à grands pas à Sirmium. Il étoit persuadé que cette ville n'hésiteroit pas à se rendre. A peine fut-il dans les faubourgs, qui sont vastes & fort étendus, qu'une foule de soldats & de gens de tout ordre vint à sa rencontre avec des flambeaux & des fleurs; ils le comblerent de bénédictions, lui prodiguerent les noms d'Auguste & de Seigneur, & le conduisirent ainsi au palais. Ce succès & l'heureux présage qu'il en conçut, le remplit de joie, & lui donna l'espérance que les autres villes, à l'exemple de celle-ci qui tenoit le premier rang parmi elles, & par sa célébrité & par le nombre de ses habitans, le recevroient comme un astre bienfaisant; il fit le jour suivant un très-grand plaisir au peuple qu'il amusa par le spectacle d'une course de chars. Le lendemain, Julien, ennemi des retardemens, se mit en marche, occupa sans que personne osât s'y opposer le pas de Sucques, & chargea Nevitte dont il connoissoit l'attachement de le défendre. Il n'est pas hors de propos de dire un mot de la situation de cet endroit.

Les hautes montagnes d'Æmus & de Rhodope, dont l'une commence à s'élever aux bords du Danube, & l'autre en deçà du fleuve Axus, se terminent par d'épaisses collines en un détroit, & séparent les Illyriens & les Thraces ; d'un côté elles sont voisines des Daces & de la Serdique (*a*), de l'au-

(*a*) Ces pays répondent en général à ce que nous

tre elles dominent Thracie & Philippopolis, villes grandes & célebres: il semble que la nature prévoyant que les nations voisines tomberoient un jour sous le joug des Romains, construisit d'abord ces montagnes dans cette vue ; car elles n'offroient autrefois qu'un passage obscur entre d'étroits défilés ; mais dans la suite, lorsque les choses furent portées à un certain degré de grandeur & de magnificence, on les ouvrit au point que de grandes masses & des voitures y passent sans peine : leurs avenues qu'on ferma quelquefois, ont arrêté les efforts de grands Capitaines & de nombreuses armées. Le côté qui regarde l'Illyrie s'éleve en pente douce & presqu'imperceptible : au contraire la partie opposée aux Thraces, par-tout escarpée, n'offre que des sentiers tortueux & difficiles, qu'on ne sauroit passer qu'avec peine, n'y eût-il même personne qui s'y opposât. Au pied de ces montagnes se présente de chaque côté une vaste plaine : la plus élevée s'étend

___

nommons la Servie & la Bulgarie. On retrouve le pas de Sucques dans *Zuccora*, sur la route de *Nissa* à *Triadizza*.

jusqu'aux

jufqu'aux Alpes Juliennes, celle qui l'eſt moins eſt ſi égale & ſi unie, qu'elle n'offre aucun obſtacle juſqu'au détroit & à la Propontide.

Julien, après avoir fait toutes les difpoſitions qu'exigeoient des circonſtances auſſi critiques, laiſſa là le Général de la cavalerie, & retourna à Næſſus (*a*) ville opulente, pour y prendre promptement des meſures propres à aſſurer ſes ſuccès. Il y trouva l'hiſtorien Victor qu'il avoit fait venir de Sirmium; il lui donna le Gouvernement de la ſeconde Pannonie, avec le rang de Conſul, & honora d'une ſtatue de bronze cet homme d'une vertu ſi digne d'être imitée; long-temps après il fut créé Préfet de Rome.

Julien, dont les forces croiſſoient toujours, déſeſpérant d'amener Conſtance à des ſentimens pacifiques, adreſſa au Sénat un diſcours plein d'aigreur contre ce Prince, qu'il chargea même de quelques crimes. Le Mémoire fut lu en pleine aſſemblée ſous Tertulle qui exerçoit alors la Préfecture, & les Sénateurs avec un zele qui dut flatter Conſtance, s'écrierent tout d'une

(*a*) Niſſa dans la Servie.

voix : *Respecte au moins l'auteur de ta fortune*. Julien attaquoit encore dans cette piece la mémoire de Conſtantin, qu'il peignoit comme un novateur & un perturbateur des lois & des anciennes coutumes ; il l'accuſoit ouvertement d'avoir le premier élevé des Barbares à la dignité des Faiſceaux & du Conſulat. C'étoit ſans doute à tort & ſans réflexion qu'il lui faiſoit ces reproches, lui qui devant éviter ce qu'il cenſuroit ſi malignement, donna peu après à Mamertin pour collegue dans le Conſulat, Nevitte qui, bien loin d'être comparable par ſa naiſſance, par ſon expérience, ou par l'éclat de ſes actions, à ceux que Conſtantin avoit honorés de la Magiſtrature, étoit au contraire ignorant, groſſier, & ce qui eſt plus inſupportable encore, cruel dans l'élévation.

## CHAPITRE XI.

*Deux Légions qui s'étoient rangées à Sirmium sous les drapeaux de Julien, ayant été envoyées dans les Gaules, s'emparent, du consentement des habitans, de la ville d'Aquilée & en ferment les portes à Julien.*

PENDANT que Julien s'occupoit d'objets également graves & importans, il reçut une nouvelle aussi alarmante qu'inattendue; c'étoit l'entreprise de quelques téméraires qui auroient arrêté le cours hardi de ses conquêtes, s'il ne se fût pas hâté, à son ordinaire, de mettre un frein à leur audace : exposons succinctement le fait.

Sous le prétexte d'un pressant besoin, mais dans le vrai, parce qu'il s'en défioit, il avoit envoyé dans les Gaules avec une cohorte de sagittaires, deux légions de l'armée de Constance qu'il avoit trouvées dans Sirmium. Ces troupes qui obéissoient à regret, redoutant la longueur de la marche, & sur-tout les cruels & infatigables Germains, formerent, à l'instigation de Nigrinus, originaire de Mésopotamie & Tribun d'un escadron de cavalerie, le dessein de se révolter; l'affaire fut secrétement traitée & conduite dans un profond silence. Arrivées à Aquilée, ville opulente, bien située & garnie de bonnes murailles, elles s'y enfermerent tout d'un coup en ennemies avec les habitans à qui le nom de Constance étoit cher, & qui favoriserent la défection de ce corps; libres alors, & n'ayant rien à craindre dans l'absence de Julien, elles barricaderent toutes les avenues, garnirent les tours & les remparts, & se préparant à la défense, elles exciterent par cet attentat, toutes les villes de l'Italie à soutenir le parti de Constance qui vivoit encore.

## CHAPITRE XII.

*On fait le siege d'Aquilée qui étoit dans le parti de Constance. A la nouvelle de la mort de ce Prince, la place se rend à Julien.*

Julien reçut cette nouvelle à Næssus : comme il ne craignoit rien pour ses derrieres & qu'il savoit que cette ville assiégée quelquefois n'avoit jamais été ni détruite ni prise, il employa tout & la ruse & les caresses pour se l'attacher, avant que le mal empirât. En conséquence Jovin, Général de la Cavalerie, qui revenoit par les Alpes, & qui étoit déjà dans le Norique, eut ordre de rebrousser chemin & d'arrêter par tous les moyens possibles cet incendie ; pour ne rien négliger il fut chargé encore d'accroître ses forces de toutes les troupes, quelles qu'elles fussent, qu'il trouveroit sur la route de cette ville. Peu après ces arrangemens Julien apprit la mort de Constance, traversa les Thraces & entra dans Constantinople : les fréquens avis qu'il reçut d'Aquilée, lui annonçant que le siege en seroit plus long que dangereux, il en chargea Immon avec quelques autres Officiers, & rappela Jovin pour l'employer à des affaires plus importantes. La place fut donc investie de deux côtés ; les Généraux essayerent d'abord, tantôt par des menaces, tantôt par des promesses, d'engager les assiégés à se rendre ; mais leur opiniâtreté fut extrême, les conférences n'aboutirent à rien, & on les rompit. Il ne resta donc d'autre ressource que celle de combattre : après s'y être préparé par le repos & par la nourriture, les deux partis acharnés à leur perte pousserent dès le matin de grands cris, en vinrent aux mains au bruit des trompettes & se battirent avec plus de fureur que de prudence. Les assiégeans qui portoient devant eux des mantelets & d'épaisses claies d'osier, avançoient doucement & avec circonspection, pour tâcher, à l'aide de toute sorte d'outils de fer, d'ébranler le pied des murs ; plusieurs traînoient des échelles aussi hautes que les murailles, mais au moment où ils en approchoient, les uns étoient renverſés par les pierres dont on les accabloit, les autres percés de traits tournoient le dos, & entraînoient avec eux leurs camarades, que tant de périls rebutoient.

Ce premier ſuccès enfla ſi fort le courage des aſſiégés, qu'animés de l'eſpérance de réuſſir, ils braverent tous les maux dont l'avenir les menaçoit; s'affermiſſant donc dans ce deſſein, ils mirent des machines dans les lieux les plus convenables, & veillerent avec une activité étonnante à tout ce qui pouvoit aſſurer leur tranquillité. D'un autre côté les aſſaillans quoiqu'effrayés à la vue de tant de dangers, pour éviter cependant le reproche de manquer de courage, & voyant que les attaques ouvertes ne réuſſiſſoient pas, eurent recours à l'art des ſieges; mais il n'y avoit pas un ſeul endroit favorable pour approcher les beliers, pour appliquer les machines, ou pour faire des mines. On imagina donc, pour tirer parti de la riviere de Natiſon peu éloignée de la ville, un expédient digne de ceux que célebre l'antiquité. Ce fut de conſtruire au plus vîte des tours de bois plus hautes que les murs de la place, & de les asseoir chacune sur trois bateaux étroitement liés; on garnit le haut de ces tours de troupes qui, lorsqu'elles furent à portée, réunirent tous leurs efforts pour débusquer les assiégés de la platte-forme des murs : d'autres soldats armés à la légere sortirent par en bas du creux des tours, jeterent & traverserent au plus vîte de petits ponts volans, pour essayer, tandis qu'ils ne trouveroient point de résistance, & qu'on se battroit au-dessus d'eux à coups de pierres & de traits, de renverser une partie des murailles & de pénétrer ainsi dans la ville. Mais cette entreprise si sagement conçue échoua encore. Car à peine eut-on approché les tours, qu'on lança contre elles des torches enduites de poix brûlante, des roseaux, des sarmens & d'autres matieres combustibles. La rapidité avec laquelle les flammes gagnerent, & le poids des combattans qui ne se soutenoient qu'avec peine, fit perdre à ces tours leur équilibre, & les renversa dans le fleuve. Quelques soldats, que les traits des machines de l'ennemi avoient déjà atteints, achevérent de périr sous ces masses; ceux qui avoient passé les ponts, abandonnés de leurs camarades, furent écrasés par de gros cailloux, il n'y en eut qu'un bien petit nombre qui à force de jambes échappa par des chemins détournés. Le signal de la retraite termina ce combat qui avoit duré jusqu'au soir. Les deux partis passerent le reste du jour dans des dispositions bien différentes. Les regrets que donnoient les assiégeans aux pertes qu'ils avoient faites, ranimoient chez les assiégés l'espoir de vaincre, quoiqu'ils eussent également perdu quelques-uns des leurs. On ne se prépara pas moins cependant à continuer, & après avoir employé la nuit à prendre les alimens & le repos nécessaire, dès la pointe du jour on recommença l'attaque au son des instrumens. Les uns mettoient leurs boucliers sur leur tête comme pour combattre plus commodément, d'autres portoient des échelles, & courant avec fureur, s'exposoient à tous les coups. Ceux-ci tâchoient de rompre les barres ferrées des portes, & devenoient les victimes des flammes, ou périssoient par les pierres dont on les accabloit; ceux-là essayoient de franchir hardiment les fossés; mais assaillis par les troupes qui sortoient brusquement des poternes, ils succomboient tout d'un coup, ou s'en retournoient couverts de blessures; car la retraite sous les murailles étoit d'autant plus aisée, qu'on avoit pratiqué devant les murs une espece de retranchement gazoné qui les couvroit, & qui mettoit les soldats placés en embuscade, à l'abri de tout danger. Cette résistance des assiégés qui bien qu'ils n'eussent d'autre ressource que leurs murailles, se surpassoient par leurs travaux & par leurs rufes, ne rebuta pas cependant nos troupes composées de l'élite de l'armée; ennuyées de ces longueurs, elles parcouroient soigneusement tous les environs de la ville pour découvrir par quelle machine & par quel effort, il seroit possible d'y pénétrer. Mais la grandeur des difficultés prouvant que la chose n'étoit pas faisable, on commença à se ralentir, & les soldats abandonnant enfin les postes & les gardes, se mirent à ravager les campagnes des environs:

ils y trouvoient en abondance des provisions, qu'ils partageoient ensuite avec leurs camarades. Aussi se gorgerent-ils si fort d'alimens & de boisson qu'ils commencerent à perdre toute leur vigueur. Julien qui hivernoit à Constantinople remédia habilement à ce désordre dont Immon & ses collegues lui donnerent avis. Il envoya d'abord Agilon, Général d'Infanterie très-estimé, afin que la mort de Constance annoncée par un homme de ce mérite, mît fin au siege. En attendant pour ne pas discontinuer l'attaque de la place &, tout ce qu'on avoit entrepris jusques-là étant inutile, on résolut de la réduire par la soif: on coupa donc les aqueducs, mais les habitans n'en continuerent pas moins à se défendre : enfin on détourna le fleuve, cela encore fut inutile : privés de cette ressource, ils se contenterent d'eau de citerne, dont ils burent même avec épargne. Agilon arriva sur ces entrefaites &, escorté d'un gros corps de troupes, approcha de fort près de la place; tout ce qu'il put dire cependant pour prouver la mort de Constance & l'élection de Julien, ne le

E vj

sauva ni d'insultes, ni du soupçon d'en imposer. On ne le crut, que lorsqu'admis seul sur une tour, sous promesse qu'il ne lui seroit rien fait, il confirma par serment la vérité de ce qu'il avoit déjà dit. A cette nouvelle les assiégés ouvrent les portes, & transportés de joie, ils reçoivent le Général qui leur porte la paix : se justifiant ensuite de ce qu'ils avoient fait, ils accusent Nigrinus d'avoir seul fomenté ces troubles; ils livrent encore quelques autres rebelles, pour leur faire expier par la mort, & ce crime & les maux que la ville avoit soufferts.

Quelques jours après Mamertin Préfet du Prétoire examina sérieusement cette affaire & prononça : Nigrinus comme l'instigateur cruel de cette révolte, fut brûlé vif; après lui Romulus & Sabostius qui étoient Magistrats, convaincus d'avoir au mépris des maux qui en pouvoient résulter, semé ces dissensions, périrent par le glaive; les autres que la nécessité plus que leur penchant avoit entraînés, furent, par un arrêt du Prince aussi clément qu'équitable, renvoyés absous. Avant que les choses prissent cette tournure, Julien qui étoit à Næssus éprouvoit de grandes inquiétudes ; d'abord les troupes d'Aquilée pouvoient fermer le passage des Alpes Juliennes, & lui faire perdre par là les provinces & les secours qu'il en attendoit. Il redoutoit beaucoup encore les forces de l'Orient, parce qu'on lui rapportoit que les soldats dispersés dans les Thraces & qui avoient été promptement rassemblés pour agir contre lui, avançoient du côté du pas de Sucques sous la conduite du Comte Marcien.

Prenant cependant un parti conforme au poids des embarras qui l'accabloient, il assembla son armée d'Illyrie, composée de troupes accoutumées aux travaux de Mars & toujours prêtes à suivre leur chef dans les combats.

Il ne s'occupa pas moins dans ce temps de crise des intérêts des particuliers : il prenoit connoissance des procès, il soutenoit sur-tout les ordres municipaux ; trop porté même à les favoriser, il éleva injustement plusieurs personnes à des emplois publics. Ce fut ici qu'il trouva à leur retour Symmaque & Maxime Sénateurs diftingués que la Nobleffe avoit députés à Conftance : il les reçut honorablement, & préférant le fecond pour obliger Rufinus Vulcatius dont il étoit neveu, il nomma Maxime à la Préfecture de Rome à la place de Tertulle. L'abondance régna fous l'adminiftration de ce Préfet, & les plaintes fi frequentes du peuple cefferent. Ce fut auffi pour calmer les inquiétudes & fortifier la confiance des fujets, qu'il créa Confuls Mamertin Préfet du Prétoire en Illyrie & Nevitte ; obfervez que peu auparavant, Julien avoit blâmé avec aigreur Conftantin, d'avoir le premier élevé des Barbares aux dignités,

## CHAPITRE XIII.

*Sapor rentre dans ſes états avec ſon armée, parce que les auſpices n'étoient pas favorables. Conſtance Auguſte ſur le point de marcher contre Julien harangue ſes troupes à Hiérapolis.*

PENDANT que Julien flottant entre la crainte & l'eſpérance, formoit de nouveaux projets, les rapports que Conſtance recevoit à Edeſſe par ſes eſpions, lui donnoient de l'inquiétude & le jetoient dans l'indéciſion. Tantôt il préparoit ſes troupes aux batailles, tantôt il auroit préféré d'aſſiéger des deux côtés Bézabde s'il l'avoit pu, & rien n'eût été plus ſage, à la veille de ſe porter vers les parties ſeptentrionales, que de pourvoir ainſi à la défenſe de la Méſopotamie. Mais diverſes raiſons l'empêchoient de ſe déterminer; d'un côté le Roi des Perſes attendoit que les cérémonies de ſa religion lui permiſſent de traverſer le Tigre, d'où, s'il ne trouvoit point d'obstacle, rien ne l'empêcheroit de pousser jusqu'à l'Euphrate; Constance souhaitoit, de l'autre, de réserver ses troupes pour la guerre civile, & craignoit de les exposer aux dangers d'un siege, ayant déjà éprouvé ce que vaut la solidité des murailles, & l'intrépidité des assiégés. Cependant afin de ne point perdre de temps & de ne pas passer pour indolent, il ordonna à Arbétion, & à Agilon, l'un Général de la cavalerie, & l'autre de l'infanterie, de se porter en avant avec de gros corps, non pour attirer les Perses au combat, mais pour établir les postes sur les rives citérieures du fleuve, & observer de quel côté ce Roi violent entreprendroit de déboucher. Il leur recommanda encore & de bouche & par écrit, de se retirer au moment où les troupes ennemies commenceroient à traverser le fleuve. Pour lui, pendant que ces Généraux gardoient, selon ses ordres les frontieres, & tâchoient d'éclairer les mouvemens de cette nation rusée, il faisoit face au plus pressé, & avec l'élite de son armée, comme s'il étoit prêt à combattre, il se portoit de divers côtés & couvroit les places exposées. Les espions & les transfuges qui arrivoient de temps en temps, donnoient des avis qui se contredisoient ; leur ignorance venoit de ce que chez les Perses, on ne confie les secrets qu'aux Grands qui taciturnes & pleins de fidélité, adorent aussi le silence comme un Dieu. Arbétion & Agilon, ne cessoient en attendant d'implorer le secours de l'Empereur ; ils déclaroient ne pouvoir pas soutenir l'effort de ce Roi bouillant, si toutes leurs forces n'étoient réunies. Dans cette situation critique, Constance reçoit de très surs avis que Julien, qui a rapidement traversé l'Italie & l'Illyrie, occupe le détroit de Sucques, qu'il y attend des secours qui lui viennent de tous côtés, pour tomber en force sur les Thraces. Cette nouvelle accabla Constance ; la seule chose qui le consola un peu, ce fut de penser qu'il avoit toujours eu le dessus dans les discordes civiles ; la circonstance lui paroissant pourtant embarrassante, il trouva convenable de faire prendre les devants à ses soldats qui partirent successivement sur des voitures publiques, afin de se porter plus promptement où le besoin l'exigeroit. Ce plan fut généralement approuvé, & ces troupes légeres, ainsi qu'il l'avoit ordonné, firent diligence. Le lendemain, on lui annonça que Sapor, les augures ne lui étant pas favorables, s'en étoit retourné avec toute son armée. Les alarmes de Constance furent donc calmées ; il rappella tout son monde, excepté les corps qu'il étoit d'usage de laisser pour la garde de la Mésopotamie, & retourna à Hiérapolis. Incertain cependant sur l'issue de son entreprise, lorsque toute l'armée fut réunie, il assembla au son des trompettes, les centuries, les manipules & les cohortes ; & pour engager plus efficacement cette multitude à souscrire à ses volontés, il monta sur un tribunal, & plus escorté que de coutume, d'un air serein & plein de confiance, il lui parla en ces termes.

» Toujours attentif à ne rien faire
» & à ne rien dire qui puisse blesser
» le devoir, & tel qu'un prudent pi-
» lote qui hausse ou baisse le gouver-
» nail selon le mouvement des flots,

» je suis obligé, mes chers amis, de
» vous avouer dans ce moment mes
» fautes, ou pour mieux dire, ce que
» ma trop grande bonté m'avoit fait
» envisager comme avantageux à l'in-
» téret commun. Ecoutez donc favo-
» rablement l'exposé du sujet qui
» nous rassemble. Lorsque Magnence
» que votre valeur a détruit, exci-
» toit des troubles, je revêtis du ca-
» ractere de César mon cousin Gallus
» & lui confiai le gouvernement de
» l'Orient ; mais ce Prince qui s'écarta
» de la vertu & tomba dans des cri-
» mes horribles, fut puni selon les
» lois. Plût aux Dieux que l'envie,
» source funeste d'entreprises auda-
» cieuses, s'en fût tenue là ! Ce sou-
» venir nous affligeoit, mais du moins
» il n'excitoit plus nos craintes. Main-
» tenant vient d'éclore un mal, j'ose
» le dire, plus déplorable encore,
» mais dont votre valeur soutenue
» du secours céleste, arrêtera sans
» doute bientôt les progrès. Tandis
» que vous combattiez des nations
» étrangeres qui menaçoient l'Illyrie,
» Julien que j'avois choisi pour dé-
» fendre les Gaules, enorgueilli de

» quelques légers avantages rempor-
» tés sur des Germains à demi armés,
» & vain jusqu'à la fureur, s'est as-
» socié un petit nombre d'auxiliaires
» que leur férocité, aussi bien que
» l'espoir du butin entraîne toujours
» dans des entreprises téméraires, &
» conspire avec eux la ruine de la
» République, foulant aux pieds l'é-
» quité qui fut toujours la mere nour-
» riciere de cet Empire. Mon expé-
» rience & celle des siecles passés,
» me répondent que vengeresse des
» scélérats, cette équité dissipera
» comme de la poussiere les vains
» projets de ces audacieux. Pour nous,
» que nous reste-t-il à faire, si ce
» n'est que nous marchions au devant
» de ce tourbillon, & que par un
» prompt remede, nous réprimions,
» avant qu'elle ne s'accroisse, cette
» fureur meurtriere ? Le Ciel lui-mê-
» me, dont les décrets éternels con-
» damnent les ingrats, nous aidera à
» tourner contre ces malheureux que
» nous n'avons comblés que de biens,
» & jamais provoqués, ce fer qu'ils
» osent tirer pour perdre l'innocence.
» Je suis assuré, & la Justice suprême

» qui toujours favorise la bonne cause
» me le persuade, qu'aussitôt que
» nous nous approcherons, on les
» verra glacés d'effroi, soutenir aussi
» peu le feu de nos regards, que le
» premier cri militaire ».

A peine l'Empereur eut-il fini de parler, que toute l'armée qui lui applaudit en secouant ses armes de colere, demanda qu'on la menât contre les rebelles. Ce témoignage d'affection changea les craintes de Constance en joie; peu après l'assemblée se sépara. Arbétion qui avoit autrefois réussi, comme nous l'avons vu, à terminer des guerres intestines, eut ordre de se porter en avant avec les Lanciers, les Mattiaires (*a*), & les troupes légeres : Gomoaire fut chargé de s'opposer avec les Letes aux ennemis qui se rendroient au pas de Sucques : Constance préféra à tous les autres cet Officier qui détestoit Julien dont il avoit essuyé quelques mépris dans les Gaules.

(*a*) Ce nom leur venoit de Mattium qu'on croit être Marpourg, ancienne ville du pays des Celtes d'où on les tiroit.

## CHAPITRE XIV.

*Préfages de la mort de Conftance.*

LA fortune de Conftance qui héfita & s'arrêta pour ainfi dire tout à coup au milieu de ce tourbillon d'adverfités, fit affez connoître par des fignes prefque parlans, que la fin de ce Prince approchoit; car des images nocturnes l'effrayoient, & à peine commençoit-il un jour à dormir que l'ombre de fon pere lui apparut, & lui préfenta un bel enfant; l'ayant pris & mis fur fes genoux, cet enfant lui arracha un globe qu'il tenoit de la main droite & le jeta au loin; ce qui, bien que les interpretes l'expliquaffent favorablement, annonçoit une révolution dans les affaires. Il avoua encore à ceux qui étoient dans fa confidence, que comme s'il en étoit abandonné, il ne voyoit plus lorfqu'il étoit feul, un objet qui s'étoit quelquefois préfenté à lui fous un air lugubre, & on penfoit que c'étoit fon bon Génie qui en le quittant l'avertissoit de sa mort prochaine. Car les Théologiens sont dans l'idée que tous les hommes, sauf les droits immuables du destin, ont comme pour compagnon quelque Génie, chargé de diriger pour ainsi dire leurs actions, mais qui ne se rend sensible qu'au petit nombre de ceux qui se sont illustrés par leurs vertus; & c'est ce qu'enseignent les Oracles, aussi bien que les Auteurs les plus célebres au nombre desquels est aussi le Poëte Menandre, comme on peut s'en convaincre par le sens de ces deux iambiques: *Chaque homme, dès qu'il est né, a un esprit qui lui sert de conducteur pendant sa vie.* On voit encore par les vers immortels d'Homere, non que les Dieux du ciel se soient entretenus avec les vaillans Capitaines, non qu'ils les ayent assistés ou favorisés dans les combats; mais que des Génies familiers ont conversé avec eux; & c'est par leur secours principalement qu'ont brillé, à ce qu'on dit, Pythagore, Socrates, Numa Pompilius & le plus ancien des Scipions; & selon que quelques-uns l'estiment, Marius & Octavien honoré le premier du titre d'Auguste, Hermes Trismegiste, Apollonius de Thyane, & Plotin qui a ofé raifonner fur ce point myftérieux, & montrer avec profondeur par quels principes ces Génies unis aux ames humaines, les portent, pour ainfi dire, dans leur fein, les protegent de tout leur pouvoir, & les élevent aux connoiffances fublimes, s'ils les trouvent pures & jointes à un corps exempt de fouillures du vice.

## CHAPITRE XV.

*Conftance Augufte meurt à Mopfucrene en Cilicie.*

CONSTANCE fe hâta donc d'entrer dans Antioche pour fe livrer enfuite avec fon ardeur naturelle aux hafards de troubles civils : dès qu'il eut fait fes préparatifs il fe mit en marche. Plufieurs de ceux qui l'accompagnoient n'approuvoient pas cette impatience ; ils y répugnoient même au point d'en murmurer ; mais perfonne n'ofoit l'en diffuader dissuader ouvertement, ou l'en empêcher. Il partit donc à la fin de l'automne ; arrivé à un village nommé Hippocephale qui n'est éloigné d'Antioche que de trois milles, il rencontra sur sa droite lorsqu'il faisoit déjà jour, un cadavre étendu vers le couchant, il étoit percé de coups & on lui avoit coupé la tête. Quelqu'effrayé qu'il fut de ce présage, il n'en marcha que plus résolument, pour ainsi dire, au-devant du destin.

Arrivé à Tarse, il ressentit un léger accès de fievre ; mais il crut que le mouvement dissiperoit ce mal, & se rendit par des chemins difficiles à Mopsucrene, ville située aux pieds du Taurus, c'est la derniere station de la Cilicie pour ceux qui en viennent : il essaya inutilement le lendemain d'en sortir, la maladie devenue plus sérieuse, l'y retint ; peu à peu le feu s'alluma si fort dans ses veines qu'on ne pouvoit, pour ainsi dire, approcher de son corps, tant il étoit brûlant ; il gémissoit dans cette extrémité de n'être pas à portée de quelques secours. On dit qu'ayant encore toute sa présence d'esprit, il désigna Julien pour être son successeur : un râle mortel le prenant ensuite, il perdit la parole & rendit l'esprit le troisieme de Novembre, au bout de trente-huit ans de regne, à l'âge de quarante-quatre ans & quelques mois.

Lorsqu'on eut donné des larmes & des regrets à sa mort, les Grands de la Cour délibérerent entre eux sur ce qu'il convenoit de faire ; un petit nombre fut tenté d'élire secrétement un Empereur : ils y étoient poussés, à ce qu'on croit, par Eusebe, auquel sa conscience rappelloit tous les mécontentemens qu'il avoit donnés à Julien. Mais la grande proximité de ce Prince ne permettant pas de former quelque entreprise, les Comtes Théolaiphe & Aligulde furent députés pour lui annoncer la mort de son parent, & le prier de venir sans perte de temps recevoir l'Empire d'Orient qui lui tendoit les bras ; un bruit vague & peu sûr se répandit, & portoit que Constance avoit fait un testament par lequel il nommoit, comme nous l'avons dit, Julien son successeur, & donnoit des fidéi-commis & des legs à ses favoris. Il laissa sa femme enceinte ; la

Princesse qu'elle mit au monde porta le nom de Constantie, & fut ensuite mariée à Gratien.

## CHAPITRE XVI.

*Vertus & vices de Constance Auguste.*

Pour distinguer exactement les bonnes qualités qu'il eut des mauvaises, il conviendra de commencer par les premieres. Toujours occupé de son rang, son ame haute & fiere ne lui permit jamais d'être populaire. Avare dans la distribution des grandes charges, il n'en gratifia que rarement : il ne se permit que peu de changemens dans l'administration des finances ; jamais il ne flatta l'orgueil des soldats. Il y eut bien, nous nous en souvenons, des Perfectissimes (*a*) ; mais aucun Duc ne parvint sous lui au titre de Clarissime. Un Gouverneur de Province n'avoit pas besoin de faire sa cour à un Général de cavalerie, au-

(*a*) Voyez sur les Caracteres de *Perfectissimes*, de *Clarissimes*, &c. *Tillemont*, T. XLII ; *Pitiscus* ; *Ducange*.

quel Constance ne permettoit pas non plus de se mêler d'autres affaires. Les emplois tant civils que militaires étoient soumis, selon l'usage de nos ancêtres, au Préfet du Prétoire, comme à la premiere des dignités.

Il ménageoit extrêmement le soldat ; apprétiateur quelquefois scrupuleux du mérite, il n'accordoit, pour ainsi dire, que la balance à la main les places du palais. Les premiers postes de la Cour ne se donnoient ni brusquement, ni à des inconnus : on savoit d'avance qui seroit celui qui après dix ans de services rempliroit la charge de Maître des Offices, de Trésorier, ou telle autre place. Rarement un Militaire passoit-il à un emploi civil, & les soldats n'avoient pour chefs que des gens endurcis aux fatigues de la guerre. Il cultiva diligemment les Sciences ; mais son génie n'étoit pas fait pour la Rhétorique, & il réussit mal dans les vers qu'il essaya de composer. Sa vie tempérante & sobre, sa modération dans le boire & dans le manger, conserva si bien sa santé, qu'il ne fut que rarement malade, cependant toujours dangereusement : une longue expérience & beaucoup d'observations ont prouvé que c'est ce qui arrive d'ordinaire aux corps qui n'ont sacrifié, ni au luxe, ni à la lubricité.

Il dormoit peu lorsque les circonstances & la raison l'exigeoient. Il fut si chaste pendant toute sa vie, qu'on ne l'a pas même soupçonné d'aimer les garçons, crime que la malignité, quand il n'existeroit pas, se plaît pourtant à imputer à la licence dont jouissent les grands. Il montoit bien à cheval, & lançoit un dard avec adresse : il excelloit sur-tout à tirer de l'arc & possédoit à fond tout ce qui se rapporte au service de l'infanterie. Je ne reviens point à ce qu'on a dit si souvent qu'on ne l'a jamais vu se moucher en public, ni cracher, ni remuer la tête, ni qu'il n'a jamais mangé de fruit. Après avoir parlé succinctement & autant que nous avons pu en être informés de ses bonnes qualités, passons à ses vices.

Semblable dans le reste aux Princes médiocres, pour peu qu'il trouvât un prétexte faux ou léger d'accuser quelqu'un d'avoir aspiré au trône, il l'approfondissoit à l'infini, & employant indifféremment des moyens justes ou injustes, il surpassoit en cruauté Caligula, Domitien & Comode; ce fut en imitant la barbarie de ces Princes, qu'il commença par faire honteusement mourir tous ses parens & ses alliés. La rigueur de ses soupçons qui s'étendoient à tous les objets de cet ordre, aggravoit encore les maux des misérables qu'on accusoit d'avoir donné quelqu'atteinte à la majesté de l'Empire; dès qu'il entendoit de ces sortes de bruits, il ordonnoit des enquêtes plus rigoureuses que les lois ne les permettent, établissoit pour juges de ces affaires des hommes cruels, & retardoit dans les supplices autant que la nature le permettoit, la mort des malheureux qu'on exécutoit. Il se montra dans ces discussions bien plus barbare que Gallien; car ce Prince exposé aux embûches réelles & fréquentes de rebelles, tels qu'Auréole & Posthume, Ingenue, Valens surnommé le Thessalonique & plusieurs autres, adoucit pourtant quelquefois les sentences portées contre des crimes capitaux; mais Constance donnoit, par la force des tortures, à des faits même douteux, un air de vérité.

Il détestoit dans ces occasions la justice, quoiqu'il fît tout pour passer pour juste & pour clément. Les plus petits incidens lui servoient à exciter des maux sans nombre, à peu près comme ces étincelles qui partent d'une forêt aride, & qu'un souffle léger chasse contre des hameaux qu'elles consument & détruisent sans peine. Bien différent en cela du sage Marc-Aurele, qui ayant surpris en Illyrie un paquet de lettres que Cassius envoyoit de la Syrie, où il s'étoit fait proclamer Empereur, à ses complices, ordonna de le brûler, de peur que s'il connoissoit ces traîtres, il ne pût pas se dispenser de leur vouloir du mal. Des gens sensés sont dans l'idée que Constance eût donné un bien plus bel exemple de vertu en quittant l'empire sans verser de sang, qu'en se vengeant avec tant de cruauté. C'est ainsi que Cicéron censure dans une lettre à Cornelius Nepos, la barbarie de César. *La Félicité*, dit-il, *n'est autre chose que le succès qui couronne les entreprises honnêtes ; ou pour la définir en d'autres* termes, la Félicité n'est que la fortune qui favorise les bons desseins : quiconque n'en forme que de mauvais, ne sauroit être heureux. Il n'a donc pu y avoir de félicité dans les projets impies & pervers de César. Camille expatrié étoit, à mon avis, bien plus heureux que Manlius, celui-ci eût-il même obtenu le vœu de son cœur, le trône.

C'est ce que dit aussi Héraclite d'Ephese, savoir que des lâches & des poltrons ont souvent, par l'inconstance de la fortune, vaincu de grands hommes; mais que ce qui comble de gloire, c'est lorsqu'au faîte du pouvoir on enchaîne & met, pour ainsi dire, sous le joug, sa colere & son penchant à nuire.

Autant ce Prince fut malheureux dans les guerres étrangeres, autant le vit-on aussi s'enorgueillir de ses succès dans les troubles civils, & se baigner dans le sang des citoyens; c'est cet orgueil qui fit encore que contre la raison & l'usage, il érigea à grands frais dans les Gaules & dans les Pannonies, des arcs de triomphe chargés de l'histoire de ses exploits, & destinés à instruire la postérité des maux qu'il avoit fait aux Provinces. Il eut trop de foible pour les voix souples & déliées des femmes & des eunuques, ainsi que pour quelques Officiers du Palais attentifs à applaudir à tout ce qu'il disoit. La rapacité insatiable de ceux qui levoient les tributs, augmenta encore la dureté de son regne, & lui attira plus de haine qu'elle ne lui procura de revenus. On trouvoit ces actions d'autant plus insupportables, que ce Prince ne prêtoit jamais l'oreille aux représentations, & qu'il ne pensoit pas à soulager les Provinces qui gémissoient, écrasées sous le poids des charges & des impôts. Il reprenoit aisément ce qu'il avoit donné : il confondit la religion chrétienne qui est simple & dégagée de superstitions, avec des préjugés de vieilles ; plus occupé à approfondir les mysteres de cette doctrine, qu'à se servir de son autorité pour étouffer les controverses, il excita plusieurs disputes qui se répandirent, & qu'il nourrit par un vain babil ; il ruina l'établissement des voitures publiques, en les consacrant toutes à des troupes d'Evêques qui couroient çà & là dans ce qu'ils appellent leurs Synodes, pour tâcher d'établir un rit conforme à sa fantaisie.

Il avoit le teint brun, le regard haut & perçant, ses cheveux étoient doux, & ses joues souvent rasées ne manquoient pas d'agrémens. Assez long depuis la tête jusqu'à la ceinture, ses jambes étoient courtes & courbées, ce qui le rendoit agile & propre à la course.

Jovien qui commandoit alors les Gardes, eut ordre, après qu'on eut embaumé & déposé le corps dans une bierre, de l'accompagner en pompe jusqu'à Constantinople où il devoit être mis auprès de sa famille. Assis sur le charriot qui portoit le cadavre, on offroit à cet Officier, comme on fait aux Princes, ce qu'on nomme les épreuves des vivres destinés aux soldats; on lui montra aussi les animaux publics (*a*); & la foule, comme dans ces occasions, fut extrême. Ces circonstances annoncerent bien l'empire à Jovien, mais un empire foible & de courte durée, tel qu'il convenoit au conducteur d'une pompe funebre.

(*a*) Gruterus remarque sur cet endroit, qu'il faut peut-être entendre qu'on lui fournissoit les animaux publics.

# AMMIEN MARCELLIN.

## LIVRE XXII.

### CHAPITRE I.

*Julien Auguste qui craint Constance Auguste, s'arrête dans la Dace, & consulte secrétement les Aruspices & les Augures.*

AU milieu de ces révolutions dont les diverses parties de l'empire étoient le théâtre, Julien non-obstant les soins qui l'occupoient en Illyrie, étudioit les entrailles des animaux & observoit le vol des oiseaux pour découvrir quelle seroit enfin l'issue des événemens qui se préparoient ; mais les réponses obscures & ambiguës qu'il recevoit, ne le tiroient pas de son incertitude. Enfin l'Orateur Aprunculus Gallus, qui dans la suite fut Gouverneur de la Gaule Narbonnoise, habile dans l'art des aruspices, lui prédit le dénouement par l'inspection, à ce qu'il dit, d'un foie qui avoit un double tégument. Comme Julien craignoit que ce ne fût uniquement pour lui plaire qu'on imaginoit ces choses, & qu'il s'en affligeoit, il fut frappé d'un présage bien plus significatif, & qui parut lui annoncer clairement la mort de Constance; car au moment où l'Empereur expira en Cilicie, le soldat qui donnoit la main à Julien pour l'aider à monter à cheval, étant tombé, ce Prince s'écria en présence des assistans, *que celui qui l'avoit élevé n'étoit plus.* Ferme cependant dans sa résolution, & vû tout ce qu'il avoit à craindre, il ne sortit pas encore de la Dace, & ne crut pas qu'il fût de la prudence de se fier à des conjectures que l'événement pouvoir démentir.

## CHAPITRE II.

*A la nouvelle de la mort de Constance Auguste, Julien traverse les Thraces, entre tranquillement dans Constantinople, & obtient sans combat l'Empire Romain.*

PENDANT qu'il étoit ainsi partagé entre la crainte & l'espérance, Théolaïphe & Aligulde arriverent pour lui annoncer la mort de Constance, dont la derniere volonté avoit été qu'il fût son successeur. Cette nouvelle qui releva le courage de Julien après tous les dangers qu'il avoit courus, & les soins guerriers qui l'avoient accablé, fit qu'ajoutant foi aux présages, & que se rappelant combien la célérité l'avoit servi dans ses entreprises, il ordonna de marcher vers les Thraces. L'evant donc promptement son camp, il traversa le pas de Succues (*a*) & se rendit à Philippopolis (*b*), ancien-

(*a*) *Zuccora*, voyez ci-dessus pag. 104.
(*b*) Aujourd'hui encore *Philippopoli* ou *Philibé*, dans la Romanie.

nement Eumolpiades : toutes les troupes le suivirent gaiement, car elles voyoient que cet empire qu'elles se difpofoient peu auparavant à conquérir au péril de leurs vies, paffoit contre toute apparence, par droit de fuccefion entre les mains de leur Prince. Précédé par la renommée qui groffit toujours tout ce qui eft nouveau, Julien hâta donc fa marche, & fe montra aux peuples comme un autre Triptoleme (c) que la fabuleufe antiquité place fur un char traîné par des dragons ailés, pour peindre la rapidité avec laquelle il parcourut les airs.

Redouté par mer & par terre, Julien entra fans trouver de réfiftance dans Héraclée, furnommée Périnthe. Dès qu'on l'apprit à Conftantinople, une multitude de perfonnes de tout âge & de tout fexe fortit de la ville comme pour voir quelqu'un qui feroit defcendu du Ciel. Il y fut donc folennellement reçu le onzieme de Décembre par le Sénat, & aux applaudiffemens unanimes du peuple : la foule des foldats & des citoyens qui l'en-

---

(c) Higin. Fab. 143, Ovide, Métamorph. Liv. V, ⁂. 641.

vironnoient, donnoit à son entrée l'air d'une marche militaire : l'admiration fixoit sur lui tous les yeux. Il sembloit que ce fût un songe de voir un jeune Prince qui malgré la délicatesse de son tempérament, illustré déjà par tant d'actions héroïques & par la défaite de Rois & de nations puissantes, avoit passé d'une ville dans l'autre avec une rapidité inconcevable, & après s'être, comme la flamme, accru & fortifié sur sa route de tout ce qu'il avoit rencontré, obtenoit enfin du Ciel même l'Empire, sans que la République en souffrît.

## CHAPITRE III.

*On condamne quelques Officiers de Magnence, les uns à tort, les autres avec équité.*

PEU après Julien chargea Salluste Second, qu'il fit Préfet du Prétoire & dans lequel il avoit de la confiance, de diverses recherches ; il lui joignit Mamertin, Arbétion, Agilon,

Névitte & Jovin nouvellement créé Général de la Cavalerie en Illyrie. Ils se rendirent donc tous à Chalcédoine, & en présence des principaux Officiers des légions nommées Joviennes & Herculiennes, ils jugerent plusieurs causes avec plus de rigueur que ne l'exigeoit l'équité ; il faut pourtant en excepter un petit nombre, où il étoit clair que les accusés étoient réellement très-coupables. Ils exilerent d'abord dans la Grande-Bretagne Pallade, qui n'étoit que soupçonné d'avoir, par de faux rapports, indisposé Constance contre le César Gallus sous lequel il étoit maître des Offices. Taurus, autrefois Préfet du Prétoire, fut relégué à Vercellum (*a*) : sa faute, aux yeux de Juges qui auroient su distinguer le juste de l'injuste, étoit pourtant bien graciable ; car quel mal avoit-il fait en se réfugiant près de son Prince à l'approche de l'orage ? On ne lisoit pas sans indignation les actes qui le concernoient, puisque tel en étoit le titre : *Sous le Consulat de Taurus & de Florence, Taurus a été cité par les crieurs publics.*

(*a*) *Verceil* en Savoie, entre Milan & Turin.

Pentade fut aussi mis en cause ; on le chargeoit d'avoir, lorsqu'il fut envoyé par Constance, couché par écrit tout ce que Gallus, à l'approche de la mort, avoit répondu sur plusieurs points; mais comme il se défendit bien, il fut absous. Par une injustice semblable Florence, fils de Nigrinien & maître des Offices, fut exilé à Boa (*b*) île de la Dalmatie; car l'autre Florence, qui de Préfet du Prétoire étoit dans ce temps-là Consul, alarmé de la brusque révolution des affaires, s'arracha au péril, resta long-temps caché avec sa femme, & ne reparut pas tant que Julien vécut; on le condamna cependant, quoiqu'absent, à perdre la tête. Evagre, Receveur du domaine, Saturnin qui avoit été maître du Palais, & Cyrin, autrefois Secrétaire, furent aussi bannis.

La justice même me paroît avoir pleuré le supplice d'Ursule, Trésorier de l'épargne, & taxé Julien d'ingratitude; car lorsque ce Prince fut envoyé comme César en Occident, où on vouloit le tenir dans une excessive

(*b*) Présentement *Bua* dans la Dalmatie Vénitienne.

indigence & lui ôter tous les moyens de faire des largesses aux soldats, ce qui les disposeroit peu à se prêter à quelque entreprise, ce même Ursule, par des lettres qu'il adressa au Trésorier des Gaules, ordonna de remettre sans difficulté au César tout ce qu'il exigeroit. Julien qui vit que cette mort l'exposoit à la haine & aux mauvais propos d'un grand nombre de personnes, dit, pour s'en purger, que c'étoit sans son aveu qu'on avoit fait mourir Ursule; qu'on devoit le regarder comme une victime de la colere des soldats qui s'étoient vengés sur lui, du mot qu'il avoit lâché contre eux à la vue de la destruction d'Amide (c).

On jugea encore que c'étoit par ménagement, ou faute de savoir ce qui convenoit, que Julien mit à la tête des personnes chargées de ces recherches, d'autres députés ainsi que les chefs des légions n'ayant été nommés que pour la forme, Arbétion toujours suspect & fort ambitieux; le Prince n'ignoroit pas que ce vaillant Officier, qui s'étoit toujours si-

(c) Voyez ci-dessus Liv. XX, Chap. XI.

gnalé dans les guerres civiles, avoit été le premier à s'opposer à sa fortune. Quoique ce que nous avons rapporté jusqu'ici, ait été désapprouvé par les partisans même de Julien, le reste se fit cependant avec une sage sévérité. Car Apodeme, ci-devant chargé d'affaires, qui avoit, comme nous l'avons dit, travaillé en furieux à perdre Silvain & Gallus, Paul le Secrétaire, surnommé *la Chaîne*, cet homme qu'on ne sauroit nommer sans frémir, trouverent dans les flammes un supplice que leurs crimes n'avoient que trop mérité. On fit encore mourir l'insolent & cruel Eusebe, Chambellan de Constance. Ce misérable qui, de la condition la plus abjecte, s'éleva au point de gouverner presque l'Empereur, & devint par cela même d'une audace insoutenable, inutilement averti par Adrastie (*d*) qui veille sur les actions des hommes, de mettre plus de sagesse dans sa conduite, se vit précipiter comme d'un rocher, du haut de son élévation.

(*d*) *Voyez ci-dessus Liv. XIV, Chap. XI.*

## CHAPITRE IV.

*Julien Auguste chasse de la Cour tous les Eunuques, les Barbiers & les Cuisiniers. Vices des Officiers du Palais, & abus de la discipline militaire.*

Julien s'occupa ensuite de toutes les personnes sans exception qu'on employoit dans le palais, mais il ne le fit pas en Philosophe qui ne cherche que la vérité. On n'auroit pu que l'approuver, s'il avoit conservé le petit nombre de ceux qui n'avoient pas enfreint les bornes d'une sage modération & dont les mœurs étoient généralement reconnues pour bonnes; car il est sûr que la plupart étoient tellement adonnés aux vices, que la République en étoit infectée, & qu'ils avoient fait plus de mal encore par leur exemple, que par la licence même avec laquelle ils s'abandonnoient au crime; quelques-uns engraissés des dépouilles des temples & qui flairoient pour ainsi dire toutes les occasions de gagner, passant tout d'un coup d'une extrême misere à un état d'opulence, ne mettoient plus de bornes aux dépenses, aux rapines & à la profusion, tant ils s'étoient accoutumés à envahir le bien d'autrui. Ce fut-là la source d'une vie efféminée, des parjures, du mépris de l'estime publique, & d'un fol orgueil qui sacrifioit la bonne foi à des gains honteux. De-là sortirent comme d'un gouffre les repas splendides, & les triomphes de la table qui tinrent lieu des lauriers dont on couronne la victoire; l'usage de la soie se répandit avec profusion, l'art de fabriquer des étoffes & la science de la cuisine furent portés au plus haut point. Des ameublemens somptueux ornoient des palais immenses & si vastes, que le Consul Quintius eût perdu même après sa dictature la gloire de la pauvreté, s'il eût cultivé des champs de cette étendue.

A ces excès se joignoient encore les abus crians qui s'étoient glissés dans le service militaire. Des chansons lascives occupoient plus les soldats que le cri de guerre. Une pierre ne leur servoit plus, comme autrefois, d'oreiller ; il leur falloit du duvet & des lits commodes. Ils ne buvoient plus que dans des coupes plus pesantes que leurs épées, & ils auroient rougi d'employer des vaisseaux de terre. On recherchoit les maisons de marbre, tandis que nous lisons qu'un Spartiate fut vivement repris, pour avoir été trouvé sous un toit pendant la guerre. Le soldat avide de rapines & extrêmement dur envers ses compatriotes, étoit lâche & pusillanime en présence des ennemis. Devenu riche par la brigue & par l'oisiveté, il savoit très-bien distinguer les différentes qualités de l'or & des pierreries. Sans remonter aux temps anciens, l'histoire nous apprend que presque de nos jours, & sous le César Maximin, un simple soldat ayant trouvé au pillage du camp d'un Roi des Perses un petit sac de peau rempli de pierres fines, il les jeta faute de les connoître, & n'emporta que le sac dont il admiroit la beauté.

L'Empereur ayant mandé dans le même temps quelqu'un pour lui couper les cheveux, on vit entrer un homme magnifiquement vêtu ; Julien surpris, s'écria : *c'eſt un Barbier & non un Intendant que je veux*. Cet homme interrogé fur ce que lui rapportoit fon métier, répondit qu'il recevoit tous les jours de la nourriture pour vingt perfonnes, & ce qu'on nomme des rations, pour autant de chevaux, sans compter une forte penſion annuelle & d'autres revenant-bons conſidérables. Julien indigné de ce détail, chaſſa comme gens inutiles, auſſi-bien que les cuiſiniers & autres employés femblables, tous ceux qui reçevoient de pareilles gratifications, & leur permit d'aller où ils voudroient.

## CHAPITRE V.

*Julien professe publiquement le culte des Dieux auquel il avoit jusques là vaqué en secret, & tâche de mettre aux prises les Evêques Chrétiens.*

QUOIQUE ce Prince penchât dès son enfance pour le culte des Dieux & que ce goût s'accrût avec l'âge chez lui, cependant plusieurs sujets de crainte firent qu'il ne s'en occupa que fort secrétement ; mais aussitôt qu'il eut la liberté de faire tout ce qu'il voulut, il n'usa plus de déguisement ; il ordonna par des édits clairs & formels d'ouvrir les temples des Dieux & d'offrir des victimes sur leurs autels : pour mieux venir à bout de ses desseins, il assembla dans son palais les Evêques chrétiens qui disputoient entr'eux & le peuple qui étoit divisé par des sectes : il leur dit avec douceur, qu'il prétendoit qu'ils missent fin aux discordes civiles, &
que

que chacun profeſſât tranquillement ſa religion, ſans que perſonne y mît d'empêchement. Il n'inſiſta ſi fort ſur ce point, que parce qu'il eſpéroit que la liberté multipliant les ſchiſmes dans la ſuite, il n'auroit pas un peuple réuni à redouter. Il avoit obſervé qu'il n'eſt pas d'animaux plus ennemis de l'homme, que le ſont entr'eux la plupart des Chrétiens, lorſque la religion les diviſe. Auſſi diſoit-il ſouvent, *écoutez-moi, moi que les Allemands & les Francs ont écouté.* Il vouloit imiter par là l'ancien mot de Marc-Aurele; mais il ſe trompoit dans l'application. Car ce Prince traverſant la Paleſtine pour aller en Egypte, dégoûté ſouvent de la malpropreté des Juifs & des troubles qu'ils excitoient, s'écria douloureuſement: *O Marcomans! ô Quades! ô Sarmates! j'ai enfin trouvé des peuples plus mépriſables que vous.*

## CHAPITRE VI.

*Julien se débarrasse avec adresse, de plusieurs plaideurs Egyptiens qui l'importunoient, & les force à retourner chez eux.*

Plusieurs habitans de l'Egypte excités par divers bruits, se rendirent dans ce temps-là auprès de Julien; c'étoient des gens naturellement chicaneurs, qui n'aimoient que les procès, & qui pour être déchargés de leurs dettes, pour obtenir un délai, ou pour se soustraire aux poursuites, étoient toujours prêts à accuser les riches de concussion, ou ceux qui levent les impôts, d'avoir reçu plus qu'il ne leur revenoit. Ces hommes vinrent donc en foule environner le Prince & les Préfets du Prétoire : parlant ensuite pêle-mêle, sans suite & sans ordre comme des perroquets, ils demanderent qu'on leur rendît ce qu'ils avoient été obligés de fournir, soit justement soit injustement depuis

### Liv. XXII. Chap. VI. 147

près de soixante & dix ans. Comme ils empêchoient par leur babil de s'occuper d'autres affaires, l'Empereur leur ordonna expressément de se rendre à Chalcedoine, & promit qu'il y viendroit bientôt pour terminer tous leurs différens ; aussitôt qu'ils furent partis, on fit défense de tous côtés aux Maîtres des barques de passage, de se charger d'aucun Egyptien ; ce qui ayant été exactement observé, leur obstination à chicaner s'évanouit, ils perdirent tout espoir de réussir & rentrerent dans leurs demeures. On prit de là occasion de publier une loi qui sembloit dictée par l'équité même, & qui defendoit d'exiger de qui que ce fût, la restitution de choses qu'il avoit légitimement reçues.

## CHAPITRE VII.

*Julien, pendant qu'il est à Constantinople, décide dans le Palais plusieurs questions de droit ; il s'occupe des Thraces, & reçoit des Ambassadeurs de diverses Nations étrangeres.*

Le premier jour de Janvier Mamertin & Nevitte ayant été faits Consuls, on vit l'Empereur assister à pied avec d'autres personnes distinguées à cette cérémonie. Les uns approuverent cette démarche, d'autres la censurerent comme une pure & indécente affectation. Mamertin donna ensuite des jeux dans le cirque ; Julien qui crut suivre l'usage, affranchit lui-même les esclaves introduits par un Officier du Consul : mais averti ensuite que ce jour-là ce droit appartenoit à un autre, il se punit de cette illégalité & se condamna à une amende de dix livres d'or. Il fréquentoit aussi le barreau, où il s'occupoit de divers objets, selon les cas très variés qui se préfentoient. Un jour qu'il y écoutoit plaider, on vint lui dire que le Philofophe Maxime étoit arrivé d'Afie; auffitôt Julien fe leva brufquement, & s'oubliant jufqu'à courir à grands pas à un affez grand éloignement du veftibule, il embraffa Maxime, l'accueillit avec une forte de refpect & l'emmena avec lui; ce Prince par une oftentation auffi déplacée, fe montra trop avide d'une vaine gloire, & ne penfa pas à ce beau mot de Cicéron qui peint fi bien cette forte d'efprits. » *Ces mêmes Philofophes*, dit-il, *mettent* » *leurs noms à la tête des livres qu'ils* » *écrivent fur le mépris de la gloire, pour* » *être cités & loués, dans cela même* » *qu'ils font pour infpirer le mépris des* » *louanges & de la célébrité* (a) ».

Peu de jours après, deux Chargés d'Affaires, du nombre de ceux qu'il avoit chaffés du Palais, l'aborderent & lui offrirent, s'il vouloit les rétablir dans leur emploi militaire, d'indiquer la retraite de Florentius; mais il les tança, & les traitant de vils délateurs, il ajouta, qu'il étoit indi-

---

(a) *Voyez le Plaidoyer en faveur d'Archias, Chapitre 11.*

gne d'un Empereur de profiter de voies obliques, pour arracher de sa retraite un homme que la crainte de la mort y retenoit, & qui peut-être n'y seroit plus long-temps sans obtenir l'espoir de sa grace.

Prétextat assistoit à toutes ces affaires ; c'étoit un Sénateur d'un caractere & de mœurs dignes de l'ancienne République : l'Empereur qui le trouva à Constantinople où ses propres affaires l'avoient amené, l'établit Proconsul de l'Achaïe.

Julien ne s'appliqua pas cependant si fort à corriger les abus civils, qu'il en négligeât le militaire : il mit des Officiers expérimentés à la tête des soldats ; il répara les fortifications de toutes les villes des Thraces, & pourvut soigneusement d'armes, de vêtemens, de solde, & de subsistance les troupes qui répandues sur les bords du Danube, & destinées à s'opposer aux courses des Barbares, avoient la réputation de s'être conduites avec autant de bravoure que d'activité.

Au milieu de ces dispositions qu'il faisoit sans souffrir qu'on se relâchât, ses favoris lui conseillerent d'attaquer les Goths qui étoient des voisins toujours fourbes & perfides ; mais il répondit qu'il lui falloit des ennemis plus dignes de lui ; qu'il les abandonnoit aux marchands Galates, qui en font leur trafic en les vendant partout & sans distinction de rang & de qualité.

La renommée peignit ce Prince aux étrangers, comme un homme qui aux plus belles vertus, joignoit encore la valeur, la tempérance, & la science militaire : peu à peu sa réputation vola partout. La crainte qu'il inspira aux pays tant limitrophes qu'éloignés, fit accourir de toutes parts des Ambassadeurs : ici c'étoient les Transtigritains & les Arméniens qui demandoient la paix en supplians ; là des nations des Indes, jusqu'aux Dives & aux Serendives, envoyoient à l'envi & avant le temps, leurs principaux personnages avec des présens : les Maures vinrent du Midi se soumettre à la domination des Romains ; du Septentrion & des contrées où le soleil se leve & que le Phase traverse pour se jeter dans la mer, les Bosporains, & des peuples ignorés jusques-là, députerent des Ambassadeurs pour obtenir, en promettant de faire annuellement hommage à Julien, la liberté de vivre tranquillement dans les lieux qui les avoient vu naître.

## CHAPITRE VIII.

*Description des Thraces, du Golphe Pontique, des pays & des Nations qui environnent le Pont.*

IL ne sera pas, je crois, hors de propos, puisque nous en sommes venus, à l'occasion de ce grand Prince, à parler de ces pays, de donner quelques détails vrais & fideles sur ce que nous avons vu ou lu, relativement aux extrémités des Thraces & à la situation du Golfe Pontique.

L'Athos (a) dans la Macédoine, ce mont si élevé au travers duquel des vaisseaux Medes s'ouvrirent autrefois

(a) *Monte-Santo* en Macédoine, dans la Turquie en Europe.

# Liv. XXII. Chap. VIII.

un passage, & le rocher Caphareus (*b*) de l'île d'Eubée, où Nauplius, pere de Palamede, fit naufrage avec la flotte d'Argos, quoique très-éloignés l'un de l'autre, séparent (*c*) la mer de Thessalie de celle d'Egée : cette derniere devient peu à peu plus considérable & renferme sur sa droite, qui s'étend au loin, les îles Sporades (*d*) & les Cyclades ; on nomme ainsi ces dernieres, parce qu'elles environnent Délos (*e*), fameuse par la naissance des Dieux. Sa gauche coule autour d'Imbre (*f*), de Ténédos (*g*), de Lemnos (*h*) & de Thase (*i*) : ses

---

(*b*) *Capo d'Oro*, ou *Capo Chimi* & *Capo Figera* selon d'autres. C'est le Cap le plus occidental de l'île de Negrepont dans l'Archipel.

(*c*) On ne conçoit pas ce qu'entend Ammien en disant que le mont Athos & le rocher de Capharée séparent la mer de Thessalie de celle d'Egée ; il faut que le texte ait souffert ici quelqu'altération. *Voyez les Freres Valois.*

(*d*) On donnoit ce nom aux îles dispersées dans l'Archipel.

(*e*) Dans l'Archipel ; les Grecs l'appellent aujourd'hui *Dilli* ou *Sdili*.

(*f*) *Embro* ou *Lembro* dans l'Archipel.

(*g*) Conserve son nom.

(*h*) *Stalimene*.

(*i*) *Thassus* ou *Thasos*.

vagues, lorsqu'elles sont agitées, portent avec violence contre Lesbos (*k*). De là le reflux de ses flots va baigner le temple d'Apollon Sminthée (*l*), la Troade (*m*) & Ilium (*n*) si fameux par ses catastrophes héroïques ; elle forme encore le Golfe de Melana opposé au Zéphyre. C'est à l'entrée de ce Golfe que se présente d'abord Abdere (*o*), demeure de Protagoras & de Démocrite, ainsi que le séjour ensanglanté de Diomede de Thrace, & les vallons par lesquels l'Ebre (*p*) retombe dans ses propres eaux, & Maronée (*q*) & Æne (*r*). Enée qui fonda cette derniere sous de noirs auspices, l'aban-

---

(*k*) *Mytilène* ou *Metelin*.

(*l*) Ce temple étoit près de la ville de Chrysa qui confinoit à la Troade & à l'Æolide.

(*m*) Fait partie aujourd'hui de l'Anatolie, dans l'Asie mineure.

(*n*) *Troye* : on trouve vis-à-vis de l'île de Ténédos des ruines qu'on croit être celles de cette ancienne ville qui pourtant devoit être plus éloignée du rivage.

(*o*) *Asperosa* dans la Romanie, vis-à-vis de Thasso.

(*p*) *Mariza*, grande riviere de la Romanie.

(*q*) *Marogna*, dans la Romanie.

(*r*) *Eno*, dans la Romanie, à l'embouchure de la Mariza.

donna bientôt après pour aller, guidé par les Dieux, dans l'ancienne Ausonie. D'ici cette mer s'étréciffant un peu, se jette naturellement dans le Pont, auquel elle joint ses eaux & en prend une partie pour former la lettre Grecque Φ. Puis séparant l'Helléspont (s) du Rhodope (t), elle arrose Cynosseme (u), où est, à ce qu'on croit, le tombeau d'Hecube; Cæla, Seston (x) & Callipolis (y), passant par les tombeaux d'Achilles & d'Ajax, elle touche Dardane (z) & Abyde (a): ce fut là que Xerxès jeta

(s) Ancienne contrée de la Mysie, qui fait partie aujourd'hui de l'Anatolie.

(t) Grande montagne de la Romanie, on l'appelle *Valiza* ou *Monte-Argentaro*.

(u) Ce monument n'existe plus. On doute aussi que ç'ait été là le tombeau d'Hécube. *Voyez la nouvelle traduction de Pline, Liv. IV, Chap. 11.*

(x) *Sesto*, dans la Romanie, vis-à-vis d'Abido en Anatolie.

(y) *Gallipoli*, ville de la Romanie, sur le détroit des Dardanelles.

(z) N'existe plus que dans le nom de Dardanelles.

(a) Elle n'offre plus que des ruines sur une pointe nommée Nugara. Ce furent les habitans de cette ville qui se voyant assiégés par Philippe, Roi de Macédoine, se donnerent la mort plutôt que de se rendre à ce Prince. *Voyez Tite-Live, Livre XXXI, Chap. 18.*

un pont & la traversa : vient ensuite Lampsaque (*b*) que le Roi de Perse donna à Themistocle, & Parius (*c*), fondée par Parius fils de Jasion ; ici elle se courbe en demi-lune vis-à-vis du rivage qui lui est opposé, & séparant le continent par de grands intervalles & par les détours que fait la Propontide, elle baigne à l'Orient Cyzique (*d*) & Dindyme, où sont les autels révérés de la grande Déesse (*e*), Apamie (*f*), Cius (*g*) & Astacus (*h*), nommée ensuite Nicomédie du nom que portoit un de ses Rois ; du côté du couchant, elle bat contre Cherronese (*i*) & Ægos Pota-

(*b*) *Lampsaki* ou *Lepseck* dans l'Anatolie.

(*c*) Présentement *Camanar*, dans l'Anatolie.

(*d*) Des vestiges de cette ville en conservent encore le nom.

(*e*) Cybele en prenoit le nom de Dindymene.

(*f*) Elle étoit aussi surnommée *Myrla* : on la trouve encore sous ce nom dans quelques cartes, quelquefois aussi sous celui d'*Apami* ; elle est dans l'Anatolie.

(*g*) Aujourd'hui *Dschemblic* dans l'Anatolie.

(*h*) *Ismid* ou *Isnimid* en Anatolie.

(*i*) Elle comprend aujourd'hui *Gallipoli*, *Sesto*, les *Dardanelles* & *Cardia*.

mos (*k*); c'est là qu'Anaxagores prédit que des pierres tomberoient du ciel (*l*); & Lysimachie (*m*) avec la ville qu'Hercule bâtit, & qu'il consacra à la mémoire de son compagnon Perinthe (*n*). Cette mer pour conserver exactement la figure d'un Φ, a au milieu de sa rondeur Proconese (*o*), île alongée, & Besbicus (*p*); elle se rétrécit de nouveau vers sa pointe, passe entre l'Europe & la Bithynie, baigne la Chalcédoine (*q*), Chrysopolis (*r*) & des lieux peu connus; car à gauche ses bords sont dominés par le port d'Athyras (*s*), aussi bien que par Selimbrie (*t*), Constantino-

---

(*k*) Ou le fleuve de la Chevre; il passoit à quinze stades de la ville de Lampsaque.

(*l*) *Voyez Pline, Liv. II, Chap. 58.*

(*m*) *Hexamili.*

(*n*) *Héraclée* dans la Romanie.

(*o*) On croit que c'est *Alonia*, dans la mer de Marmora.

(*p*) *Colomio* vers la côte de l'Anatolie.

(*q*) Présentement *Kadi-Kioi* dans l'Anatolie.

(*r*) A présent *Eskindar* ou *Escodar*, & par les Européens *Scutari* & *Scutaret*.

(*s*) Reçoit cette dénomination du fleuve qu'on nomme aujourd'hui *Aqua dolce*.

(*t*) *Selivrea* dans la Romanie.

ple, autrement l'ancienne Byzance, colonie Attique, & par le Promontoire de Ceras (*u*) qui éclaire par sa haute tour les navigateurs ; aussi appelle-t-on Elatas (*x*) le vent froid qui vient ordinairement de ce côté-là. C'est ainsi que resserré de part & d'autre, elle tient à l'une & à l'autre mer, & que plus calme elle forme de nouveau une espece d'Océan, qui s'étend en long & en large aussi loin que la vue peut se porter. En naviguant autour des côtes de cette mer on trouve qu'elle comprend vingt-trois mille stades, selon que l'affirment Eratostène, Hécatée, Ptolomée & d'autres observateurs très-scrupuleux de ces sortes de choses ; tous les Géographes s'accordent à dire, qu'elle forme un

(*u*) *Chryso-Ceras*, on croit que c'est le quartier de Constantinople qu'on nomme *Pera*.

(*x*) Les Commentateurs ne sont pas d'accord sur ce nom. Les freres Valois veulent qu'on lise *Ceratas*, & ils supposent qu'on avoit donné le nom de promontoire au vent qui venoit de ce côté. Gronovius pense, au contraire, que ce fut à l'occasion de la lumière du phare qui étoit sur ce promontoire, qu'on donna à ce vent le nom d'*Elatas*, qu'il dérive d'un mot Grec qui signifie chaleur. Ce seroit donc par une espece de jeu de mots qu'Ammien auroit dit, que ce vent dont le nom sembloit promettre de la chaleur, étoit cependant très-froid.

arc scythe avec sa corde. A l'Orient elle est terminée par les Palus Méotides, au couchant par les Provinces Romaines, au Septentrion elle a des peuples différens de mœurs & de langage, son côté situé au Midi décrit en rentrant une légere courbure.

C'est dans ces immenses espaces que se trouvent les villes Grecques qu'ont toutes bâties en divers temps, à l'exception d'un petit nombre, les Milesiens, colonie d'Athenes, établie avec les autres Ioniens en Asie, par Nilée fils de ce Codrus (*d*) qui dans la guerre des Doriens se dévoua, à ce qu'on prétend, pour sa patrie. Deux Bosphores opposés l'un à l'autre expriment les deux extrémités de l'arc, celui de Thrace (*e*) & le Bosphore Cimmerien (*f*); le nom de Bosphores leur est venu, de ce que la fille d'Inachus ayant, selon la fable, été changée en vache, les traversa pour arriver à la mer d'Ionie (*g*). Sur la droite de la courbure

(*d*) *Voyez Justin, Liv. II, Chap. 6; Valere-Maxime, Liv. V. Chap. 6.*

(*e*) Le détroit de Constantinople.

(*f*) Le détroit de *Caffa* ou de *Zabache* dans la Tartarie Crimée.

(*g*) Ou mer Grecque; c'est cet espace de mer que

que fait le Bosphore de Thrace, est un côté de la Bithynie que les anciens nommerent Mygdonie (*h*); on y trouve le pays de Thynia (*i*), de Mariandena (*k*), & les Bebryces (*l*) que Pollux délivra par sa valeur de la cruauté d'Amycus (*m*); plus loin est la contrée où le devin Phinée (*n*) redoutoit le vol bruyant des harpies : c'est par ces rivages qui se courbent & font de grands golphes, que les fleuves Sangarius (*o*), Phyllis (*p*), Bizes (*q*) & Rhebas (*r*) se jettent dans la mer; à l'opposite se trouve l'un & l'autre Sym-

termine le talon de la botte à laquelle on compare la figure de l'Italie.

(*h*) La Bithynie est aujourd'hui comprise dans l'Anatolie.

(*i*) Les Thyniens habitoient la partie de la Bithynie, qui étoit la plus voisine de la Thrace.

(*k*) Il paroît que cette contrée s'étendoit depuis le fleuve Sangare jusqu'à Héraclée.

(*l*) La Bithynie portoit d'abord le nom de Bebrycia.

(*m*) Il étoit fils de Neptune & de Mélies. Ayant défié les Argonautes à un combat, il fut tué par Pollux. Voyez *Hygin. Fab. XVII.*

(*n*) *Bibl. d'Apollodore*, Liv. I, pag. 53 & 54.

(*o*) *Sakaria* ou *Ayala* qui coule dans l'Anatolie.

(*p*) Actuellement *Fénéfie*.

(*q*) Ou *Lycus*, c'est le *Jekilermack* dans l'Anatolie.

(*r*) Encore aujourd'hui *Ribas*.

plegade (s), rochers énormes & escarpés ; on dit qu'anciennement ils se heurtoient avec un bruit épouvantable, & après avoir reculé du choc revenoient avec plus de fureur à la charge ; un oiseau qui se seroit trouvé entre ces deux masses au moment où elles étoient aux prises, en auroit été écrasé, quelle qu'eût été la rapidité de son vol. Le navire Argos qui fut à Colchos pour enlever la toison, ayant passé heureusement entre ces rocs, & rompu le tourbillon qui les environnoit, ils resterent immobiles & réunis; personne ne s'imagineroit, à présent, qu'ils furent autrefois séparés, si les anciens Poëtes ne l'affirmoient pas unanimement.

Après cette partie de la Bithynie viennent les Provinces de Pont & de Paphlagonie, dans lesquelles se trouve Héraclée (t), Synope (u), Polimo-

---

(s) On les appeloit aussi *Cyanées* ; présentement *Pavonate* : ils sont situés dans le canal de Constantinople, à l'entrée de la mer Noire, du côté de la Romanie.

(t) *Ereckli* dans l'Anatolie.

(u) Conserve son nom.

nion (*x*), & Amife (*y*), qui font de grandes villes, ainfi que Tios (*z*) & Amaftris (*a*) conftruites toutes par l'induftrie des Grecs ; & Cerafe (*b*), d'où Lucullus (*c*) a porté cette forte de fruit ; il y a encore des îles fort élevées qui renferment Trapezonte (*d*) & Pitionte (*e*) villes affez connues. Au-delà vous rencontrez la caverne d'Acherufe (*f*) que les habitans du

(*x*) Inconnue à préfent.

(*y*) *Sàmfoun* dans le gouvernement de Siwas, paroît avoir la même pofition.

(*z*) Ou *Tion*, c'eft *Tios*, *Tilios* ou *Néapolis*, place peu confidérable, fur la mer Noire. On y conftruit les galères du Grand-Seigneur.

(*a*) *Ameftro* n'eft aujourd'hui qu'un mauvais village de l'Anatolie.

(*b*) *Carafonté*, les Grecs l'appellent *Kirifontho*, elle eft fituée fur la mer Noire dans le Gouvernement de Thrébyfonte.

(*c*) Voyez *Pline Liv. XV. Ch.* 5.

(*d*) Le terme d'île qu'emploie ici Marcellin ne convient pas à la rigueur à la fituation des lieux dont il parle. mais, comme le remarque *Cellarius Liv. II, Ch. 8.* de fa Géographie ancienne, il arrive affez fouvent aux Auteurs de confondre la dénomination d'île avec celle de prefqu'île.

(*e*) *Ste. Sophie* dans la Géorgie en Afie.

(*f*) On croyoit que cette caverne conduifoit aux enfers, & que ce fut là qu'Hercule en tira Cerbere. Voyez *Pline, Liv. VI, Ch.* 1. Remarquons qu'Ammien auroit dû dire *en deçà*, au lieu d'*au-delà*,

# Liv. XXII. Chap. VIII. 163

pays appellent μυχοπόντιον, & Acone; (*g*.) divers fleuves, tels que l'Acheron, l'Arcadius, l'Iris, le Tibre (*h*), & tout auprès le Parthénien (*i*) coulent d'un cours rapide dans la mer. Le Thermodon (*k*) qui prend sa source dans le mont Armonius (*l*) n'est pas loin de là : il traverse les bois Thémiscyréens (*m*) où l'on dit que les Amazones, par la raison que je vais rapporter, furent autrefois forcées de se retirer.

Les anciennes Amazones, après

puisqu'il est sûr, qu'en partant du commencement de la description qu'il fait, cette caverne est en deçà de Thrébysonte & de Pityonte.

(*g*) Inconnue aujourd'hui, l'Acheron en étoit fort près.

(*h*) On ne trouve rien de précis sur l'Acheron & l'Arcadius, l'Iris porte sur la Carte de Hase le nom de *Casalmack*. Le *Tibre* est à présent le *Pursace*. Tite-Live, Liv. XXXVIII. Chap. 18, le nomme *Thymbris*.

(*i*) Conserve le nom de *Parthini*, les Turcs l'appellent *Dolap*, il coule dans l'Anatolie.

(*k*) *Thermé*, ou *Pormon* selon d'autres.

(*l*) Le texte a vraisemblablement porté, ab *Amazonio monte*. Pline dit expressément, *Liv. VI, Ch. 3*, que le Thermodon prenoit sa source vers la forteresse Phanarée par-delà le pied de la montagne d'Amazonie : elle est inconnue aujourd'hui.

(*m*) Ils tiroient leur nom de Themiscyra qu'on croit être Lirio dans l'Anatolie.

avoir détruit les lieux voisins de leurs frontieres, pleines de confiance en leurs forces, & dominées d'une ambition excessive, traverserent plusieurs pays pour en venir aux mains avec les Athéniens : le combat fut des plus opiniâtres, & elles y périrent toutes, leurs ailes étant dégarnies de leur cavalerie.

La nouvelle de cet échec effraya les moins courageuses qui étoient restées dans le pays, & dans la crainte que leurs voisins ne leur rendissent tout le mal qu'elles leur avoient fait, elles se retirerent sur les bords tranquilles du Thermodon. Leur postérité s'accrut considérablement : long-temps après elle rentra à main armée dans sa patrie, & se rendit dans la suite redoutable à plusieurs peuples.

Non loin de là sur la colline Carambe (*n*) s'éleve au septentrion Helice, vis-à-vis d'elle est Criumetopon (*o*), promontoire de la Taurique, qui n'est éloigné que de deux

---

(*n*) Aujourd'hui *Capo Pisello* dans la Turquie Asiatique.

(*o*) Ce qui signifie front du bélier, présentement *Famar* dans la Tartarie Crimée.

mille cinq cents ſtades. A partir de là, toute la côte maritime dont la riviere Halys fait le commencement, telle qu'une ligne droite, repréſente la corde d'un arc attachée aux deux extrémités. Les Dahens (*p*), peuples les plus guerriers de tous, & les Chalybes (*q*) qui les premiers ont découvert & travaillé le fer, confinent à ce pays; les vaſtes contrées qu'on rencontre enſuite ſont occupées par les Byzares (*r*), les Sapires, les Tibarenes (*s*) les Moſſinæces (*t*), les Macrons (*u*), les Phylires, nations avec leſquelles nous n'avons aucun commerce. Non loin d'eux ſont les tombeaux d'hommes célebres, tels que

(*p*) Le *Dahiſtan* paroît tirer ſon nom de ces peuples.

(*q*) On les appelloit auſſi *Chaldæi*, & ce pays partagé en vallées profondes, porte encore le nom de *Keldir*.

(*r*) Strabon les nomme Byzeres, ils étoient voiſins de la Colchide.

(*s*) *Pomponius Mela* dit *Liv. I, Ch. 19*, qu'ils avoiſinoient les Chalibes.

(*t*) *Pomponius Mela* dit *Liv. I, Ch. 19*, que cés peuples s'imprimoient des taches ſur la peau, & qu'ils vivoient dans des tours conſtruites de bois.

(*u*) *Pline, Liv. VI, Ch. 4*, paroît les diſtinguer en deux branches, les Macrocéphales & les Macro-Sidoniens.

Sthenelus, Idmon & Tiphys. Le premier, compagnon d'Hercule, fut mortellement blessé dans la guerre des Amazones, l'autre fut l'augure des Argonautes (*x*), & le troisieme leur sage pilote. Après avoir parcouru ces pays, on rencontre l'antre d'Aulion & le ruisseau de Callichore (*y*), ainsi nommé parce que Bacchus revenant au bout de trois ans de la conquête des Indes, s'arrêta dans ces contrées & y renouvella ses chœurs & ses orgies sur les bords ombragés & fleuris de cette riviere; quelques-uns pensent que ces mysteres se nomment Trietériques (*z*).

Ensuite se présentent les célebres demeures des Camaritains (*a*), & le Phase (*b*), dont le cours bruyant va

---

(*x*) V. *Apollonius*, Liv. II, de son Poëme sur les Argonautes.

(*y*) On ne connoît pas le nom moderne de ce fleuve qui doit couler dans le district de Boli en Anatolie.

(*z*) Parce qu'on les célébroit de trois en trois ans à l'honneur de Bacchus qui employa trois années à la conquête des Indes.

(*a*) Il paroît que ce peuple étoit établi entre le fleuve Callichore & le Phase.

(*b*) A présent le *Fasso*, il prend sa source aux pieds des monts Moschiques de l'Arménie, coule du midi vers le septentrion dans la Mingrélie, & se

baigner la Colchide qu'habite un peuple venu anciennement d'Egypte. Parmi ses villes est Phasis (c), qui a reçu son nom du fleuve même, & Dioscure (d) connue jusqu'à présent; on dit que cette derniere fut bâtie par Amphitus & par Cercius citoyens de Sparte & cochers de Castor & de Pollux, dont descendent les Henioques (e). Tout auprès sont les Achéens; ces peuples revenant, selon quelques Auteurs d'une ancienne guerre de Troye, nom de celle qu'alluma Hélene, furent jetés par les vents contraires dans le Pont, où trouvant partout des ennemis qui ne leur permettoient de s'établir nulle part, ils s'arrêterent sur la cime de montagnes couvertes de neiges éternelles; l'âpreté du climat leur fit contracter

courbant ensuite vers l'occident, après avoir traversé cette Province, il va se rendre par plusieurs embouchures dans le Pont-Euxin.

(c) Elle est dans quelques Cartes sous le nom moderne de *Fasso*, dans d'autres sous celui de *Surium*, & dans d'autres sous celui d'*Offas* sur le même fleuve.

(d) A présent *Iskuriah*.

(e) Ils étoient établis entre *Dioscure* & le *Bosphore Cimmerien*.

l'habitude de vivre de rapines, & ils devinrent peu à peu la nation la plus féroce. On ne fait rien de remarquable fur les Cercetes qui les avoifinent. (*f*) Derriere eux font les Cimmeriens (*g*), habitans du Bofphore, où font les villes Milefiennes, & leur capitale Panticapée (*h*), qu'arrofe le fleuve Hypanis (*i*) groffi de fes propres eaux & de celles qu'il reçoit d'ailleurs; de-là par de longs chemins les Amazones s'étendent jufqu'à la mer Cafpienne & habitent les bords du Tanaïs (*k*) qui prend fa fource dans les rochers du Caucafe, coule en replis tortueux, & fépare l'Afie de l'Europe pour fe jeter dans le Palus Méotide. Non loin de là eft la riviere de Rha (*l*); on trouve fur fes bords une racine qui porte le même nom & qui eft d'un grand ufage dans la Médecine.

(*f*) Ils étoient plus voifins du Bofphore.

(*g*) Peuples de la *Tartarie Crimée*.

(*h*) L'emplacement de cette ville fe trouve dans Kerche.

(*i*) Le Cuban.

(*k*) Le Don.

(*l*) La Wolga; dans les Ecrivains du moyen âge, l'*Atel*.

Au

Au-delà du Tanaïs s'étendent en largeur les Sauromates (*m*), dont le pays est arrosé par le Maraccus (*n*), le Rhombite (*o*), le Théophane (*p*) & le Totordanes (*q*). Il y a encore à une extrême distance une autre nation de Sauromates, elle touche au rivage que baigne le Corax (*r*) qui est le dernier de ces fleuves en se jetant dans la mer. Près de-là le Palus Méotide (*s*) embrasse une grande circonférence ; de ses veines abondantes sortent des eaux qui passent par le détroit de Fatares (*t*) & se précipitent dans le Pont : il y a sur sa droite les îles Pha-

(*m*.) Ou Sarmates, ils habitoient l'intérieur de la Crimée.

(*n*) Il paroît qu'il faut lire *Marabius*, c'est le *Kogalnic*, fleuve de la Circassie, il se décharge dans la mer de Zabache.

(*o*) Le Kalburnar.

(*p*) Le Jessé.

(*q*) Ptolomée désigne ce fleuve par le nom de *Varadanus*.

(*r*) C'est aujourd'hui le *Coddors*, dans la Mingrélie.

(*s*) Les Italiens lui donnent le nom de *Mare delle Zabache*.

(*t*) Ortélius croit qu'il faut lire *Patræas*, & qu'un bourg de ce nom fit ainsi appeler le détroit qui se trouvoit dans son voisinage.

*Tome II.*            H

nagorie (*u*), & Hermonasse (*x*), qui furent cultivées par les soins des Grecs. A l'extrémité de ces lacs sont des peuples très-différens de langage & de coutume, tels sont les Jaxamates (*y*), les Méotes (*z*), les Gazyges (*a*) les Roxolanes (*b*), les Alains (*c*), les Melanchlenes (*d*) les Gelons (*e*) & les Agathyrses (*f*) chez lesquels se trouve en abondance (*g*) le diamant ; il est encore des peuples plus éloignés & tout-à-fait enfoncés dans les terres.

La Cheronese est sur la gauche des

(*u*) Aujourd'hui *Avogazia*.

(*x*) Le cap *Haromsa*.

(*y*) On croit qu'ils habitoient les bords du Tanaïs.

(*z*) *Pline* dit, *Liv. IV, Chap. 12*, qu'ils ont donné leur nom au lac.

(*a*) Ces peuples étoient entre le Tanaïs & le Boristhene & sur les bords de la Méotide.

(*b*) Ceux de la Russie Polonoise.

(*c*) La plûpart des Savans les placent dans la Lithuanie propre.

(*d*) Habitoient vers la mer Caspienne.

(*e*) Ils étoient entre le Boristhene & le fleuve Hypanis.

(*f*) Sur les confins de la Pologne propre.

(*g*) *Voyez Plin. Liv. XXXVII, Ch. 4*. Peut-être de l'aimant ; le terme qu'il emploie étant susceptible de ce sens.

Méotides; elle renferme plusieurs colonies Grecques. De-là vient que les habitans en sont doux & pacifiques, ils cultivent la terre & vivent de ses productions. Les Taures, partagés en divers gouvernemens, ne sont que peu éloignés; au milieu d'eux sont les Arinces, les Sinces, les Napéens, peuples si terribles par leur barbarie, que les excès de leur cruauté ont fait donner à cette mer le nom d'inhumaine; & on l'appelle par anti-phrase le Pont-Euxin (*h*), comme on appelle en Grec *evethen*, un fou; *euphronen*, la nuit, & *eumenides*, les furies. Ces peuples immolent des victimes humaines, sacrifient à Diane, qu'ils appellent Oreiloche, les étrangers dont ils attachent les crânes au parois de son temple, comme d'éternels monumens de leurs belles actions.

C'est dans cette Taurique qu'on voit Leuce (*i*), île dénuée d'habi-

---

(*h*) Ce qui veut dire *hospitaliere*, favorable aux étrangers. Elle porta anciennement le nom d'*Axene*, qui signifie précisément le contraire, & ce nom lui fut alors donné à cause de la férocité des peuples établis sur les bords. Voyez *Pline*, Liv. *IV*, Ch. 12. Liv. *VI*, Ch. 1.

(*i*) On croit que c'est *Zagori*; on la trouve indi-

tans & consacrée à Achille ; les étrangers que le hasard y jette en parcourent les antiquités, les temples & les dons consacrés au Héros, & s'empressent d'en sortir sur le soir, car c'est une tradition constante, qu'il est dangereux d'y passer la nuit. On y trouve des aigles & des oiseaux blancs semblables aux halcyons, nous parlerons lorsqu'il en sera temps, de leur origine & des combats de l'Hellespont.

Il y a dans la Taurique quelques villes parmi lesquelles se distinguent Eupatorie, Dandace, Théodosie (*) & d'autres moins considérables, qui ne se sont jamais souillées en immolant des victimes humaines. C'est jusqu'ici que s'étend, à ce qu'on estime, une des extrémités de l'arc : suivons ainsi que l'ordre l'exige, le reste de sa légere courbure qui se trouve sous le signe de l'ourse, & va jusqu'à la gauche du Bosphore de Thrace ; observons pourtant, que comme les arcs de toutes les nations se courbent le

quée sous son ancien nom dans les cartes de l'Asie mineure, de M. Hase.

(*) Aujourd'hui *Caffa*.

long de leurs bandes, ceux des Scythes seuls ou des Parthes en ramenant de chaque côté leurs cornes larges & recourbées en dedans, préfentant la figure de la Lune qui décroît, & font au milieu arrondis & droits. A l'origine donc de ces différentes parties, & à l'endroit où finiffent les monts Riphéens (*k*), font les Arymphéens peuple honnête & connu par fa douceur ; les fleuves Chronie (*l*) & Bifule traverfent leur pays : tout auprès font les Maffagetes (*m*), les Alains (*n*), les Sargetes & plufieurs autres nations obfcures ; leurs mœurs ainfi que leurs noms, nous font inconnus. Affez loin eft le Golfe Carcinites (*o*) & une riviere du même nom, ainfi qu'un bois confacré à Diane. Enfuite vient le Borifthene (*p*), qui prend fa fource dans

(*k*) Les montagnes d'Oby.

(*l*) La Memel dont l'embouchure eft au-deffous de Königsberg en Pruffe.

(*m*) C'eft-à-dire les Getes les plus reculés, les Getes Afiatiques, d'où vient le nom de Katay & de petit Katay.

(*n*) Afiatique.

(*o*) Préfentement le Golfe de Negropoli.

(*p*) Aujourd'hui le Nieper.

les montagnes des Neuriens (*q*). Abondant dès son origine, il s'augmente encore par plusieurs rivieres qui se mêlent avec lui, & décharge ensuite ses eaux rapides dans la mer; sur ses bords couverts de bocages sont les villes nommées Boristhene (*r*), Cephalonese, & les autels consacrés à Alexandre le Grand & à César Auguste. Loin de là est la Peninsule qu'habitent les vils Sindes. Ces malheureux, après la fin tragique de leurs maîtres en Asie en prirent les femmes & les biens (*s*); les naturels du pays donnent à ce rivage étroit, le nom de Course d'Achille, parce qu'anciennement ce Prince de Thessalie en fit un lieu d'exercice (*t*). Tyra (*u*) colonie Phénicienne, qu'arrose le fleuve Tyros (*x*), est fort près de là; mais au

---

(*q*) Ces peuples passoient pour se transformer en loups; on croit que ce sont ceux de *Lubies* ou *Lubicz*.

(*r*) *Strapenor.*

(*s*) Ils habitoient ce qu'on nomme aujourd'hui *Alba Zichia*. Voyez *Justin*, Liv. II, Chap. 1.

(*t*) Voyez *Pomponius Mela*, Liv. II, Ch. 1.

(*u*) Présentement *Alba*, *Monte-Castro*, ou *Zoothezawa*.

(*x*) Le *Niester*.

### Liv. XXII. Chap. VIII.

milieu de l'espace qui comprend comme nous l'avons dit, la plus grande rondeur de l'arc & qu'on peut parcourir en quinze jours, sont les Alains d'Europe, les Costoboces, & des nations sans nombre de Scythes qui s'étendent à des distances dont on ne connoît pas les bornes ; un petit nombre de ces peuples, se nourrit de blés ; tous les autres errent & vivent à la maniere des bêtes dans d'immenses solitudes, qui ne furent jamais ni labourées ni ensemencées, mais qui sont arides & couvertes de glaces. Des chariots qu'ils couvrent d'écorce & qu'ils traînent par-tout où la fantaisie leur vient de s'établir, renferment leurs familles, leurs maisons & leurs mauvais meubles.

De l'autre côté, qui détermine la seconde pointe de l'arc & qui abonde en ports, paroît l'île de Peuce (*y*) habitée par les Troglodites, les Peuces & quelques autres petits peuples ; on y voit Histre, ville autrefois puissan-

---

(*y*) *Saint-Vico*, selon les uns ; & *Piczina*, selon d'autres.

te, Tomes (z) Apollonie (a), Anchialos (b), & Odisse (c), sans parler de quelques autres répandues sur les côtes des Thraces.

Le Danube qui prend sa source près des monts Rauraques limitrophes aux Rhéties, s'étend fort loin, & après s'être grossi des eaux de soixante rivieres presque navigables, traverse ce côté de la Scythie pour se jeter par sept embouchures dans la mer.

La premiere de ces embouchures, d'après les dénominations grecques qu'on leur a données, est l'île de Peuce elle-même, la seconde Naracustoma, la troisieme Calonstroma, la quatrieme Pseudostoma : car Boreonstoma & ensuite Stenostoma sont bien moindres que les autres ; la septieme est très-considérable, mais les eaux en sont épaisses comme un marais.

Le Pont dans tout son circuit est couvert de nuages, ses eaux sont plus

(z) Fameuse par l'exil d'Ovide, aujourd'hui *Constantia*, ou *Tomiswar*, ou *Kiovia*.

(a) *Sozopolis*.

(b) *Akelo* ou *Akkiali*.

(c) Paroît être *Varna*.

douces que celles des autres mers, & pleines de bas fonds, car les parties aqueuses qu'il exhale épaississent l'air qui l'environne, & la quantité d'eaux étrangeres qu'il reçoit adoucit la salure des siennes: il contient encore des especes de petits bancs ou des élévations, formées par le limon & les autres matieres qu'y charient différens fleuves.

Il est connu que les poissons s'y rendent en foule des extrémités les plus éloignées de notre mer, pour y frayer & élever avec plus de succès leurs petits à cause de la douceur des eaux & des profondes retraites où ils sont à l'abri des poissons voraces, car on n'en a jamais vu dans le Pont, excepté de petits dauphins, & qui encore ne font point de mal. Toute la partie de cette mer qui est exposée aux bruines & au vent du Nord, se gele de maniere qu'on ne croit pas que les rivieres puissent continuer leur cours, & que ni hommes ni chevaux n'oseroient sans danger marcher sur sa surface perfide, défaut qui indique toujours une mer mêlée d'eaux étrangeres.

Finissons cette digression qui nous a mené plus loin que nous ne pensions. Une nouvelle qu'on espéroit, mais que bien des délais avoient retardée, vint mettre le comble à notre joie. Agilon & Jovius qui fut ensuite Questeur, manderent que les habitans d'Aquilée ennuyés de la longueur du siege avoient, dès que la mort de Constance leur fut confirmée, ouvert leurs portes, & livré les Auteurs de la révolte; qu'après les avoir brûlés vifs, on avoit fait grace à tous les autres citoyens.

## CHAPITRE IX.

*Julien Auguste augmente & embellit Constantinople; il se rend à Antioche; sur la route, il assigne des sommes aux habitans de Nicomédie pour réparer leur ville, & s'occupe à Ancyre des affaires civiles.*

Tant de succès, après tous les dangers qu'il avoit courus, enorgueillirent extrêmement Julien; il ne mit plus de bornes à son ambition, en voyant que la fortune, comme d'une corne d'abondance, joignoit à l'Empire Romain, qu'elle lui accordoit, tout ce qui pouvoit encore flatter ses désirs, & augmenter sa gloire; car, indépendamment de l'éclat de ses victoires, il n'y eut, tant qu'il gouverna seul, aucune révolte, & les Barbares n'entreprirent rien contre ses frontieres; au contraire, les peuples toujours portés à blâmer le passé, quelque condamnable & dangereuse que soit cette liberté, se réunissoient pour l'admirer. Mettant donc sagement ordre à tout, selon que les circonstances & le besoin l'exigeoient, après avoir, soit par ses discours, soit par des libéralités suffisantes, encouragé les soldats à se bien conduire dans l'occasion, comblé de l'affection de ses sujets, il quitta Constantinople qu'il avoit enrichie de ses bienfaits, & qu'il aimoit comme le lieu de sa naissance, pour se rendre à Antioche. Il traversa le détroit, passa la Chalcédoine & Lybisse, où se trouve le tombeau d'Annibal le Carthaginois, & vint à Nicomédie, ville autrefois fameuse, & pour laquelle d'anciens Princes ont fait de si grandes dépenses, que le nombre & la beauté de ses édifices tant publics que particuliers la faisoient regarder par les connoisseurs comme un quartier de Rome. Pendant qu'il se rendoit à petits pas au palais, la vue des murs réduits en cendres lui arracha des larmes. Il gémissoit sur-tout de la misere des Sénateurs & d'un peuple jadis si florissant ; il reconnut quelques personnes qu'il avoit vues lorsqu'il étoit dans cette ville chez l'Evêque Eusebe son instituteur & son parent. Ici encore il fit les arrangemens nécessaires pour réparer amplement les ravages occasionnés par le tremblement de terre ; il se rendit ensuite par Nicée sur les frontieres de la Gallo-Grece ; de-là prenant à droite, il fut à Pessinunte pour y voir l'ancien temple de Cybele, dont Scipion Nasica, conformément aux ordres de la Sybille, transporta du temps de la seconde guerre Punique le simulacre à Rome. Nous en avons parlé, aussi bien que d'autres objets qui y ont rapport, dans l'histoire de l'Empereur Commode. Quant au nom de cette ville, les Auteurs varient beaucoup : les uns prétendent qu'il lui vient du mot Grec τȣ̃ πεσεῖν, qui signifie *tomber*, parce que la statue de la Déesse tomba du ciel. D'autres pensent que ce fut Ilus, Roi de Dardanie & fils de Tros, qui lui donna ce nom. Théopompe assure que ce ne fut point Ilus, mais Midas, puissant Roi Phrygien.

Julien rendit ses hommages à la divinité, lui offrit des victimes & des vœux, & fut ensuite à Ancyre. Au moment de son départ, il fut inquiété par une foule d'importuns ; les uns demandoient la restitution de ce qu'on leur avoit ravi par la violence ; d'autres se plaignoient de ce qu'on les avoit injustement attachés à telle ou telle curie ; quelques-uns enfin, au mépris du péril, poussoient l'audace jusqu'à charger leurs ennemis du crime de lese-majesté. Mais lui, plus grave que ne l'étoient Cassius & Lycurgue, pesant avec équité la force des raisons, rendoit à chacun la justice sans s'en écarter jamais, & réprimoit avec vigueur les calomniateurs : il les détestoit d'autant plus, qu'il avoit éprouvé, lorsqu'il n'étoit encore que simple particulier, à quel danger leur insolence & leur rage l'avoient exposé.

Entre plusieurs exemples que je pourrois alléguer, en voici un qui prouve bien sa patience dans ces sortes d'affaires. Quelqu'un, pour perdre un ennemi qu'il haïssoit à la mort, l'accusoit avec fracas d'avoir conspiré contre l'Empereur ; Julien feignit de ne pas l'entendre : mais comme cet homme répétoit toujours la même chose, il lui demanda enfin qui étoit donc le coupable ? *Un riche bourgeois*, répondit le délateur. A ce mot l'Empereur lui dit en souriant, *& comment avez-vous fait cette découverte ? C'est qu'il se fait faire*, répliqua celui-ci, *une robe de pourpre d'un manteau de soie.* Le Prince lui ordonna aussi-tôt comme à un homme sans conséquence qui accusoit son semblable d'une entreprise trop hardie, de se retirer, lui faisant grace du châtiment qu'il méritoit ; mais le délateur n'obéit pas & insista toujours. A la fin Julien fatigué, dit à son Trésorier qui se trouvoit près de lui, *faites donner à ce dangereux babillard une de mes chaussures de pourpre, afin qu'il la porte à celui qu'il accuse de préparer un manteau de cette couleur ; on verra par-là de quel usage peuvent être, sans de grandes forces, de simples lambeaux de cette étoffe.*

Autant cette action est louable & mérite d'être imitée par de bons Princes, autant fut-il triste & digne d'être observé, que sous son regne, ceux qui furent attaqués par un Magistrat, quels que fussent leurs privileges, leurs alliances, ou les services qu'ils avoient rendus à l'Etat, obtenoient difficilement les choses les plus justes; de sorte que la plupart effrayés de cet abus, étoient obligés de se racheter secrétement à force d'argent des chagrins qu'on pouvoit leur susciter.

Arrivé à Pyles qui sépare les Cappadoces des Cilices, Julien embrassa Celse, Gouverneur de la province: il le connoissoit du temps qu'il étudioit à Athenes; il le fit asseoir à son côté sur son char, & entra ainsi avec lui dans Tarse. Peu après il quitta cette ville pour voir Antioche, l'ornement de l'Orient, où il arriva enfin. En approchant de la place, il fut reçu comme un Dieu aux acclamations des habitans : il admira cet accord de tant de voix qui ne cessoient de répéter, qu'un astre bienfaisant se levoit enfin sur l'Orient. C'étoit précisément alors l'anniversaire de la fête d'Adonis. Les Poëtes nous disent qu'il fut aimé de Vénus, & mis à mort par un sanglier cruel, ce qui est l'image des productions de la terre, coupées dans leur maturité. On regarda pourtant comme un mauvais présage, que l'Empereur entrât pour la premiere fois dans cette ville célebre & le domicile ordinaire des Princes, au moment où elle retentissoit de cris lugubres & lamentables. Julien donna ici une preuve de patience & de douceur, qui, bien que pour un sujet peu important, n'en étoit pas moins admirable. Il haïssoit un certain Thalasse, employé autrefois pour les requêtes, & qui avoit été du nombre de ceux qui contribuerent à la perte de son frere Gallus. Ayant fait défendre à cet homme de paroître avec les gens distingués qui venoient faire leur cour, les ennemis de ce Thalasse qui étoient en procès avec lui, attrouperent beaucoup de monde & vinrent, en criant, dire au Prince: *Thalasse l'ennemi de votre Majesté nous a ravi nos biens;* Julien qui comprit aussi-tôt qu'on croyoit l'occasion favorable pour perdre cet homme, répondit: *J'avoue que Thalasse m'a effectivement offensé; mais il convient que vous gardiez le silence jusqu'à ce qu'il m'ait donné satisfaction, à moi qui suis son principal ennemi;* & tout de suite il défendit au Préfet de prendre connoissance de ces plaintes, avant qu'il fût réconcilié avec Thalasse, ce qui arriva peu après.

## CHAPITRE X.

*Julien durant l'hiver qu'il passe à Antioche, rend la justice, & ne greve personne pour la Religion.*

Julien passa donc, comme il l'avoit souhaité, l'hiver à Antioche, sans se livrer aux plaisirs qui abondent dans toutes les Syries; mais assistant comme par délassement au Barreau, il s'occupoit de mille objets non moins difficiles que les affaires militaires, & s'étudioit avec une application étonnante à rendre à chacun la justice. Il tâcha par des jugemens équitables & par des peines modérées, de contenir les coupables & de conserver la fortune de ceux qu'on attaquoit injustement : quoique pendant la discussion des procès, il témoignât quelquefois trop de curiosité en demandant mal à propos, de quelle religion étoient les parties, cependant aucune de ses décisions ne s'écarta jamais du vrai, & jamais on ne put l'accuser d'avoir, soit à cause de la religion, soit par quelqu'autre motif, prononcé un arrêt injuste. S'il n'y a de jugement droit & désirable que celui qui résulte d'un mûr examen de ce qui est juste ou injuste, on peut dire qu'il évita de manquer à cette regle, comme on évite de dangereux écueils. Il put d'autant mieux en venir à bout, que connoissant sa grande vivacité, il permettoit aux Préfets & à ses amis, de l'arrêter & de lui faire des représentations, toutes les fois que cette vivacité l'entraînoit trop loin ; aussi témoignoit-il quelquefois, qu'il s'affligeoit de ses fautes, & se réjouissoit lorsqu'on le corrigeoit. Un jour que des Avocats élevoient jusqu'au ciel la sentence qu'il avoit prononcée, il en fut si touché qu'il dit : *Assurément je me réjouirois & serois flatté de ces éloges, si ceux qui me les donnent, me reprenoient lorsque j'agis ou que je parle moins bien.* Il suffira de l'exemple suivant, qui n'est ni absurde ni déplacé, pour juger de la clémence qu'il mettoit dans ses décrets. Une femme qui parut en justice, voyant que sa partie qui étoit Officier du Palais & que l'Empereur avoit chaffé autrefois, étoit rétabli dans fon pofte & avoit pour marque de fa dignité, fa robe retrouffée, s'en plaignit avec fracas; *que cela ne vous inquiete pas*, lui dit Julien, *continuez toujours vos inftances, il n'eft ainfi retrouffé que pour mieux fe tirer des boues, & cela ne fait rien au fond de votre caufe.* Ce trait & d'autres femblables auroient fait croire, comme il le difoit lui-même, que la juftice forcée par les vices des hommes, felon Aratus, à remonter dans le ciel, en étoit redefcendue dans fon regne, s'il n'eût pas quelquefois prononcé, plus d'après fa fantaifie que d'après les lois, & obfcurci par quelques fauffes démarches, le cours glorieux de fes belles actions. Il corrigea bien des abus dans l'exercice de la juftice, abrégea les longueurs, & détermina avec précifion, ce qui étoit permis & ce qui ne l'étoit pas. Il manqua cependant de clémence fur un point qui mériteroit d'être enfeveli dans le filence, c'eft qu'il défendit aux Rhéteurs & aux Grammairiens d'inftruire les Chrétiens.

## CHAPITRE XI.

*Les Païens d'Alexandrie traînent à la campagne, George, Evêque de cette ville; le mettent en pieces, & le brûlent impunément avec deux autres de ses collegues.*

Dans le même temps Gaudence ce Secrétaire, que Constance envoya, comme nous l'avons dit, en Afrique pour s'opposer au nouvel Empereur, & un certain Julien, ci-devant Vicaire & trop dévoué aux intérêts de Constance, furent mis à mort. Artemius, qui avoit été Duc de l'Egypte, périt aussi dans les supplices, les Alexandrins l'ayant chargé des plus grands crimes. Le même sort termina encore les jours de Marcellus, qu'on accusa d'avoir aspiré à l'empire : son pere avoit été Général de Cavalerie & d'Infanterie.

Un certain Romain & Vincentius, Tribuns de la premiere & de la seconde compagnie des Scutaires, furent bannis pour avoir été convaincus de projets ambitieux. Peu de temps après les habitans d'Alexandrie, à la nouvelle de la mort d'Artemius dont ils craignoient le pouvoir, & qui avoit dit qu'à son retour il en puniroit plusieurs qui l'avoient offensé, tournerent toute leur colere contre l'Evêque George qui les avoit souvent cruellement véxés. Né, à ce qu'on disoit, dans un moulin à foulon près d'Epiphanie en Cilicie, il s'éleva en causant la ruine d'un grand nombre de personnes. Pour son malheur & pour celui du public il fut fait Evêque d'Alexandrie, ville qui, selon les oracles même, est si sujette à se porter sans raison aux séditions & aux troubles les plus violens. George ne fit qu'animer davantage l'esprit bouillant des citoyens, en ce qu'il en peignit plusieurs aux yeux de Constance, comme des séditieux : c'est ainsi qu'oubliant les devoirs de son état qui n'inspire que la douceur & l'équité, il se mit au nombre des délateurs. On l'accusoit entre autres choses encore, d'avoir malignement appris à Constance que tous les édifices de cette ville qu'Alexandre son fondateur avoit construits à grands frais & des deniers publics, appartenoient de droit au tréfor. Un dernier trait acheva de décider la perte de cet homme : comme il revenoit de la cour & passoit accompagné, selon sa coutume, d'une suite nombreuse, devant le temple consacré au Génie, il s'écria à la vue de cet édifice, *jusques à quand ce sepulchre subsistera-t-il ?* Ces paroles furent comme un coup de foudre pour plusieurs, & dans la crainte qu'il n'entreprît de renverser ce monument, ils machinerent clandestinement la ruine de George. Ce fut sur ces entrefaites qu'arriva l'agréable nouvelle de la mort d'Artemius ; le peuple alors transporté de joie, fond aussi-tôt à grands cris sur l'Evêque, l'enleve, le foule à ses pieds & le tourmente en mille manieres. Dracontius préposé à la monnoie, & un certain Diodore espece de Comte, furent garrottés de cordes & périrent avec lui ; le premier, pour avoir abattu un autel nouvellement dressé dans la monnoie qu'il dirigeoit : le second, parce que pendant qu'il préfidoit à la conftruction d'une églife, il coupoit infolemment les cheveux aux enfans, ce qu'il regardoit comme appartenant au culte des Dieux. Cette cruelle populace, non contente de ce qu'elle avoit fait, après avoir déchiré ces cadavres, les mit fur des chameaux, puis allant fur le rivage, elle les brûla & jeta leurs cendres dans la mer, pour éviter, crioit-elle, qu'on ne les ramaffât & ne leur bâtit un temple, comme on avoit fait à d'autres, qui, plutôt que de renoncer à leur religion, avoient non feulement fouffert les plus grands fupplices, mais encore bravé courageufement la mort, & portoient par cette raifon le nom de Martyrs.

Les Chrétiens auroient pu, s'ils l'avoient voulu, délivrer ces victimes de la rage du peuple ; mais George étoit l'objet de la haine des deux partis. L'Empereur dès qu'il fut cette nouvelle, voulut punir les coupables; mais ceux qui l'environnoient l'adoucirent ; il envoya donc un édit par lequel il défapprouvoit avec force ce qui s'étoit paffé & menaçoit du dernier

nier supplice toute entreprise qui seroit contraire, & aux lois, & à la justice.

## CHAPITRE XII.

*Julien se prépare à faire la guerre aux Perses ; dévoué comme il l'étoit aux Aruspices & aux Augures, il consulte les oracles, & égorge des victimes sans nombre pour savoir quelle seroit l'issue de cette guerre.*

EN attendant Julien préparoit tout contre les Perses qu'il avoit depuis long-temps fermement résolu d'attaquer. Les maux que cette nation cruelle avoit fait souffrir depuis soixante années à l'Orient, soit par les fréquentes déroutes de nos armées, soit par les meurtres & le pillage, excitoient puissamment ce Prince à la vengeance. Deux autres motifs l'animoient encore : d'un côté, naturellement actif & ennemi du repos, il se plaisoit au bruit des armes & au tumulte des combats : de l'autre, il ambitionnoit la gloire de joindre à ses autres triomphes, le surnom de Parthique, en attaquant dans un âge si peu avancé des nations féroces, & en forçant à subir le joug, tant de Princes & de Rois dont les haines commençoient à se réveiller, & faisoient comprendre que ce ne seroit que par la force & non par la douceur qu'on parviendroit à les réduire. Des envieux & de lâches détracteurs ne cessoient de crier à la vue des grands préparatifs qu'on faisoit, qu'il étoit indigne & dangereux de souffrir que l'élévation d'une seule personne, suffit pour troubler tout ; ils faisoient tous leurs efforts pour qu'on différât l'entreprise ; ils disoient en présence de gens qui pouvoient le rapporter à l'Empereur, que s'il ne mettoit pas des bornes à son ambition, tel qu'un champ que son abondance même détruit, il périroit sous le poids de ses prospérités. Mais ce fut inutilement qu'ils firent retentir ces bruits aux oreilles du Prince, il se montra aussi sourd & aussi inaccessible à ces injures, que le fut Hercule aux invectives des Pygmées ou du Bouvier Thiodamas (a). L'esprit supérieur de Julien ne s'occupa pas moins de la grandeur de son entreprise, & en fit avec application tous les préparatifs.

Cependant il arrosoit les autels du sang de plus de victimes qu'il ne falloit ; il sacrifioit quelquefois jusqu'à cent bœufs & des troupeaux sans nombre d'animaux, auxquels il joignoit des oiseaux blancs qu'il faisoit venir de fort loin par terre & par mer : les passans étoient obligés de charger sur leurs épaules & de porter dans leurs quartiers ses soldats qui s'étoient indécemment gorgés dans les temples des viandes & du vin qu'on y servoit en abondance. Les Petulans & les Celtes qui jouissoient alors d'un grand crédit, se distinguoient entre tous dans ce genre d'excès. En attendant, l'appareil des cérémonies se multiplioit avec une profusion ruineuse & sans exemple. Chacun jusqu'aux plus ignorans osa faire profession de la divination, & il fut indistinctement permis de consulter les oracles & les enrailles des victimes qui découvrent

(a) *Voyez Appollod. Biblioth. Liv. II.*

quelquefois l'avenir. Rien n'égale encore le nombre des moyens qu'on employa pour le connoître, soit par le chant, soit par le vol des oiseaux ou par d'autres présages. Au milieu de ces occupations auxquelles on se livroit comme si l'on étoit en pleine paix, Julien dont la curiosité s'étendoit à tout, forma un nouveau projet, ce fut de r'ouvrir la source prophétique de Castalie. On dit qu'elle fut comblée avec de grosses pierres par Hadrien, qui craignoit que d'autres n'apprissent, comme lui, par la vertu prophétique de ces eaux, qu'ils étoient destinés au gouvernement de la République. Julien résolut aussi de faire enlever sans délai les corps qu'on avoit enterrés tout autour de cette fontaine, & d'employer les mêmes cérémonies dont les Athéniens avoient fait usage lorsqu'ils purifierent l'île de Délos.

## CHAPITRE XIII.

*Julien attribue injustement aux Chrétiens l'incendie du temple d'Apollon à Daphné ; il fait fermer la grande Eglise à Antioche.*

Dans le même temps le vaste temple d'Apollon que le cruel Antiochus Epiphanes avoit fait bâtir à Daphné, fut consumé par les flammes le 22 d'Octobre avec la statue du Dieu qu'on y révéroit, & qui étoit aussi grande que celle de Jupiter l'Olympien. L'Empereur au désespoir de cet accident imprévu, fit faire des recherches plus sévères que de coutume, & ordonna qu'on fermât la grande église d'Antioche. Il soupçonna les Chrétiens de s'être portés à cet attentat par le dépit qu'ils ressentoient en voyant qu'on environnoit cet édifice d'un magnifique péristile.

On disoit pourtant, quoique vaguement, qu'Asclepiade le Philosophe dont nous avons parlé dans les Actes de Magnence, étoit seul la cause de cet accident. S'étant mis en chemin pour visiter Julien, & étant arrivé à ce faubourg, il posa aux pieds de la statue une petite figure de Vénus Uranie qu'il portoit toujours avec lui; selon l'usage, il l'environna de cierges & se retira; mais vers le milieu de la nuit, personne ne se trouvant là, les étincelles en s'élevant, s'attacherent aux matieres seches & combustibles qu'elles rencontrerent, & bientôt elles consumerent cet édifice tout vaste qu'il étoit.

A l'approche de l'hiver de la même année il y eut une disette d'eau si effrayante, que les rivieres furent desséchées & les fontaines qui en avoient fourni jusques-là en abondance, taries; mais ce mal ne dura pas long-temps.

Le second de Décembre un tremblement de terre acheva sur le soir de détruire ce qui restoit de Nicomédie & une partie considérable de la ville de Nicée.

## CHAPITRE XIV.

*Julien Auguste sacrifie à Jupiter sur le mont Casius ; motifs qui le porterent à écrire son Misopogon contre les habitans d'Antioche.*

Quelques chagrins que ressentit Julien de ces désastres, il n'en négligea pas pour cela les préparatifs nécessaires pour entrer en campagne lorsque la saison le permettroit. Ce qu'il fit de déplacé au milieu de soins aussi importans, ce fut contre toute raison & uniquement pour plaire au peuple, de mettre tout en œuvre pour faire baisser le prix des denrées; opération délicate & qui produit souvent, lorsqu'elle n'est pas bien ménagée, l'indigence & la disette. En vain les Magistrats d'Antioche lui firent-ils voir clairement que la chose n'étoit pas faisable, il ne se rendit point, & imita en cela l'obstination de Gallus, mais sans répandre du sang. De là vint qu'irrité contre les habitans de cette ville, comme contre des rebelles & des séditieux, il composa un Ouvrage satirique, qu'il intitula l'Antiochéen ou le Misopogon (*a*) : il y fait l'énumération des défauts de cette ville, & lui en prête même plusieurs. Cet Ouvrage l'exposa à bien des railleries ; mais forcé de dissimuler, il n'en fut que plus outré intérieurement. On se jouoit de lui en l'appellant Cercops (*b*), petit homme à larges épaules, à barbe de chevre, & qui marchoit aussi fièrement que s'il étoit frere d'Otus & d'Ephialte (*c*), dont Homere éleve si excessivement la taille ; on le nommoit aussi le Victimaire au lieu de Sacrificateur, par allusion à la quantité de victimes qu'il immoloit : on le blâmoit encore à cette occasion de ce qu'accompagné de femmelettes, il trouvoit plaisir à porter

(*a*) C'est-à-dire, *ennemi de la barbe*.

(*b*) Les *Cercopes*, peuples qui habitoient une île voisine de la Sicile ; ils étoient si méchans que Jupiter les changea en singes. *Ovid. Métam. Liv. XIV.* On sait que ces animaux flattent ordinairement quand ils veulent mordre.

(*c*) Fils d'*Aloüs* & d'*Hiphimide*, fille de Neptune. *Voyez Hygin. Fab. 28*, & *Homere, Odyss. Liv. XI.*

lui-même les choses saintes, ce qui étoit la fonction des Prêtres. Quelqu'indigné qu'il fût de ces propos, il réprimoit cependant sa colere, & n'en vaquoit pas moins aux sacrifices. Enfin un certain jour de fête au mont Casius (*d*), qui est tout couvert de bocages, rond & uni dans son circuit, il s'éleve à une si grande hauteur, qu'avant la quatrieme veille on découvre de son sommet les premiers rayons du Soleil. Tandis que Julien y sacrifioit à Jupiter, il apperçut tout-à-coup à ses pieds un homme qui le supplia de lui faire grace: l'Empereur ayant demandé qui il étoit, on répondit que c'étoit Théodote, ancien Magistrat de Hiérapolis, qui, accompagnant avec d'autres Notables Constance au moment où il sortoit de leur ville, par une lâche adulation & comme si ce Prince devoit être indubitablement vainqueur, le conjura avec des larmes & des soupirs hypocrites de leur envoyer la tête de l'ingrat &

---

(*d*) Le nouveau Traducteur de Pline, observe que Lucain entend du mont Casius, voisin de l'Egypte, ce que dit Pline, & après lui Ammien, du mont Casius de la Syrie Antiochéenne.

I v

du rebelle Julien, ainsi qu'il se souvenoit qu'on avoit autrefois donné au peuple le spectacle de celle de Magnence. Julien répondit : *C'est ce que plusieurs personnes m'ont rapporté dans le temps ; mais retournez tranquillement chez vous, rassuré par la clémence de votre Prince qui se plaît, selon la maxime d'un Sage, à augmenter le nombre de ses amis, & à diminuer celui de ses ennemis.*

Après avoir achevé ses cérémonies, l'Empereur reçut des lettres du Gouverneur de l'Egypte, qui lui marquoit, qu'après de longues recherches, il avoit enfin trouvé un bœuf Apis, présage heureux selon les habitans de ces contrées, d'abondance & de plusieurs autres biens. Disons un mot à ce sujet.

De tous les animaux consacrés par les anciennes cérémonies religieuses des Egyptiens, le Mnevis & l'Apis sont les plus connus. Le premier est voué au Soleil, & on n'en dit rien de fort remarquable ; le second à la Lune. Le bœuf Apis se distingue par diverses taches naturelles, & sur-tout par la figure du croissant de la Lune qu'il doit avoir au côté droit. Après qu'il a vécu le temps prescrit, & que plongé dans une fontaine, il disparoît; (car il n'est permis, ni de le conserver au-delà du terme fixé par l'autorité des livres mystiques, ni de lui donner plus d'une fois l'année une génisse sur laquelle se rencontrent certains signes,) on en cherche un nouveau avec un deuil universel. Lorsqu'on l'a trouvé & qu'il réunit tous les caracteres requis, on le conduit à Memphis, ville extrêmement peuplée & célebre par la présence d'Esculape. Cent Prêtres l'introduisent dans son temple, où après sa consécration il dévoile, à ce qu'on dit, l'avenir par des indices palpables; il paroît aussi qu'il écarte quelquefois par des signes de mauvais augure ceux qui s'approchent de lui; comme il arriva, selon l'histoire, au César Germanicus (a), qu'il parut dédaigner au moment où ce Prince lui présentoit à manger, l'avertissant par-là de ce qui lui arriveroit dans peu.

(a) Pline dit, *Liv. VIII, Chap. 46*: « Qu'il s'éloigna de la main du César Germanicus; & que ce » Prince ne survécut pas long-temps à cette marque » d'aversion. »

## CHAPITRE XV.

*Description des affaires d'Egypte, du Nil, du Crocodile, de l'Ibis & des Pyramides.*

Puisque l'occasion semble le demander, disons un mot de l'Egypte dont nous avons amplement parlé dans les actes d'Hadrien & du Prince Sévere, en rapportant alors plusieurs choses dont nous avons été les témoins. Les Egyptiens sont de toutes les nations la plus ancienne, si vous en exceptez les Scythes qui lui disputent cette antiquité. Ce pays est borné au Midi par les grands Syrtes (*a*), le Promontoire de Phycus (*b*), & de Borion (*c*) : par les Garamantes (*d*) & par diverses na-

---

(*a*) Le Golfe de *Sidra*, dans le Royaume de Tripoli.

(*b*) Cap *Ras-al-sem* ou Cap *Rasat*, dans le Royaume de Barca.

(*c*) Cap *Tejones*, dans le Royaume de Barca.

(*d*) Les Garamantes tiroient leur nom de la ville de *Garama*, qu'on trouve dans la Géographie Arabe, sous le nom de *Gherma*. Les Freres Valois observent,

tions ; il s'étend à l'Orient, à Eléphantine & Méroé, villes d'Ethiopie, aux Catadupes ou Cataractes, à la Mer Rouge, & aux Arabes Scenites, que nous appelons aujourd'hui Sarafins ; il tient par le Septentrion à des terres immenses, où commencent l'Asie & les Provinces de la Syrie. La mer Issiaque que quelques-uns nomment Parthenienne (*e*), le sépare du Couchant.

Arrêtons-nous un moment au Nil, le plus salutaire de tous les fleuves : Homere l'appelle Egypte, nous parlerons ensuite des autres prodiges que renferme ce pays. Je crois que les sources du Nil seront toujours ignorées, comme elles l'ont été jusqu'ici. Mais les fictions des Poëtes & les conjectures des Géographes se partageant à l'occasion de ce phénomene inconnu,

---

& avec raison, qu'Ammien se trompe visiblement ici dans la situation qu'il donne à l'Egypte ; que c'est au couchant qu'elle a les grands Syrtes & le Promontoire de Borium ; au midi, Elephantine, Meroé & l'Ethiopie ; à l'orient, l'Arabie, la Syrie, la Palestine, & la Mer Rouge ; & enfin la Mer d'Egypte au septentrion.

(*e*) On donnoit le nom de Parthenienne à cette partie de la Méditerranée qui baigne l'île de Cypre.

en divers sentimens, nous rapporterons succinctement celles de leurs opinions qui nous paroissent approcher le plus du vrai. Quelques Physiciens assurent que les gelées de l'hiver condensent l'énorme quantité de neige qui se trouve dans les pays septentrionaux; cette neige se fond à l'approche de l'été & se change en gros nuages; ces nuages poussés ensuite au Midi par les vents Etésiens, & dissous en pluie par la chaleur, fournissent à ce qu'on croit de grands accroissemens au Nil. D'autres sont dans l'idée, que les inondations de ce fleuve qui ont constamment lieu dans certaines saisons de l'année, viennent des pluies qui tombent avec abondance en Ethiopie pendant les ardeurs brûlantes de l'été. Mais l'une & l'autre de ces opinions me paroît être peu conforme au vrai. Car on assure qu'il ne pleut jamais en Ethiopie, ou que s'il y pleut, ce n'est que rarement & à de longs intervalles. Il y a un autre sentiment plus connu, c'est que les vents du Nord qu'on nomme précurseurs, & les Etésiens qui soufflent pendant quarante-cinq jours, repoussent le cours de ce fleuve, & forcent ses flots à s'enfler ; que dans ce combat, où d'un côté la violence des vents arrête sa marche, & de l'autre ses eaux travaillent à poursuivre leur chemin, il s'éleve, se répand par-tout, & fait de toutes les plaines une espece d'Océan. Le Roi Juba dit encore, sur la foi de livres Puniques, que ce fleuve prend sa source dans certaine montagne située en Mauritanie du côté de la mer, & que la preuve en est, qu'on trouve dans les marais de ces contrées des poissons, des herbes & des animaux, semblables à ceux que fournit le Nil.

Ce fleuve, après avoir parcouru l'Ethiopie & pris dans sa course les divers noms que plusieurs nations lui donnent, chargé du tribut de quantité de rivieres, vient aux cataractes, c'est-à-dire à des rochers escarpés, d'où il se précipite plus en torrent qu'en fleuve ; aussi les Ates qui habitoient autrefois dans le voisinage de ces cataractes, ayant perdu, à cause du fracas qu'elles font, l'usage de l'ouïe, furent-ils obligés de chercher un séjour plus tranquille. De-là il coule plus lentement, traverse l'Egypte sans se mêler à d'autres eaux, & va se jeter dans la mer par sept embouchures, dont chacune ressemble à une riviere & en fait l'office. Outre plusieurs bras qui sortent du fleuve principal & d'autres moins grands qui y aboutissent, il y en a sept de naviguables & profonds ; les anciens les ont nommés Héracléotique, Sebennytique, Bolbitique, Phatnitique, Mendesien, Tanitique & Pelusiaque. Partant donc de là, comme on l'a dit, il traverse des marais, coule jusqu'aux cataractes & forme ensuite plusieurs Iles, dont quelques-unes sont si étendues, qu'il n'en peut faire le tour que dans trois jours. Parmi ces Iles, il en est deux de célebres, Méroé & Delta : cette derniere est ainsi appelée de la figure triangulaire de la lettre Grecque qui porte ce nom.

Depuis l'entrée du Soleil dans le signe de l'écrevisse, jusqu'à son passage à celui de la balance, le Nil s'enfle pendant cent jours, il diminue ensuite, & ses eaux baissant peu à peu, quittent les campagnes sur lesquelles on voguoit auparavant. Trop abondant, il est aussi nuisible que lorsqu'il ne l'est pas assez. Car ces eaux, en humectant les terres plus qu'il ne faut, en retardent la culture, comme elles produisent la stérilité lorsqu'elles ne sont pas assez hautes. Il n'est point de propriétaire qui souhaite qu'il s'éleve au-dessus de seize coudées. Si le débordement se fait dans une juste proportion, alors les semences confiées à un terrain gras, se reproduisent, & quelquefois donnent presque au septantuple. C'est le seul fleuve qui n'excite aucune agitation dans l'air.

L'Egypte abonde encore en animaux terrestres aquatiques; on donne le nom d'Amphibies à ceux qui vivent sur terre & dans l'eau. Il y a aussi dans les lieux secs, des chevreaux, des buffles & des sphinx excessivement laids, ainsi que d'autres monstres dont les détails n'auroient rien d'intéressant. Parmi les animaux aquatiques, le crocodile se trouve presque par-tout: c'est un quadrupede dangereux, accoutumé à l'un & l'autre élément: il n'a point de langue, il ne remue que la mâchoire supérieure, ses dents sont rangées comme celles d'un peigne, & ses morsures sont funestes:

ses œufs ressemblent à des œufs d'oie. Si aux ongles qu'il a, il joignoit des doigts, il seroit en état par sa force de renverser des vaisseaux. Sa longueur est quelquefois de dix coudées; il passe la nuit sous l'eau, & le jour sur terre. La dureté de sa peau est telle, que son dos, comme cuirassé, peut à peine être percé d'un trait lancé par une machine. Cependant ces bêtes toujours féroces, comme par une sorte d'amnistie, sont douces & sans méchanceté pendant les sept jours des cérémonies que les Prêtres de Memphis emploient à célébrer la naissance du Dieu Apis. Outre ceux de ces animaux qui meurent par cas fortuit, quelques-uns expirent encore par les blessures que leur font sous le ventre qu'ils ont fort tendre, certaines bêtes crustacées, semblables aux dauphins qui vivent aussi dans ce fleuve. D'autres enfin périssent de cette maniere. Lorsqu'un petit oiseau nommé Trochile trouve, en cherchant sa nourriture, le crocodile qui repose, il vole légérement autour de lui, & en le chatouillant fortement aux mâchoires, il se glisse peu à peu jusqu'au conduit du gosier; aussi-tôt que l'hydre, espece d'ichneumon s'en apperçoit, il pénetre dans la bouche que le trochile a fait ouvrir au crocodile, & lui déchire ensuite les entrailles par lesquelles il se fait jour.

Le crocodile est un monstre hardi contre ceux qui fuient, mais très-timide vis-à-vis de quiconque témoigne de l'assurance ; il a la vue meilleure sur terre que dans l'eau ; il passe à ce qu'on dit, quatre mois de l'hiver sans manger.

On trouve aussi dans ce pays les Hyppopotames : de tous les animaux privés de raison, ce sont ceux qui montrent le plus de sagacité. Ils ressemblent aux chevaux, avec cette différence pourtant, qu'ils ont la corne fendue & la queue courte. Voici deux preuves de leur sagacité. Cet animal établit sa demeure au milieu de roseaux longs & épais ; il s'y tient coi, mais toujours alerte, & lorsqu'il en trouve l'occasion, il sort pour manger les blés. Dès qu'il s'en est bien rempli & qu'il retourne à son gîte, il fait à reculons plusieurs traces, afin que les chasseurs ne puissent pas suivre sa piste

& le percer. Un second artifice qu'il emploie encore, c'est que, si à force d'avoir mangé, il se trouve trop engourdi, il roule ses cuisses & ses jambes sur des roseaux fraîchement coupés, afin que le sang qui sort de ses pieds soulage la pesanteur de son ventre, puis il enduit de limon jusqu'à ce qu'elles soient cicatrisées, les plaies qu'il s'est faites. Le peuple Romain a vu ces bêtes monstrueusement singulieres, pour la premiere fois sous l'édilité de Scaurus, pere de ce Scaurus dont Cicéron prit la défense, en insinuant aux habitans de Sardes qu'ils devoient penser en faveur d'un homme qui descendoit d'une si illustre famille, aussi avantageusement que le faisoit tout le monde. On a conduit ici en différens temps plusieurs de ces animaux qui ne se trouvent plus à présent, & cela, si l'on en croit les habitans du pays, parce que fatigués de la chasse qu'on leur donnoit, ils ont été forcés de se retirer chez les Blemmies.

Parmi les oiseaux de l'Egypte, dont le nombre est infini, on distingue l'Ibis, oiseau sacré; il est non-seulement beau, mais utile, en ce que nourriffant fes petits d'œufs de ferpens, il diminue l'efpece funefte de ces animaux. Ces Ibis volent encore au devant des ferpens ailés & venimeux qui viennent en foule des marais de l'Arabie ; ils les attaquent dans l'air & avant que ces ferpens fortent de leurs frontieres, ils en triomphent & les dévorent. On prétend que l'Ibis fait fes petits par le bec.

Il y a auffi en Egypte des ferpens fans nombre & infiniment dangereux, tels font les Bafiliques, les Amphisbenes, les Scytales, les Aconties, les Dipfades, les Viperes & plufieurs autres : l'Afpic qui ne quitte jamais le Nil fans y être forcé, les efface par fa taille & par fa beauté. On voit encore dans ce pays bien des chofes dignes d'être obfervées, & dont il convient de dire un mot.

Les temples en font par-tout d'une ftructure immenfe. On met fes pyramides au nombre des fept merveilles. Hérodote nous inftruit de la longueur du temps & des difficultés qu'il a fallu furmonter pour les bâtir. Ce font des tours, portées à une hauteur qui furpaffe tout ce qu'on peut imaginer de l'induſtrie humaine ; très-larges à leurs baſes, elles s'élevent & finiſſent en pointes fort aiguës. Cette figure eſt nommée pyramide par les Géometres, parce que ſemblable à la flamme, elle ſe termine en ce qu'on appelle un cone. Comme ces pyramides diminuent inſenſiblement en montant, par une raiſon toute mécanique elles ne répandent point d'ombre. Il y a encore des eſpeces d'antres & de longs détours ſouterrains. Des hommes inſtruits des anciens rites religieux, conſtruiſirent, à ce qu'on croit, ces retraites, pour empêcher que la mémoire des cérémonies ne ſe perdît ſur la terre, par le déluge qu'ils ſavoient n'être pas éloigné. Ils graverent ſur les murailles de ces voûtes, ce qu'ils appelerent des caracteres hiéroglyphiques, qui n'étoient que les figures de diverſes eſpeces d'oiſeaux & d'animaux. On trouve auſſi dans ce pays la ville de Syene, où dans le ſolſtice d'été, les rayons du Soleil environnent tous les objets qui ſont droits, & ne permettent pas à l'ombre de ſortir des corps ; de ſorte que ſi vous fichez un bâton en terre, ou ſi vous considérez un homme ou un arbre debout, vous verrez que les ombres se perdent vers l'extrémité des traits, comme on dit que cela arrive à Meroé, partie de l'Ethiopie qui avoisine le plus le cercle équinoxial; pendant quatre-vingts jours, les ombres y tombent dans un sens contraire au nôtre; ce qui a fait donner à ses habitans le nom d'Antisciens. Mais ces merveilles sont en si grand nombre qu'on ne sauroit s'y arrêter sans s'écarter beaucoup du but de cet ouvrage; nous les abandonnons donc aux recherches de génies supérieurs, pour dire présentement un mot des Provinces de ce pays.

## CHAPITRE XVI.

*Des cinq Provinces de l'Egypte & des Villes célebres qu'elle renferme.*

ON dit que l'Egypte se partageoit anciennement en trois provinces, l'Egypte même, la Thébaïde & la Libye (*a*), auxquelles on ajouta dans la suite l'Augustamnique (*b*) qui fut séparée de l'Egypte, comme la Pentapole (*c*), de la Libye aride. La Thébaïde compte dont au nombre de ses villes les plus célebres, Hermopolis (*d*), Coptos (*e*) & Antinoü (*f*)

---

(*a*) La Lybie s'étendoit chez les Grecs à toute l'Afrique ; prise plus étroitement, c'est la partie la plus orientale du Royaume de *Barca*.

(*b*) Ce fut dans le quatrieme siecle que ce que l'Egypte inférieure avoit au-delà du canal du Nil, qui se rend dans la mer sous la position actuelle de Damiat, composa l'*Augustamnique*.

(*c*) Ou plutôt *Cyrénaïque*, car le nom de Pentapolis ne venoit que de cinq villes principales de cette contrée qu'on retrouve au couchant de l'Egypte, du côté de *Sydra*.

(*d*) A présent *Ashmunein*, dans la haute Egypte.

(*e*) Kept.

(*f*) *Eusené* ou *Shek-Abadé*.

que Hadrien bâtit à l'honneur de son cher Antinoüs. Chacun connoît Thebes à cent portes. Il y a dans l'Auguſtamnique Peluſe (*g*) ville remarquable : on dit qu'elle fut fondée par Pélée, pere d'Achille, qui après avoir tué ſon frere Phocus & étant horriblement tourmenté par les furies, reçut des Dieux l'ordre de ſe purifier dans le lac qui baigne les murailles de cette ville ; Caſſius (*h*) où eſt le tombeau du grand Pompée, Oſtracine (*i*) & Rhinocolure (*k*). Dans la Pentapole Libyenne eſt Cyrene (*l*), ville ancienne, mais déſerte, que fonda Battus le Spartiate ; Ptolomaïs (*m*), Arſinoé (*n*) ou Teuchire, Darnis (*o*) & Berenice qu'on nomme auſſi Heſperides (*p*).

Parmi le petit nombre de villes

---

(*g*) N'eſt maintenant connu dans ſes ruines que ſous le nom de *Tineh*.

(*h*) Aujourd'hui *Catieh*.

(*i*) Garde un reſte de ſon nom dans *Straki*.

(*k*) Ou *Ricorure*, préſentement *El-Ariſh*.

(*l*) *Curin*.

(*m*) *Tolometa*.

(*n*) *Teukera*.

(*o*) *Derne*.

(*p*) *Bernic*, peut être auſſi *Ben-gazi*.

municipales & peu considérables de la Libye aride, sont Paretonion (*q*), Cherecla, Néapolis. Quant à l'Egypte elle-même qui depuis qu'elle est jointe à l'Empire Romain est gouvernée par des Préfets, si vous en exceptez beaucoup de petites villes, elle brille par Athribis (*r*), Oxyrinches (*s*), Thmuis (*t*) & Memphis (*u*). La principale de toutes est Alexandrie, fameuse par les nombreux monumens qu'y a érigés son illustre fondateur, & par l'habileté de son Architecte Dinocrates. Au moment où il jetoit les fondemens de grandes & belles murailles, la chaux ayant manqué, il employa, dit-on, de la farine pour en tracer la circonférence, ce qui présagea l'abondance dont cette ville jouiroit dans la suite. On y respire une fraîcheur salutaire, l'air y est doux & calme, & d'après une longue expérience on assure qu'il n'y a presque point de jour où ses ha-

(*q*) *Al Baretoun.*
(*r*) *Atrib.*
(*s*) *Behnese.*
(*t*) *Tmaïé.*
(*u*) Le Pere Hardouin prétend qu'il ne reste absolument plus de vestiges de cette ville ; le Caire est vis-à-vis de la place qu'elle occupoit.

bitans ne jouissent d'un soleil serein.

Ses côtes exposoient autrefois, par les écueils qui s'y rencontrent, les navigateurs aux plus grands dangers. Pour y remédier Cléopatre imagina de faire élever sur le port une haute tour qui a pris le nom du lieu même & s'appelle Pharos, pour éclairer pendant la nuit les vaisseaux qui venant de la mer Parthenique ou Libyenne, & faute d'avoir dans ces parages des collines ou de hautes montagnes pour signaux, pouvoient échouer sur les bancs de sables dont ces bords sont couverts. C'est cette Reine encore, qui par une raison aussi connue qu'elle étoit pressante, fit avec autant de promptitude que de magnificence, cette chauffée de sept stades. L'île de Pharos, où Protée, comme le raconte emphatiquement Homere, demeuroit avec ses troupeaux marins (*x*), éloignée du rivage de la ville d'environ mille pas, étoit tributaire des Rhodiens. Ceux-ci vinrent un jour demander plus qu'il ne leur revenoit. Cléo-

---

(*x*) *Voyez Apollonius de Thyane, Liv. II, Chap. 14. Virgile, Georg. Liv. III, v. 543; IV, 395. Homere, Odyss. Liv. IV.*

patre toujours rusée, sous le prétexte de fêtes solennelles, conduisit ces publicains dans les faubourgs d'Alexandrie, & ordonna de pousser la jetée par le travail le plus opiniâtre. Dans ces sept jours on avança d'autant de stades dans la mer par les masses & les terres dont on la combla. La Reine rentrant ensuite par cette nouvelle chaussée, dit que les Rhodiens se trompoient sans doute, puisqu'ils demandoient le tribut des îles, non du continent.

Ce pays présente encore des temples magnifiques & fort élevés; on distingue sur-tout celui de Sérapis; quoiqu'une simple description ne puisse qu'affoiblir l'idée de cet immense édifice, je dirai pourtant qu'il est orné de vastes voûtes, de statues de la plus grande expression & de beaucoup d'autres ouvrages si beaux, qu'il n'est rien qui l'emporte sur lui, que le Capitole qui fait le plus superbe ornement de Rome. Ce temple renferma autrefois des Bibliotheques d'un prix infini, & les anciens écrits parlent unanimement de soixante & dix mille volumes rassemblés par les soins infatigables des Ptolomées; mais ces ouvrages furent consumés par les flammes dans la guerre d'Alexandrie, cette ville ayant été saccagée sous la Dictature de César. A douze mille de là est Canope (*y*) qui, selon d'anciens mémoires, a reçu son nom du Pilote Ménélaüs qui y est enterré. Elle abonde en hôtelleries fort commodes, & jouit d'un air si frais & si pur, qu'on croit être dans un autre monde, en entendant souvent le murmure des vents par un temps clair & serein. Alexandrie elle-même qui s'éleva & s'agrandit, non comme les autres villes insensiblement & peu à peu, mais dès sa naissance, fut souvent agitée par des émeutes populaires; enfin long-temps après, sous l'Empire d'Aurelien, ces discordes civiles ayant occasionné des combats meurtriers & la ruine de ses murailles, elle perdit Bruchion qui faisoit la partie la plus considérable de son territoire, & qui fut long-temps le séjour de grands hommes : d'Aristarque par exemple, célebre Grammairien; d'Hérodien qui poussa jusqu'aux plus petits détails l'étude des beaux

(*y*) *Abukir* ou le *Bekier* a aujourd'hui à peu près la même position.

arts ; d'Ammonius Saccas qui fut le maître de Plotin, & de beaucoup d'autres qui cultiverent avec succès les sciences ; de ce nombre fut encore Didyme surnommé Chalcenterre, qui se distingua par nombre d'écrits sur divers sujets : les doctes le blâment pourtant d'avoir, dans ces six livres où il releve quelquefois mal à propos Cicéron, imité le style des mordans & malins satiriques, & tel qu'un chien, attaqué par un dégoûtant aboiement, un lion rugissant.

Bien qu'il y ait eu anciennement d'autres hommes célebres, indépendamment de ceux que je viens de nommer, on peut dire qu'à présent encore les sciences ne sont pas négligées dans cette ville, car il s'y trouve quelques habiles gens ; on y cultive la Géométrie, la Musique & la Poésie ; il y a aussi, quoiqu'en petit nombre, des Astronomes, des gens qui s'appliquent aux nombres & qui exercent l'art de la divination. La Médecine dont nous avons si souvent besoin pour remédier aux excès que nous commettons dans le boire ou dans le manger, y est portée à un si grand point de perfection, qu'on ne demande pas même à un homme des preuves de son art, & qu'il suffit de dire qu'il s'est formé dans cette ville pour qu'il soit réputé habile. Mais c'en est assez sur ce sujet. Que si quelqu'un a envie d'approfondir la science si variée des choses divines, & l'origine des pressentimens, il verra que les élémens de ces connoissances ont été répandus sur toute la terre par les Egyptiens. C'est chez eux que se trouve le berceau des diverses religions, & que les principes s'en conservent soigneusement dans des écrits mystérieux & cachés. Pythagore y puisa ses lumieres sur le culte secret des Dieux: tout ce qu'il dit ou prescrivit, il voulut qu'on le regardât comme fondé sur une autorité infaillible: il montra plusieurs fois sa cuisse d'or à Olympie, & on le vit s'entretenir avec un aigle. C'est de là qu'Anaxagore apprit à prédire que des pierres tomberoient du ciel, & en touchant le limon d'un puits, qu'il y auroit des tremblemens de terre. Solon éclairé par les lumieres des Prêtres d'Egypte, donna à Athenes ses lois équitables, & contribua puissamment à établir le droit

Romain ; c'est après avoir vu l'Egypte & puisé dans ses sources, que Platon s'élevant, devint par la sublimité de ses discours l'émule de Jupiter, & s'acquit cette sagesse qui le combla de gloire.

Presque tous les Egyptiens ont le teint basané & fort brun : ils sont naturellement sérieux, maigres & secs ; ardens dans tous leurs mouvemens, chicaneurs & demandeurs impitoyables. C'est une honte chez eux d'avoir payé le tribut de bonne grace & sans y avoir été forcé à coups de fouet. Il n'est point de tourment qui, dans tout ce pays, puisse arracher à un voleur l'aveu de son nom.

Il paroît par l'histoire que des Rois qui étoient nos alliés, gouvernoient anciennement toute l'Egypte ; mais à la défaite de l'armée navale d'Antoine & de Cléopatre à Actium, Octavien Auguste fit de ce Royaume une Province. La Libye aride nous fut léguée par le testament de son Roi Apion. Nous obtînmes de la libéralité de Ptolomée, Cyrene & les autres villes de la Libye Pentapole. J'abandonne cette trop longue digression pour revenir à mon sujet.

# AMMIEN MARCELLIN.

## LIVRE XXIII.

### CHAPITRE I.

*Julien entreprend inutilement de rebâtir le temple de Jérusalem, détruit depuis long-temps.*

TELS furent en gros les événemens de cette année. Julien prit pour la quatrieme fois le Consulat, & partagea cette dignité avec Salluste, Préfet des Gaules. Il parut étrange qu'il s'associât un homme de condition privée, & depuis Dioclétien & Aristobule on n'avoit rien vu de pareil.

Nonobstant les inquiétudes que causoit à Julien la crainte des divers incidens qu'il prévoyoit, il n'en pressa pas moins avec ardeur les nombreux préparatifs de l'expédition qu'il médi-

K v

toit ; son activité s'étendant même à tout, il forma pour s'immortaliser par des monumens qui lui survécussent, le dessein de rebâtir à grands frais, le temple superbe de Jérusalem qui, après bien des combats meurtriers livrés pendant le siege qu'en fit Vespasien, fut enfin détruit par Titus ; il chargea de cette commission Alypius d'Antioche ; (*a*) il avoit autrefois gouverné la Grande-Bretagne en qualité de Vicaire des Préfets (*b*). Pendant que cet homme secondé par le Gouverneur de la Province, pressoit extrêmement l'ouvrage, de redoutables globes de feu qui s'élancerent sans discontinuer près des fondemens, rendirent l'accès de ce lieu inaccessible aux travailleurs dont quelques-uns furent brûlés ; & l'obstination des flammes à repousser tout ce qui approchoit, força à se désister de l'entreprise.

L'Empereur reçut dans le même temps, & combla d'honneurs, des

─────────────

(*a*) C'est le même que nous verrons ci-après, Liv. XXIX, *Chap. 1*, accusé d'empoisonnement avec son fils Hiérocle, disciple de Libanius.

(*b*) *Voyez* ci-dessus, *Liv. XIV, Chap. 5.*

hommes aussi distingués par leur naissance que par leur mérite personnel, que Rome lui envoyoit en qualité de députés. Il résolut de faire Apronianus, Préfet de cette ville; Octavien, Proconsul d'Afrique; Venustus, Vicaire d'Espagne; il destina aussi Rufin Aradius, Comte de l'Orient, à remplacer son oncle Julien mort depuis peu. Après avoir fait, ainsi qu'on en étoit convenu, ces arrangemens, Julien fut effrayé par un présage très significatif & que l'événement vérifia; car Félix Grand-Trésorier, mourut promptement d'une hémorragie; le Comte Julien le suivit de près, & le peuple faisant attention aux inscriptions publiques, nommoit tout haut, *Félix Julien & Auguste*. Ce présage avoit été précédé d'un autre non moins sinistre; car le premier jour de Janvier, pendant que le Prince montoit au temple du Génie, le plus ancien des prêtres, sans que personne l'eût poussé, tomba, & rendit l'esprit; les assistans, soit par ignorance, soit pour faire leur cour, dirent que c'étoit la fin de Salluste comme du plus vieux des Consuls, que cet accident présageoit;

mais il parut bien, que c'étoit la mort prochaine non du plus âgé, mais du plus puissant qu'il annonçoit. De moindres signes se joignirent encore à ceux-ci. Dès le commencement de la campagne qu'on préparoit contre les Perses, on apprit que Constantinople avoit été ébranlée par un tremblement de terre. Les experts regarderent cet événement, comme de mauvais augure pour le Prince qui se disposoit à entrer dans un pays ennemi. Ils firent donc tous leurs efforts pour le détourner d'une entreprise qui étoit hors de saison ; ils assuroient que de pareils présages ne doivent être méprisés, que lorsque des forces étrangeres nous attaquent, parce que c'est alors un devoir au dessus de toute exception, que celui de se défendre sans le moindre délai. On lui écrivit encore dans le même temps, que les livres de la Sybille qu'il avoit ordonné de consulter à Rome à l'occasion de cette guerre, lui défendoient clairement d'abandonner pendant cette année les frontieres.

## CHAPITRE II.

*Arsace, Roi d'Arménie, reçoit l'ordre de se préparer à la guerre contre les Perses. Julien passe l'Euphrate avec son armée & les troupes auxiliaires des Scythes.*

Au milieu de ces occupations, des députés de plusieurs nations vinrent lui offrir leurs secours. Julien les accueillit gracieusement, mais plein de confiance en ses propres forces, il les remercia, sous le spécieux prétexte, qu'il n'étoit pas de la décence, de venger avec des secours étrangers, l'empire Romain qui devoit plutôt assister de ses forces ses alliés, lorsque la nécessité les obligeoit à implorer son secours. Arsace, Roi d'Arménie, fut le seul que l'Empereur chargea de rassembler un puissant corps de troupes & d'attendre les ordres qu'il lui donneroit bientôt, tant pour la marche, que pour la conduite qu'il auroit à tenir. Saisissant donc prudemment la premiere occasion de surprendre l'ennemi & d'entrer sur ses terres, Julien dès le commencement du printemps, envoya de tous côtés l'ordre du départ, & enjoignit à ses différens corps de passer l'Euphrate.

Tous sortent aussitôt de leurs quartiers d'hiver, traversent le fleuve, selon les instructions du Prince, & se rendent aux postes où ils doivent l'attendre. Sur le point de quitter Antioche, il nomma Gouverneur de la Syrie, un certain Alexandre d'Heliopolis, homme cruel & tracassier. *Je sais bien*, dit Julien, *que cet homme n'est pas digne de cette place ; mais les habitans d'Antioche, avares & insolens comme ils sont, méritent un tel juge.*

Au moment de son départ une grande foule l'accompagna, & en lui souhaitant un heureux voyage, & un glorieux retour, elle le conjura de reprendre des sentimens plus doux pour leur ville ; Julien irrité encore des outrages & des sarcasmes qu'il avoit essuyés, leur parla durement, & leur déclara même qu'ils ne le reverroient plus, puisqu'il avoit résolu de prendre à la fin de la campagne, le chemin le plus court, pour passer l'hiver à Tarse en Cilicie, qu'en conséquence il avoit écrit & ordonné au Président Memorius de faire dans cette ville les arrangemens nécessaires; l'événement justifia peu après les menaces de Julien, car son corps fut transporté dans cette ville & inhumé dans le fauxbourg, sans pompe & sans appareil, ainsi qu'il l'avoit ordonné.

Julien partit donc, à l'approche de la belle saison, le cinquieme de Mars, & arriva par la route ordinaire à Hiérapolis (a); au moment où il entra dans cette grande ville, le portique qui étoit à gauche, s'affaissa tout d'un coup, & cinquante soldats qui étoient dessous, sans compter plusieurs personnes qui furent estropiées, périrent sous le poids des pierres & des poutres. De là, après avoir rassemblé tout son monde, il vola en Mésopotamie pour tomber à l'improviste sur l'Assyrie, avant que la nouvelle de sa marche qu'il avoit soigneusement cachée, se répandît. Enfin avec son armée & les

---

(a) *Bambych* ou *Bambuch. Voyez Liv. XIV, Ch. 8.*

renforts des Scythes, il paſſa l'Euphrate ſur un pont de bateaux & vint à Batné (*b*), ville municipale de l'Oſdroëne, où il fut témoin d'un prodige effrayant; car un grand nombre de valets de l'armée s'étant arrêtés, ſelon la coutume, pour prendre du fourage à un tas de paille extrêmement haut, & tel qu'ils ſont d'ordinaire dans ce pays, comme pluſieurs en arrachoient, cette maſſe ébranlée tomba & écraſa près de cinquante hommes ſous ſon poids.

(*b*) *Serudch. Voyez Liv. XIV, Chap. 8.*

## CHAPITRE III.

*De petits Rois Sarrasins offrent des secours & une couronne d'or à Julien qui traversoit la Mésopotamie ; la flotte Romaine forte de onze cents voiles, arrive & couvre l'Euphrate.*

JULIEN navré de cet accident se rendit à grands pas à Carræ (*a*) ancienne ville célebre par la mort des deux Crassus & (*b*) la défaite des légions Romaines. On y trouve deux grands chemins qui conduisent en Perse, l'un à gauche par l'Adiabene & le Tigre, l'autre à droite par l'Assyrie & l'Euphrate. L'Empereur s'arrêta quelques jours ici pour faire les préparatifs nécessaires, & sacrifier à la Lune, divinité qu'on adore dans ces contrées ; on dit qu'en présence des

---

(*a*) Aujourd'hui *Kara*, *Charran*, *Harran* ou *Horan* dans le Gouvernement d'Urfa dans la Turquie Asiatique.

(*b*) *Voyez Florus*, Liv. III, Chap. 12. *Plutarque*, dans la *Vie de Crassus*, *Entrope*, Liv. VI, Chap. 18.

autels il remit en secret son manteau royal à son parent Procope, & lui ordonna de prendre résolument les rênes de l'empire, s'il apprenoit qu'il fût mort en combattant contre les Parthes. Julien fut tourmenté dans cette ville par des songes qui lui annonçoient quelque catastrophe ; d'accord avec les interpretes qui réfléchirent sur ces présages, il résolut d'observer ce qui se passeroit le jour suivant qui étoit le dix-neuvieme de Mars ; on apprit dans la suite, que cette nuit-là même, le temple d'Apollon Palatin qui est à Rome, fut réduit en cendres sous la Préfecture d'Apronianus, & que sans un puissant & prompt secours, les livres des Sibylles auroient été dévorés par les flammes.

Tandis qu'il faisoit des dispositions & pour son armée, & pour tous les convois, des coureurs vinrent hors d'haleine, lui dire, que des escadrons ennemis ayant fait une irruption sur un côté des frontieres, s'en retournoient chargés de butin. Frappé de ce cruel accident, il détacha aussitôt, ainsi qu'il l'avoit déjà résolu, ce même

Procope avec trente mille hommes d'élite, & lui donna pour collegue le Comte Sebaſtien qui avoit été Duc d'Egypte ; il leur ordonna de reſter en deçà du Tigre, de garder ſoigneuſement tous les paſſages, pour n'être pas aſſaillis à l'improviſte, comme cela étoit plus d'une fois arrivé ; il les chargea encore de ſe joindre s'il étoit poſſible à Arſace, & de concert avec lui, après avoir ravagé Chiliocome contrée de la ſéconde Médie, & les autres parties de ce pays, de revenir au plutôt par la Cordouene & la Moxoene, en Aſſyrie où il ſeroit, pour l'aſſiſter ſelon le beſoin.

Après avoir pris ces meſures, il feignit de marcher vers le Tigre, car il avoit, à deſſein, fait aſſembler beaucoup de vivres ſur cette route, mais il prit à droite & fit halte pendant la nuit. Dès le matin il demanda, ſelon ſa coutume, un cheval ; celui qu'on lui préſenta ſe nommoit Babylonien ; cet animal tourmenté de douleurs d'entrailles, s'abattit, & ſe roulant par terre, détacha & répandit l'or & les pierreries dont il étoit couvert. Julien ravi de joie à la vue de ce prodige s'écria, *voilà Babylone tombée, & dépouillée de ses ornemens*. Les favoris applaudirent à cette prédiction. Il s'arrêta là quelques temps pour assurer ce présage par des sacrifices, & se rendit ensuite au fort Davane. C'est dans cet endroit que le fleuve Belias prend sa source pour se jeter dans l'Euphrate. Julien y passa la nuit, & vint le lendemain à Callinice (*c*) place forte & agréable par la richesse de son commerce; il y vaqua selon l'usage, aux mysteres de Cybele qu'on célebre à Rome le 27 de Mars; on y lave, à ce qu'on dit, le char qui porte la statue de la Déesse, dans les eaux de l'Almon (*d*). Après un léger sommeil, il se réveilla & passa gaiement le reste de la nuit. Le lendemain il côtoya avec son armée les bords du fleuve qui commençoit à s'enfler des eaux étrangeres qui s'y rendent de tous côtés, & campa à un certain endroit sous des tentes. De petits Rois Sar-

(*c*) Présentement *Raca* ou *Racca*, dans le Gouvernement d'Urfa ou de Racca dans la Turquie Asiatique. L'Empereur Léon de Thrace fit porter à cette place, dans le cinquieme siecle, le nom de *Leontopolis*.

(*d*) *Voyez Lucain, Liv. I, v. 600.*

rafins vinrent fe profterner à fes pieds, & lui préfenter une couronne d'or comme au maître du monde & de leur nation. Il les reçut gratieufement, parce que ces peuples font très propres aux coups de main. Pendant qu'il leur donnoit audience, on vit paroître une flotte pareille à celle du puiffant Xerxès. Le Tribun Conftantien & le Comte Lucilien la conduifoient; elle fembloit refferrer le vafte fleuve de l'Euphrate & étoit compofée de mille vaiffeaux de charge, de différente conftruction, abondamment chargés de vivres, de traits, & de machines néceffaires aux fieges. Cinquante vaiffeaux de guerre & cinquante autres deftinés à faire des ponts, la fuivoient.

## CHAPITRE IV.

*Description des machines propres à l'attaque des murailles, telle que la balliste, le scorpion, l'onagre, le bélier, l'hélepole.*

La nature même de cette histoire semble demander que je décrive succinctement & aussi bien que j'en suis capable, pour l'instruction de ceux qui ne les connoissent pas, ces différentes machines ; commençons par la balliste (*a*). On ajuste entre deux ais, un fer épais, large & fait en façon d'une grande regle ; du milieu de ce fer poli, fort ou déborde dans une longueur assez considérable une espece de style quarré qui a dans toute sa longueur une petite rainure ; (*b*) ce style tient en deçà à plusieurs cordes de boyaux bien torses ; on y ajuste ensuite avec art deux

---

(*a*) Il est incontestable qu'Ammien décrit ici la *Catapulte* sous le nom de *Balliste*. *Voyez les Mémoires de l'Académie Royale des Sciences & Belles-Lettres de Berlin*, ann. 1760.

(*b*) C'est ce canal nommé autrement *Syrinx*.

noix de bois ; celui qui sert cette machine & qui se tient à côté d'une des noix, met adroitement dans le creux du timon ou du style, une fleche de bois garnie au bout d'un large dard, puis de jeunes gens robustes tournent rapidement, chacun de son côté, un moulinet ; dès que la corde est tendue au plus haut point, la fleche poussée par la détente intérieure de la balliste, part avec tant de rapidité qu'il en sort quelquefois des étincelles, & que très-souvent on se sent percé du trait mortel avant que de l'avoir apperçu.

Voici quelle est la forme du scorpion qu'on appelle aujourd'hui onagre. On polit deux ais de chêne ou d'yeuse, on les courbe légérement & de maniere qu'ils s'arrondissent en bosse ; on les joint ensuite, comme on joint les bois d'une machine à scier, après y avoir fait de chaque côté, de larges ouvertures par lesquelles passent de grosses cordes qui les tiennent étroitement unis ; du milieu de ces cordes s'éleve obliquement un style de bois, dressé comme le timon d'un chariot & attaché aux nœuds de ses cordes, de façon qu'il puisse être haussé &

baissé; on adapte à l'extrémité de ce style des crochets de fer, auxquels tient une fronde de fer ou de corde; on assujettit ensuite solidement devant le style, un gros sac bien rempli de paille hachée, & on place la machine sur des tas de gazon, ou sur un amas de terre; car si on l'asseyoit sur des pierres, elle écarteroit tout ce qui seroit sous elle, non par son poids, mais par la violence de la secousse.

Lors donc qu'il s'agit de combattre, après qu'on a mis des pierres rondes dans la fronde, quatre jeunes gens qui se tiennent derriere, tournent les manivelles qui font agir les cordes & baissent presque jusqu'à terre le style; enfin celui qui fait jouer la piece & qui se tient sur une petite éminence, lâche d'un grand coup de marteau la serrure qui lie toutes les parties de l'ouvrage; le style part aussitôt avec rapidité, frappe le sac de paille, & lance les cailloux destinés à briser tout ce qu'ils rencontrent. On appelle cette machine *Tormentum*, parce que tout son effet dépend de la force avec laquelle on a tordu les cordes qui la font agir. On la nomme aussi scorpion de de la pointe qui est au haut. Dans des temps plus nouveaux, on lui a donné le nom d'onagre tiré des ânes sauvages qui lorsqu'ils fuient, jettent à une grande distance derriere eux, des pierres qui brisent la poitrine, ou écrasent la tête de ceux qui les poursuivent.

Passons au bélier. On choisit un grand frêne ou sapin, dont on garnit une des extrémités d'un fer long & épais qui imite par devant la tête d'un bélier, ce qui lui a fait donner le nom de cet animal; cette poutre ainsi suspendue des deux côtés, comme une balance sur des chevrons garnis de fer qui traversent, est encore fortement liée à une autre. On la retire ensuite autant que l'espace le permet, & semblable à un bélier qui se hausse & frappe, on la pousse à force de bras contre tout ce qu'elle doit renverser. Ces coups redoublés, tels que la foudre, entr'ouvrent les édifices & abattent les murs. Cette machine si elle est vigoureusement poussée, & si la plate-forme des murs est dégarnie de défenseurs qui ne rompent pas son effet, ne manque pas

*Tome II.* L

d'ouvrir les places les mieux fortifiées. On a substitué à ces béliers, si communs qu'on les méprise à présent, une machine connue des historiens & que nous autres Grecs nommons hélépole; c'est du fréquent usage qu'en a fait Démétrius fils du Roi Antigone, en attaquant Rhodes & d'autres villes, qu'est venu à ce Prince le surnom de Poliorcete. En voici la construction.

On fait avec de longues & fortes poutres liées par de gros clous de fer, une immense tortue; on la couvre de cuirs de bœufs, & de branches d'osier nouvellement coupées dont on enduit la surface de boue, afin qu'elle résiste aux dards & aux traits enflammés; le front en est garni de pieces de fer massives à trois pointes, extrêmement aiguës, & telles que les peintres ou les statuaires nous représentent les foudres, de sorte qu'elles percent & rompent tout ce qu'elles frappent. Beaucoup de soldats renfermés sous cette machine la dirigent avec des roues & avec des cordes, pour la conduire contre la partie des murailles qui est la plus foible; que si alors les assiégés qui se trouvent au haut des murs ne sont pas en état d'en détourner promptement l'effet, elle ne tarde pas à faire une très-grande breche.

Voici quelle est la figure des maillets, qui sont une espece de dards enflammés. On prend une fleche de roseau qu'on couvre de plusieurs bandelettes de fer, on lui donne la figure de ces quenouilles dont les femmes se servent pour filer le lin ; on y fait un ventre creux & ouvert dans plusieurs endroits, pour le remplir de diverses matieres combustibles. Si le maillet part ensuite lentement ( car trop de rapidité l'éteint aussitôt ) & s'attache quelque part, il brûle avec opiniâtreté, sa flamme augmente même par l'eau qu'on y jette, & il n'y a que la poussiere ou le sable qui l'éteigne. Revenons à notre sujet.

## CHAPITRE V.

*Julien Auguste passe près de Cercusium avec toutes ses troupes, le fleuve Aboras sur un pont de bateaux & harangue son armée.*

L'Empereur après avoir mandé les Sarrasins qui offrirent avec empressement leur secours, marcha rapidement & entra au commencement d'Avril dans Cercusium (*a*); c'étoit une place forte & artistement ornée; l'Abora (*b*) & l'Euphrate qui l'environnent en font une espece d'île. Dioclétien lorsqu'il s'occupa du soin d'assurer nos frontieres contre les entreprises des barbares, & pour empêcher les Perses de ravager la Syrie & d'y causer d'aussi grands maux qu'ils avoient fait auparavant à nos provinces, environna de tours & de murailles cette ville qui alors étoit petite & peu sure; car un

---

(*a*) *Karkisia*, dans le Gouvernement d'Urfa dans la Turquie Asiatique.

(*b*) *Voyez ci-dessus*, Liv. *XIV*, Chap. 3.

jour qu'en pleine paix un Comédien & sa femme jouoient à Antioche sur le théâtre, & charmoient tous les spectateurs, l'acteur s'écria : *Femme, ou c'est un songe, ou je vois les Perses* ; le peuple tournant aussi-tôt les yeux, prit la fuite pour éviter les traits qu'on lui décochoit. La ville fut embrasée, plusieurs habitans qui marchoient avec sécurité par les rues, furent massacrés, & les environs incendiés à une grande distance ; les ennemis chargés de butin retournerent ensuite impunément chez eux, après avoir brûlé vif Maréades qui leur avoit indignement servi de guide contre ses concitoyens. Ceci arriva sous Gallien.

Julien pendant qu'il étoit encore à Cercusium pour donner à son armée & au bagage le temps de passer le pont de bateaux jeté sur l'Abora, reçut de fâcheuses lettres de Salluste Préfet des Gaules : cet Officier le prioit de suspendre son expédition contre les Parthes, & le conjuroit de ne pas s'exposer aussi légérement à une perte certaine, avant de s'être rendu les Dieux favorables ; mais Julien méprisa ce prudent conseil, & continua sa marche avec encore plus d'assurance. Aucune force ni prudence humaine ne réussit jamais à déranger les arrêts du destin. A peine eut-on passé le pont, que l'Empereur le fit détruire pour ôter à ses soldats l'espoir de retourner en arriere. On eut encore ici un présage sinistre : c'étoit le cadavre d'un Appariteur exécuté par la main du bourreau. Le Préfet Salluste avoit condamné à la mort ce malheureux qu'un obstacle imprévu empêcha de livrer au jour marqué les vivres qu'il avoit promis. On vit cependant le lendemain de son supplice arriver, ainsi qu'il l'avoit assuré, une flotte abondamment chargée de provisions. Nous partîmes donc de là & vînmes à Zaitha, mot qui signifie un olivier; nous y vîmes le tombeau de l'Empereur Gordien : nous avons, dans l'histoire de ce Prince, parlé selon l'ordre des temps, de son enfance, de ses exploits militaires & de sa fin tragique. Julien sacrifia ici avec son respect naturel, aux manes de cet Empereur ; marchant ensuite sur la ville déserte de Dura, il s'arrêta à la vue d'un gros corps de soldats qui lui préfenterent un lion qui étoit venu fondre fur l'armée, & qu'on avoit percé de coups.

Cet augure paroiſſant promettre au Prince de brillans fuccès, il continua fa route avec plus de confiance. Les deſtinées tromperent cependant fon eſpoir. Il étoit fans doute bien clair que ce préfage annonçoit la mort d'un Roi, mais il étoit incertain de quel Roi il s'agiſſoit. Car nous voyons des oracles équivoques que l'événement feul a expliqués, comme celui de Delphes qui prédit à Créfus qu'après avoir paſſé le fleuve Halys il détruiroit un grand Royaume; cet autre qui ordonna ambigument aux Athéniens de s'embarquer pour combattre contre les Medes; enfin celui-ci qui bien que vrai n'en étoit pas moins fuſceptible de deux fens: *Ajo te Æacida*, &c. Les Arufpices Etrufques qui fuivoient l'armée, inſtruits dans la connoiſſance de ces prodiges, & voyant qu'on n'ajoutoit pas foi aux raifons qu'ils alléguoient pour détourner de cette entreprife, produifirent enfin leurs livres facrés qui repréfentoient ce figne comme défavorable & funeſte à tout Prince qui paſſoit, quelque juſte ſujet qu'il en eût, dans un pays étranger. Mais leurs avis furent mépriſés par les Philoſophes dont l'autorité étoit très-puiſſante, quoiqu'ils ſe trompent quelquefois & ſoutiennent avec obſtination ce qu'ils n'entendent pas. Ils alléguoient en preuve de leur opinion, qu'on avoit pareillement préſenté à Maximien, ci-devant Céſar, au moment où il alloit combattre Narſée Roi de Perſe, un lion & un ſanglier d'une grandeur conſidérable qu'on avoit maſſacrés, & que ce Prince avoit cependant heureuſement triomphé de ſes ennemis. Mais ces Philoſophes ne faiſoient pas attention que ce prodige annonçoit la perte de celui qui vouloit envahir le bien d'autrui, & que Narſée avoit le premier attaqué l'Arménie qui appartenoit aux Romains.

Le jour ſuivant qui étoit le 7 d'Avril, le ſoleil commençant à baiſſer, il arriva qu'une petite nuée épaiſſit l'air au point que la lumiere diſparut, & après un bruit effrayant de tonnerre & des éclairs ſans nombre, un ſoldat nommé Jovien, fut frappé de la foudre avec deux chevaux qu'il ramenoit de la rivière où il les avoit abreuvés. Les interpretes consultés sur cet accident, répondirent encore qu'il ne falloit pas poursuivre l'entreprise; que la foudre pouvoit être regardée dans cette occasion comme un conseiller, (car c'est ainsi qu'on nomme les signes qui encouragent à faire une chose ou qui en dissuadent); qu'on devoit d'autant plus y faire attention, que le soldat qui venoit de périr avec des chevaux de combat, portoit un nom illustre, & que les livres qui traitent des présages de la foudre, décident qu'on ne doit pas même approcher des lieux qu'elle a frappés. Les Philosophes soutenoient au contraire, que l'éclat de la foudre qu'on avoit subitement vue ne signifioit rien, que ce n'étoit qu'une matiere fort subtile qui s'étoit détachée de l'éther, ou que si elle préságeoit quelque chose, c'étoit un accroissement de gloire pour l'Empereur, quisqu'on savoit que le feu s'éleve naturellement & malgré tous les obstacles.

Après que l'armée eut, ainsi que nous l'avons dit, défilé par le pont, Julien, vu le courage & l'assurance

L v

avec laquelle les soldats suivoient leur chef, regarda comme essentiel de les haranguer. On assembla donc au son des trompettes les centuries, les cohortes & les manipules, & l'Empereur montant sur un tertre de terre & environné des principaux Officiers, adressa d'un air serein ces paroles à cette multitude attentive. « Braves
» guerriers, le courage & la joie que
» vous témoignez m'engagent à vous
» entretenir, pour vous prouver par
» des exemples, que ce n'est pas la
» premiere fois, ainsi que le disent
» tout bas des personnes mal inten-
» tionnées, que les Romains sont en-
» trés en Perse ; car sans parler de
» Lucullus & de Pompée, qui après
» avoir traversé l'Albanie & le pays
» des Messagetes que nous nommons
» aujourd'hui les Alains, ont pénétré
» en force dans ces contrées jusqu'à
» la mer Caspienne, nous savons que
» Ventidius, Lieutenant d'Antoine,
» a remporté des victoires sans nom-
» bre dans ce pays ; mais laissant là
» l'antiquité, je ne vous parlerai que
» d'événemens récens.

» Trajan, Verus & Sévere en sont

» revenus vainqueurs & couronnés
» de lauriers. Le jeune Gordien dont
» nous venons d'honorer le tombeau,
» s'en feroit également retourné cou-
» vert de gloire après avoir vaincu &
» mis en fuite près de Refaine (c) le
» Roi des Perfes, fi la faction du Pré-
» fet du Prétoire Philippe, foutenue
» de quelques fcélérats, ne l'avoit pas
» indignement maffacré. Ses manes
» n'ont pas erré long-temps fans être
» vengés, puifqu'on a vu, comme fi
» la juftice elle-même fe fût chargée
» de ce foin, tous fes affaffins périr
» dans d'horribles tourmens (d). Ce
» ne fut pourtant que l'amour feul
» de la gloire qui porta les hommes
» célebres que je viens de nommer à
» ces belles actions ; mais nous, c'eft
» la défolation récente de nos villes,
» le maffacre de nos armées, la gran-
» deur de nos pertes, la prife de nos
» places fortes, qui nous appellent

(c) Préfentement *Rées-Ain*, dans le Gouvernement d'Urfa dans la Turquie Afiatique.

(d) Jules Capitolin remarque dans la vie de Gordien, d'après le témoignage de Cordus, que chaque
meurtrier de ce jeune Prince, & ils étoient au nombre de neuf, mourut de fa propre main. *Voyez auffi
Aurélius Victor, C. XXVI des C.*

» à la vengeance : répondons aux
» vœux de nos concitoyens ; répa-
» rons les maux passés, & en assurant
» de ce côté avec honneur le repos
» de la République, laissons à la pos-
» térité des sujets de parler avanta-
» geusement de nous.

» Toujours à votre tête, & com-
» battant avec vous, vous me verrez,
» sous le bon plaisir du ciel, vous
» seconder, & j'espere que ce ne sera
» pas sans succès. Que si la fortune
» inconstante décide de mon sort &
» me fait succomber dans le combat,
» je mourrai satisfait de m'être dé-
» voué pour la patrie, en marchant
» sur les traces des Curtius, des Mu-
» tius & de la race illustre des Decius.
» Nous avons à détruire une nation
» très dangereuse & dont les armes
» sont encore teintes du sang de nos
» amis. Nos ancêtres ont employé bien
» des années à surmonter tout ce qui
» les inquiétoit. Carthage n'a été vain-
» cue qu'après des guerres longues &
» douteuses, & le Chef célebre qui
» en triompha, craignit de la laisser
» survivre à sa victoire. Scipion après
» les hasards & les dangers d'un long

» siege a renversé Numance. Rome a
» détruit les Fidenates ses émules, de
» peur qu'ils ne reprissent de nou-
» veaux accroissemens ; elle a encore
» tellement opprimé les Falisques &
» les Veyens, qu'à peine pouvons-
» nous, malgré les monumens qui
» nous en restent, nous imaginer que
» ces peuples ayent été autrefois re-
» doutables.

» Tels sont les exemples que nous
» offre l'histoire. Tenez-vous seule-
» ment en garde contre l'avidité du
» pillage, qui a souvent été un appât
» funeste au soldat Romain ; marchez
» toujours en ordre, & lorsque vous
» en viendrez aux mains, ne quittez
» jamais vos drapeaux : comptez que
» quiconque s'en écartera, je l'aban-
» donnerai, après lui avoir fait cou-
» per les jarrets. Je ne crains que les
» pieges & les embuches de nos rusés
» ennemis. Au reste, je vous promets
» à tous, qu'après que nous aurons
» heureusement terminé cette entre-
» prise, sans me prévaloir des droits
» qu'ont les Princes, en vertu de leur
» autorité, de regarder comme juste
» ce qu'ils disent ou ce qu'ils ordon-

» nent, je répondrai à quiconque
» l'exigera sur tout ce qu'il croira
» avoir été bien ou mal fait. Prenez
» donc courage, je vous en conjure;
» espérez tout, partagez également
» avec moi le danger, & comptez que
» la victoire est pour l'ordinaire la
» compagne fidelle de l'équité. »

Ce discours si agréablement terminé, remplit les soldats d'espérance & de joie; ils éleverent leurs boucliers, en criant qu'ils ne connoissoient ni travaux ni dangers sous un chef qui se chargeoit de plus de fatigues que le simple soldat. Les Gaulois se distinguerent sur-tout par les témoignages d'allégresse qu'ils donnerent; ils se rappelloient que Julien étant à leur tête & les animant, ils avoient vu des nations vaincues, & d'autres forcées à implorer leur pitié.

## CHAPITRE VI.

*Description des dix-huit principales Provinces du Royaume de Perse, des villes de chacune de ces Provinces, & des mœurs de cette Nation.*

LA circonstance m'oblige à donner une idée de la situation de la Perse; ceux qui peignent les nations l'ont agréablement décrite, très-peu l'ont fait sans s'écarter du vrai. Ce que j'en dirai sera un peu long; mais il n'en contribuera que mieux à donner une connoissance exacte de ce pays. Quiconque se pique d'une grande briéveté en racontant des choses peu connues, s'occupe plus de ce qu'il doit passer sous silence, que de ce qu'il conviendroit d'exposer avec clarté.

Ce Royaume anciennement petit, reçut, par les raisons que nous avons déjà plus d'une fois indiquées, diverses dénominations. A la mort d'Alexandre le Grand, qui termina ses jours près de Babylone, il prit le nom de Parthe, d'Arsace, homme obscur, qui après avoir commencé dans sa jeunesse par être chef de brigands, embrassa dans la suite un genre de vie plus louable, & s'éleva à la gloire par plusieurs belles actions. C'est lui dont la bravoure & le courage triompherent du Successeur d'Alexandre Seleucus Nicator, ainsi nommé à cause des nombreuses victoires qu'il avoit remportées, chassa les garnisons Macédoniennes, & vécut ensuite tranquillement en gouvernant avec douceur ceux qui se soumirent à lui. Enfin, après avoir subjugué tous ses voisins, soit par son équité, soit par la crainte qu'il leur inspira, après avoir rempli la Perse de villes, de châteaux & de forts, & accoutumé à respecter son joug, ceux même qu'il craignoit autrefois, il termina paisiblement ses jours au milieu de sa carriere. Il fut le premier qui, du consentement unanime des Grands & du peuple, fut, par une apothéose conforme à leur culte, placé (de l'aveu même des Perses) parmi les astres; & c'est aussi de-là qu'il faut dater les titres de frere du Soleil & de la Lune que prennent les Rois superbes de cette nation ; car comme nos Empereurs ambitionnent le nom d'Auguste & s'en honorent, de même les grands exploits d'Arsace ont rendu son nom d'heureux présage pour les Rois des Parthes, & font encore la gloire de ces Princes autrefois si vils & si méprisés. Aussi les Perses le vénerent-ils comme un Dieu, & cela par des honneurs si marqués, qu'ils choisissent pour leur Roi, préférablement à tout autre, quiconque est de la race des Arsacides : dans les contestations civiles, qui sont très-fréquentes chez cette nation, on évite comme on évite un sacrilege, de frapper un Arsacide qui est armé, fût-il même de condition privée. Il est assez connu que les Parthes, après avoir triomphé de plusieurs peuples, s'étendirent jusqu'à la Propontide & aux Thraces ; mais l'extrême orgueil de leurs Princes, qui porterent leurs armes plus loin qu'ils ne devoient, leur fit essuyer de très-grandes pertes. D'abord Cyrus qui passa le Bosphore avec une armée que la fiction a beaucoup exagérée, fut tué par Tomyris, Reine des Scythes, qui vengea cruellement sur lui la mort de ses fils (*a*). Dans la suite Darius, & après lui Xerxès qui voulut changer l'usage des élémens, attaquerent les Grecs, perdirent presque toutes leurs armées de terre & de mer, & échapperent à grand peine eux-mêmes au péril, sans parler des guerres d'Alexandre & de son testament qui livra la nation entiere à un seul successeur. Long-temps après sous nos Consuls, & dans la suite lorsque la République obéissoit aux Césars, ces peuples dans les divers combats qu'ils soutinrent contre nous, furent tantôt vaincus & tantôt vainqueurs. Disons un mot, autant que cela convient à notre sujet, de la partie topographique de ce pays.

Ces immenses contrées embrassent la célebre mer de Perse (*b*) qui offre de tous côtés des îles; on dit l'entrée de cette mer si étroite, que du Pro-

---

(*a*) *Justin*, Liv. I, Chap. 8, & *Valere-Maxime*, Liv. 9, Chap. 10, disent positivement que Tomyris n'avoit qu'un fils.

(*b*) C'est cette partie de l'Océan oriental qui s'étend depuis le golfe d'*Ormus* jusqu'à l'embouchure du fleuve *Indus*.

montoire Harmozonte (c), situé dans la Carmanie, on en découvre sans peine un autre qui est à l'opposite & appellé par les habitans Maces (d). En sortant de cette espece de gorge, la mer s'élargit extrêmement, & est navigable jusqu'à la ville de Teredon (e), où l'Euphrate après avoir beaucoup perdu de ses eaux, se confond avec elle. L'étendue des côtes qui décrivent une espece de cercle est de vingt mille stades; on y voit quantité de villes & de villages, & une grande affluence de vaisseaux. Au sortir du détroit dont nous venons de parler, se trouve à l'Orient le golfe d'Arménie (f), celui de Cantiche (g) au Midi, & au Couchant un autre peu

(c) *Gomron* ou *Bender Abassi* dans le Kirman paroit être l'ancienne *Harmozonte*.

(d) Aujourd'hui *Mocandon* dans l'Arabie heureuse.

(e) On trouve à deux mille pas de *Bassra* ou *Bassora* dans la Turquie Asiatique, des ruines qu'on croit être celles de *Teredon*.

(f) Ammien donne ce nom à la partie de la mer Caspienne qui étoit à l'Orient de la grande Arménie.

(g) Aujourd'hui *Golfe du Sindi*.

éloigné qu'on nomme Chalite (*h*); de-là baignant plusieurs îles dont très-peu sont connues, ces golfes se joignent par la mer de l'Inde à l'Océan, qui reçoit les premiers rayons du Soleil, & qui lui-même est une mer très-chaude.

Selon l'idée qu'en donnent les Géographes, tout cet espace se divise de la maniere suivante: du côté du Septentrion jusqu'aux portes Caspiennes (*i*) il confine aux Cadusiens (*k*), à plusieurs autres nations Scythes, & aux Arimaspes (*l*), hommes borgnes & cruels; il touche du côté du Couchant les Arméniens, Niphate (*m*),

(*h*) Ou *Sachaliten*, son nom est dans les Géographes Arabes *Giun al-Hascic*, ou Golfe aux Herbes.

(*i*) C'est cette partie du mont Taurus qui traverse la Province d'*Erack-Atzem*, & est au Midi de la mer Caspienne.

(*k*) On croit que c'est *Ceia* ou *Cochan* dans la province d'*Erack-Atzem*, à trente lieues au Nord d'Hispahan.

(*l*) Ceux d'*Erim* dans la partie septentrionale du petit Catay.

(*m*) Montagne de la grande Arménie qui donne naissance, selon Strabon, au fleuve du Tigre.

les Albaniens (*n*) placés dans l'Asie, la mer Rouge (*o*) & les Arabes Scénites que l'on a appellé dans la suite les Sarrasins; il a au Midi la Mésopotamie (*p*); opposé à l'Orient il s'étend jusqu'au fleuve du Gange, qui partage les Indes & se jette dans la mer du Sud. Les plus grandes provinces de toute la Perse, ( car il seroit aussi pénible que superflu de parler des moins considérables ) gouvernées par des Généraux de cavalerie nommés Vitaxes, & par des Satrapes du Roi, sont, l'Assyrie (*q*), la Susiane (*r*), la Médie (*s*), la Perse (*t*), la Parthie (*u*), la grande Carmanie (*x*),

(*n*) L'Albanie avoit à l'Orient la mer Caspienne & au Couchant l'Iberie, c'est aujourd'hui le *Daghestan*.

(*o*) Ammien paroît se tromper ici; la mer Rouge est au Midi de ce pays, ce que confirme Pline, *H. N. Liv. VI, Chap.* 25.

(*p*) La *Mésopotamie* est visiblement au Couchant de la Perse & non au Midi.

(*q*) Présentement le *Curdistan*.

(*r*) Le *Khusistan* ou *Susistan*.

(*s*) Le nom actuel d'*Ajami-Irack* s'étend à une grande partie de cet ancien pays.

(*t*) Le *Farsistan*.

(*u*) *Erack-Atzem*.

(*x*) *Kirman*.

l'Hyrcanie (*y*), la Margiane (*z*), la Bactriane (*a*), la Sogdiane (*b*), la Sace (*c*), la Scythie qui est au-delà du mont Emode (*d*), la Serique (*e*), l'Arie (*f*), la Paropanisade (*g*), la Drangiane (*h*); l'Arachosie (*i*), & la Gedrosie (*k*).

L'Assyrie célebre par son étendue & par l'abondante variété de ses productions, est la plus voisine de notre empire; divisée autrefois en plusieurs peuples & en vastes cantons, elle ne porte à présent qu'un seul nom, &

(*y*) *Kilan*.

(*z*) C'est la partie septentrionale du Chorasan sur la riviere de *Kour*.

(*a*) Partie du *Mawaralnahra* au midi du Gehun.

(*b*) *Mawaralnahra*.

(*c*) *Sachi*, à l'entrée de la partie orientale de la Sogdiane.

(*d*) Présentement le *Dalanguet*.

(*e*) On met communément ce pays dans les Royaumes de *Tangut* & de *Niuche*, partie de la grande Tartarie.

(*f*) Paroît convenir à ce que les Perses appellent *Chorasan*.

(*g*) Baudran la place dans le Royaume de *Cabul*.

(*h*) Aujourd'hui Sigistan.

(*i*) La Province de Candahar.

(*k*) Le Meckran.

se nomme toute entiere Assyrie ; c'est là que près d'un lac, nommé Sosingite (*l*), croît au milieu des fruits & des blés, qu'on y recueille abondamment, le bitume. Le Tigre, comme s'il étoit englouti par ce lac, ne reparoît qu'après avoir roulé long-temps ses eaux sous terre. On trouve encore ici la naphte, espece de poix glutineuse & semblable au bitume. Un oiseau quelque petit qu'il soit, s'il se pose un instant dessus, périt aussi-tôt sans pouvoir s'en détacher. Cette espece de liquide une fois enflammée, brûle si opiniâtrément, qu'il n'y a que le sable qui puisse l'éteindre. Il y a aussi dans ces contrées un gouffre d'où il sort une vapeur si funeste, que la forte odeur qu'il exhale tue tous les animaux qui en approchent. Cette infection vient d'un puits profond, & ne manqueroit pas, si elle débordoit son embouchure, de rendre inhabitables par sa malignité les terres du voisinage. Il y a eu, à ce qu'on assure,

---

(*l*) Saumaise *sur* Solin, *pag.* 693, pense qu'Ammien parle ici du lac *Thospites* ou *Thonites* qui étoit dans l'Arménie & dont Justin fait mention, *Liv. XLII*, *Chap.* 3.

un pareil gouffre à Hiérapolis (*m*) dans la Phrygie ; l'exhalaison qui en sortoit, avoit une odeur si dangereuse qu'elle corrompoit tout ce qui étoit aux environs, excepté les eunuques. Laissons aux Physiciens le soin de rendre raison de ce phénomene.

Près du temple de Jupiter Asbaméen dans la Cappadoce, non loin de la ville de Thyane où naquit, comme on le rapporte, le célebre Philosophe Apollonius, est encore une fontaine qui sort d'un marais & qui, lorsque ses eaux s'enflent, s'absorbe elle-même & ne passe jamais ses bords.

Cet espace renferme l'Adiabene, connue anciennement sous le nom d'Assyrie ; sa nouvelle dénomination, qu'elle a même depuis long-temps, lui vient de ce que située entre l'Ona & le Tigre, il a toujours fallu pour y arriver, traverser ces fleuves en bateaux ; car nous disons en Grec, διαβαίνειν, pour dire, *passer, traverser* ; les anciens Auteurs sont aussi unanimes sur ce sujet : nous n'avons fait cette remarque que parce qu'on trouve

---

(*m*) *Bambuck-Kalassi*, dans l'Anatolie.

par-tout dans ce pays deux fleuves, le Diabas & l'Adiabas qui font joints par des ponts de bateaux que nous avons passés. On l'a donc nommé Adiabene, comme l'Egypte, selon Homere, & l'Inde & la Comagene, aujourd'hui l'Euphratensis, ont reçu leurs noms de leurs plus grands fleuves; l'Ibérie à présent l'Espagne, de l'Ebre, & la Bétique, du Bétis si connu.

Dans cette Adiabene est la ville de Ninus (*n*), ainsi nommée du puissant Roi Ninus, mari de Semiramis, qui régna anciennement sur la Perse; Ecbatane (*o*), Arbelles (*p*), Gaugamele (*q*), où Darius après plusieurs combats meurtriers fut enfin vaincu par Alexandre. L'Assyrie abonde en villes, telles sont Apamée (*r*), sur-

---

(*n*) On croit en trouver des traces dans un lieu nommé *Nino*, sur la rive du Tigre opposée à la position de *Mosul*.

(*o*) On en rapporte l'emplacement à *Hamedan* dans la Province d'*Erack-Atzem*.

(*p*) Aujourd'hui *Irbil* dans le *Curdistan*.

(*q*) Inconnue aujourd'hui.

(*r*) La *Mesene* supérieure comprenoit la partie méridionale de l'*Arzerum* jusqu'à Bagdad dans la Turquie Asiatique.

Tome II.                              M

nommée Mesene, Teredon (*s*), Apollonie (*t*), Vologessie, (*u*), & plusieurs autres. Les trois suivantes sont les plus belles & les plus connues, Babylone (*x*) dont Semiramis éleva les murailles avec du bitume, (car pour la citadelle ce fut l'ancien Roi Belus qui la bâtit;) Ctesiphon (*y*), que fonda jadis Vardanes; le Roi Pacore en augmenta après lui le nombre des habitans & la force des murs; il lui donna un nom Grec, & en fit une des plus belles villes de la Perse; vient ensuite Seleucie, ouvrage somptueux de Seleucus Nicator. Les Lieutenans du César Verus l'ayant prise, comme nous l'avons dit, ils en enle-

———

(*s*) On trouve des vestiges de cette ville à deux milles de Bassora en tirant du côté du désert.

(*t*) Aujourd'hui *Schereban* dans le Gouvernement de Bagdad.

(*u*) *Pline*, Liv. *VI*. Chap. 26, la nomme *Vologesocerta*, & rapporte qu'elle fut bâtie par Vologese, Roi des Parthes, qui étoit contemporain de Néron & de Vespasien.

(*x*) Le nom de *Babil* s'est conservé sur le lieu même.

(*y*) Le nouveau Traducteur de Pline Liv. VI. Ch. 26, pense qu'on retrouve cette ville dans la partie de Bagdad située sur la rive orientale du Tigre, qui le sépare d'un grand faubourg qui est à la rive occidentale, & que ce grand faubourg n'est autre que *Seleucie*.

verent la statue d'Apollon Comée, qui fut transportée à Rome & placée par les Prêtres dans le temple d'Apollon Palatin. On raconte qu'après qu'on eut enlevé cette statue & mis le feu à la ville, des soldats qui fouilloient un temple, apperçurent un petit trou; que l'ayant ouvert dans l'espoir d'y trouver un trésor, il sortit d'un gouffre profond que la science secrete des Chaldéens sut tenir fermé jusqu'alors, le principe d'une peste qui engendra sur le champ des maladies incurables dont la contagion mortelle se propagea sous le regne de ce même Verus & de Marc-Antonin, depuis les frontieres de la Perse jusqu'au Rhin & dans les Gaules.

Non loin d'ici est la Chaldée (z), pays nourricier de l'ancienne Philosophie, & selon ses habitans, le vrai berceau de l'art de la divination. Les principales rivieres qu'on y trouve, sont outre celles que nous avons déjà nommées, la Marsés (a), le fleuve

(z) La Chàldée est comprise aujourd'hui en grande partie dans le Gouvernement de Bagdad.

(a) D'autres le momment *Maarsares*. Bochart pense que c'est le *Narraga* de Pline qui est indiqué

Royal & l'Euphrate, la plus considérable de toutes. Ce fleuve se partage en trois branches; partout navigable, il environne plusieurs îles dont il arrose & fertilise les campagnes, bien mieux que ne pourroit faire l'industrie des cultivateurs. Les Susiens (*b*) confinent à ces contrées ; ils ont peu de villes, les principales sont Suze (*c*), qui a souvent été le domicile des Rois; Arsiane (*d*); Sele (*e*), & Arache (*f*); les autres sont petites & peu connues. Il y a plusieurs rivieres dans ce pays; les plus remarquables sont l'Oroates (*g*), l'Harax (*h*),

dans les Cartes modernes comme se jetant dans le Tigre, bien au-dessous de sa jonction avec l'Euphrate.

(*b*) Aujourd'hui *Chusistan* ou *Susistan*.

(*c*) *Suster* ou *Tuster*.

(*d*) On en retrouve des vestiges dans le nom d'*Arzac*.

(*e*) Inconnue.

(*f*) Dom Calmet conjecture que c'est du nom de cette ville que vient celui de la Province *Iraque* ou *Eraque*.

(*g*) Dans la Géographie actuelle *Tab*.

(*h*) Ammien selon les Freres Valois, a pris ici la ville de *Charax* dans la Susiane, pour un fleuve ; Baudran dit que c'est *Camata*, ou *Cormon* dans le Chusistan.

la Mesée (*i*); elles passent par les détroits sabloneux qui séparent la mer Rouge de la mer Caspienne, & se jettent ensuite dans le vaste Océan. Mais sur la gauche la Médie touche à la mer d'Hyrcanie (*k*). L'histoire nous dit que ce Royaume avant le regne du grand Cyrus & les accroissemens de la Perse, devint le maître de toute l'Asie, après avoir subjugué les Assyriens dont la plupart des bourgades changerent sous sa domination leurs noms en celui d'Acropatene (*l*). Cette nation guerriere, & encore à l'heure qu'il est la plus redoutable après les Parthes, qui seuls peuvent la vaincre, occupe un pays de forme carrée. Ses habitans sont répandus fort au loin, au pied des monts qu'ils appellent Zacra (*m*), Oronte (*n*) & Jason (*o*).

(*i*) Selon Ptolomée c'est le *Moseus* qui se décharge dans le Golfe Persique ou de Bassora.

(*k*) La mer Caspienne.

(*l*) *Aderbigian*, on la trouve aussi sous le nom d'*Atrib-Kan* dans un Géographe Arabe.

(*m*) Ou plutôt *Zagros*; les Turcs appellent aujourd'hui cette chaîne de montagnes *Tag-Aiaghi*.

(*n*) *Eruend*, ou *Eluend* dans le Churdistan.

(*o*) Partie du Taurus, il étoit au Midi de la Médie & au Couchant des Portes Caspiennes.

La partie occidentale de la très-haute montagne Corone (*p*) qu'ils occupent aussi, abonde en blés, en vignobles, en rivieres & en sources limpides : ils ont de beaux pâturages, des chevaux vigoureux que ces hommes robustes se plaisent (au rapport d'anciens Historiens & nous en avons été témoins) à monter lorsqu'ils vont au combat ; ils les appellent Niséés. Il y a ici, comme en Médie, des villes, des bourgs bâtis en forme de cités, & beaucoup d'habitans. En un mot c'est la plus fertile demeure des Rois. On y voit encore les champs fertiles des Mages : & puisque l'occasion s'en présente, nous nous arrêterons un moment aux opinions & aux divers genres d'études de ces hommes.

La magie, selon Platon, cet Auteur respectable de tant d'excellentes opinions, est en terme mystique, la Machagistie, c'est à dire, le culte très-épuré des Dieux ; Zoroastre Bactrien profitant anciennement des mysteres des Chaldéens, a beaucoup ajouté à cette science ; elle fut encore perfec-

(*p*) Autre partie du Taurus qui étoit entre la Médie & la Parthie.

tionnée après lui par le sage Roi Hiftaspe, pere de Darius. Ce Prince pénétrant dans les lieux les plus secrets de la grande Inde, parvint à un bois solitaire où vivoient dans le silence ces puissans génies nommés Brachmanes ; instruit par eux autant qu'il put les comprendre, dans ce qui regarde les révolutions du monde & des astres, aussi bien que dans les rits épurés de leur religion, il communiqua une partie de ces connoissances aux Mages : chacun de ceux-ci les transmit avec l'art de deviner à ses descendans, & par-là à la postérité. C'est depuis ce temps que cette multitude d'hommes consacrés au culte des Dieux, s'est propagée sans mélange. A les en croire, ils conservent un feu sacré qui leur est venu du ciel, & dont une légere portion précédoit autrefois, comme un augure favorable, les Rois de l'Asie ; le nombre de ces Prêtres étoit anciennement petit, & les Rois Perses se servoient d'eux pour les cérémonies sacrées. C'étoit un sacrilege d'approcher des autels, ou de toucher une victime, avant que le Mage eût fait les libations préliminaires avec les prieres d'usage. S'augmentant ensuite insensiblement, ils devinrent de nom & d'effet un peuple puissant; ils habiterent des bourgs qu'ils n'environnerent d'aucune muraille, & libres de se conduire selon leurs lois, ils furent honorés à cause de leur piété. D'anciens livres rapportent que sept de ces Mages s'emparerent à la mort de Cambyse du Gouvernement de la Perse, mais que la faction de Darius, qui fut déclaré Roi par le hennissement de son cheval, l'emporta sur eux.

C'est dans ce pays qu'on fait l'huile des Medes; on en frotte les fleches: si on les fait partir lentement ( car la rapidité du coup en détruit l'effet) elles allument un feu opiniâtre par tout où elles s'attachent; l'eau qu'on emploie pour l'éteindre, ne fait que le rendre plus ardent, & il n'y a que le sable qui l'étouffe. Voici comme on prépare cette huile. Les experts mettent une certaine herbe dans de l'huile commune qu'ils renferment & conservent long-temps; lorsque le mélange est fait, ils l'épaississent avec une matiere qui coule d'une source naturelle & qui ressemble à une huile plus dense ; c'est la même dont nous avons parlé plus haut ; elle se trouve en Perse, & on l'y nomme Naphte.

Il y a çà & là dans ce pays, plusieurs villes, dont les principales sont, Zombis (*a*), Patigran (*b*) & Gazaca (*c*) ; les plus opulentes & les plus fortes, sont Héraclie (*d*), Arsacie (*e*), Europos (*f*), Cyropolis (*g*), Ecbatane (*h*), situées sous le mont Jason, dans le pays des Syromedes (*i*). Quantité de fleuves traversent ces contrées, les plus renommés sont, le Choaspes

(*a*) Inconnue aujourd'hui.

(*b*) Ou *Patigrana*, ville de la *Médie* ou de l'*Adirbeitzan*.

(*c*) *Gazacum*, *Ganzacum*, *Ganzaca* ou *Goza*, sa position est celle de *Tebriz* ou *Tauriz* dans l'*Adirbeitzan*. Les Arméniens l'appellent encore *Gandzack*, du mot *Gandz* qui chez eux signifioit trésor, comme *Gaza* le signifioit dans tout l'Orient.

(*d*) Elle étoit au Sud-Est d'*Ecbatanes*.

(*e*) On croit que c'est *Casbin* dans la province d'Erack-Atzem.

(*f*) Selon quelques-uns Rasch dans le *Kilan*.

(*g*) *Schamachie* dans le *Sirwan*.

(*h*) Pourroit être *Gnerden*, en tirant vers les montagnes.

(*i*) La *Syromédie* étoit la partie la plus voisine de l'*Assyrie*.

M v

(*k*), le Gyndes (*l*), l'Amardus (*m*), le Charinde (*n*), le Cambyses (*o*) & le grand & superbe fleuve Cyrus (*p*), à qui le Prince aimable, dont nous avons déjà parlé, ôta son ancien nom, lorsqu'il se proposa d'envahir la Scythie, pour lui donner le sien ; ce fleuve, aussi puissant que l'étoit ce Prince, après s'être, comme lui, ouvert par de grands efforts un chemin, se jette dans la mer Caspienne.

Aux frontieres, vers le Midi, s'étend jusqu'à la mer l'ancienne Perse ; elle abonde en palmiers, en fruits, & en sources, qui la rendent fort agréable. Plusieurs rivieres la traversent pour se jeter dans le golfe que nous avons nommé ci-dessus. Les plus

---

(*k*) On le trouve encore dans les cartes, sous le nom de *Choasbes*.

(*l*) Inconnu à présent.

(*m*) *Kitzil-Ozein*, dans le Kilan.

(*n*) *Cellarius* le nomme *Charindas*, & dit qu'il couloit près de l'Hyrcanie.

(*o*) C'étoit, selon Pline, une riviere de l'Albanie, qui prenoit sa source dans le *Taurus*, tomboit ensuite dans le Cyrus, & se jetoit avec lui dans la mer Caspienne.

(*p*) Aujourd'hui *Kur* ou *Gur*, dans le Kurdistan.

remarquables sont, la Vatrachites (*q*), la Rogomanis (*r*), la Brisoane (*s*), & la Bagrade (*t*). On trouve dans l'intérieur du pays d'assez grandes villes; on ignore pourquoi ces peuples n'ont rien bâti sur les côtes. Les plus considérables de ces villes sont, Persepolis (*u*), Ardée (*x*), Obroatis, (*y*), & Tragonice (*z*). On n'y voit que trois îles, Tabiana (*a*), Fara (*b*), & Alexandrie (*c*). Du côté du Septentrion sont les Parthes, qui vivent au milieu des neiges & des frimats : le

(*q*) Difficile à déterminer, on la trouve aussi sous le nom de *Vatradites*.

(*r*) On croit que c'est l'*Araxe* de Strabon & de Quinte-Curce, ou l'*Arosis* d'Arrien, présentement le *Bend-Emir*.

(*s*) Arrien la nomme *Brizana*, elle couloit sur les frontieres de la Caramanie.

(*t*) A présent *Tisindon* selon quelques-uns.

(*u*) *Schiras*, dans le *Farsistan*.

(*x*) Inconnue.

(*y*) Aujourd'hui *Omara*.

(*z*) Inconnue.

(*a*) Elle étoit aussi nommée *Philos* ou *Psilos*; on croit que c'est présentement *Firor*.

(*b*) Pourroit bien être l'île *Sophta* ou *Sosta* de Ptolomée; *Cojar* semble répondre à sa position.

(*c*) Ou plutôt *Arakia* qu'on croit être présentement *Lar*.

fleuve Choatres (*d*), le plus abondant de tous, en traverse les terres, & leurs principales villes sont Genonie (*e*), Mæsie (*f*), Charax (*g*), Apamie (*h*), Artacane (*i*), & Hécatompyles (*k*) : on compte depuis cette derniere, en côtoyant la mer Caspienne jusqu'au détroit des portes, mille & quarante stades. Les habitans de tous ces cantons sont féroces & belliqueux, ils trouvent tant de plaisir à combattre, qu'ils regardent comme un bonheur insigne de mourir à la guerre, & accablent de reproches, comme s'ils étoient des lâches & des poltrons, tous ceux qui terminent leurs jours autrement.

A l'Orient & au Midi, sont les Arabes heureux, ainsi nommés à cause des fruits, du bétail, des palmiers,

---

(*d*) Les Freres Valois disent qu'on ne connoît pas de fleuve de ce nom chez les Parthes.

(*e*) Ptolomée la nomme *Sinunda*, & on la trouve dans les Tables de Peutinger, sous le nom d'*Oenunra*.

(*f*) *Mysia*, dans Ptolomée.

(*g*) Selon quelques uns, *Camata*, dans la Susiane.

(*h*) On croit que c'est à présent *Miana*.

(*i*) *Herat*, dans le Chorasan.

(*k*) *Damegan*, dans la contrée de *Comis*.

& des parfums de toute espece, que produit en abondance leur pays qui, touchant à droite à la mer Rouge, & à gauche à celle de Perse, les fait jouir des richesses de l'une & de l'autre. Ici encore sont quantité de havres, & de ports sûrs ; beaucoup de marchés, de grands & de somptueux édifices pour les Rois, des sources d'eaux chaudes & salutaires, & grand nombre de ruisseaux & de fleuves : enfin l'air y est si pur, qu'il semble, lorsqu'on y réfléchit, que rien ne manque à la félicité de ses habitans. Parmi cette foule de villes, de places maritimes, de vastes campagnes & de vallées, elle a encore d'excellentes cités, telles que Géapolis (*l*), & Nascon (*m*), Baraba (*n*), Nagara (*o*), Maphra (*p*), Taphra (*q*), & Dios-

(*l*) Quelques Manuscrits portent *Hiérapolis*.

(*m*) Présentement *Magiarab*, dans l'Arabie heureuse.

(*n*) Inconnue aujourd'hui.

(*o*) Actuellement *Negiran* ; elle porte aussi le nom de *Dionysiopolis*, à cause des aventures fabuleuses de Bacchus.

(*p*) Inconnue.

(*q*) Présentement *Daphar*, ou *Taphar* dans l'Arabie heureuse.

curiades. (*r*) Il est inutile de parler de toutes les îles qu'elle possede sur l'une & sur l'autre mer. Celle qui l'emporte cependant sur toutes, est Turgana (*s*), où on dit qu'il y a un vaste temple consacré à Sérapis.

Aux confins de ce pays, s'éleve sur de hautes montagnes la grande Carmanie (*t*) qui s'étend jusqu'à la mer de l'Inde; elle abonde en fruits & en blés, mais elle est plus petite & moins connue que l'Arabie : elle a cependant tout autant de rivieres, & son terroir est aussi fertile. Ses principaux fleuves sont le Sagarée (*u*), le Saganis (*x*), & l'Hydriacus (*y*). Elle renferme aussi, quoiqu'en petit nombre, des villes bien entretenues & bien pourvues; on y

---

(*r*) Les Freres Valois pensent qu'il s'agit peut-être ici de *Dioscoride*, ville & île de l'Arabie heureuse, qui est à présent *Zocotora*.

(*s*) Ptolomée l'appelle *Organa*; on croit que c'est *Mazira*.

(*t*) Aujourd'hui le *Kirman*.

(*u*) Les Freres Valois disent qu'ils ne trouvent rien sur ce fleuve, à moins que ce ne soit le *Carius* de Ptolomée.

(*x*) Fleuve de la *Carmanie*, maintenant le *Basiri*.

(*y*) Riviere de la *Carmanie* qui couloit du Nord au Midi, & se jetoit dans la mer Rouge.

remarque Carmane (z) la capitale, Portofpane (\*), Alexandrie (a), & Hermoupolis (b).

Dans l'intérieur du pays font les Hyrcaniens, dont la mer qui porte le même nom, baigne le territoire. Ils donnent peu de foins à l'agriculture, à caufe de la maigreur du fol qui détruit les femailles; mais en revanche, le gibier y eft en fi grande abondance, qu'il fuffit pour les nourrir : on y voit des milliers de tigres & d'autres bêtes féroces; nous avons déjà parlé ailleurs des artifices qu'on emploie pour prendre ces animaux. Qu'on ne croie pas cependant que ces peuples ignorent l'art de cultiver la terre; non, ils ne négligent ni d'enfemencer les lieux qui y font propres, ni de planter des arbres où il convient; la plupart fe tirent d'affaire par le commerce maritime. Il y a auffi deux rivieres fort connues, l'Oxus (c), & le Ma-

(z) Conferve le nom de *Kerman*.

(\*) Autrement *Ortospana*, ou *Carura*.

(a) A confervé le nom de *Scanderié*, d'*Arrokhage*; on la nomme auffi *Vaihend*.

(b) A préfent *Ormus*.

(c) Son nom eft *Gihon*, dans la Géographie orientale.

xera (*d*); les tigres pouſſés par la faim les traverſent quelquefois à la nage pour ravager tout ce qui eſt au-delà. Parmi les petites villes municipales de ce pays, on en trouve encore de fortifiées ; deux ſont maritimes, Socunde (*e*) & Saramane (*f*) ; les autres ſont au milieu des terres, telles ſont Azmorne (*g*), Sole (*h*) & Hyrcane (*i*), la plus remarquable. On dit que ces peuples ont au Septentrion les Abiens (*k*), nation fort religieuſe & qui mépriſe toutes les choſes humaines ; Homere feint que Jupiter ſe plaît à les regarder du haut du mont Ida.

Les Margianes (*l*) habitent le pays

(*d*) Préſentement *Firi*.

(*e*) Chez Ptolomée, *Socanaa*, peut-être tiroit-elle ſon nom du fleuve *Socunda*, appelé aujourd'hui *Abi-Scoun*.

(*f*) Préſentement *Siarman*, ſur le rivage méridional de l'Hyrcanie.

(*g*) Sur la riviere de *Maxera*, près des frontieres de la Médie.

(*h*) Elle étoit au Couchant de l'Hyrcanie ſur les frontieres de la Médie.

(*i*) Aujourd'hui *Jorgan* ou *Corcan*.

(*k*) Il n'eſt pas aiſé de déterminer la contrée qu'ils habitoient, s'ils ont jamais exiſté.

(*l*) Les Perſans conſervent le nom de ce pays dans la dénomination de *Marg-ab*.

qui touche à l'Hyrcanie, ils sont environnés de tous côtés de hautes montagnes, & par cela même éloignés de la mer. Quoique la plus grande partie de leurs terres soit aride, à cause de la disette d'eau, ils ont cependant quelques villes; les plus célebres sont Jasonie (*m*), Antioche (*n*), Nisée (*o*). Les Bactriens (*p*) avoisinent leurs frontieres; c'étoit autrefois une nation guerriere & puissante, toujours ennemie des Perses, jusqu'à ce que ceux-ci triomphant de tous leurs voisins, les forcerent à subir le joug & à prendre leur nom. Les Bactriens furent anciennement gouvernés par des Rois qui se rendirent redoutables, même à Arsace. La plupart des terres de ce pays sont comme la Margiane, éloignées de la mer; elles sont fécondes; les animaux qui paissent dans ses campagnes & sur ses montagnes, sont grands & vigoureux, ce que prouvent ces chameaux que Mythridate

(*m*) Dans la *Margiane*.
(*n*) Aujourd'hui *Merwa*.
(*o*) On croit que c'est *Talcatan*.
(*p*) La *Bactriane* est à présent le *Chorasan*.

emmena, & que les Romains virent pour la premiere fois au siege de Cyzique. Plusieurs peuples sont soumis aux Bactriens, les plus considérés sont les Tochares (*q*). Ce pays a, ainsi que l'Italie, beaucoup de rivieres; l'Artemis (*r*) & la Zariaspe (*s*), après s'être jointes, ainsi que l'Ochus (*t*) & l'Orgomanes, augmente le lit immense de l'Oxus. On y trouve des villes que baignent plusieurs rivieres, les plus célebres de ces villes sont, Chatra (*u*), Charte, Alicodre (*x*), Artacie (*y*), Menapile (*z*), & Bac-

(*q*) *Tochari* étoient des montagnards sur les penchans qui regardent la Bactriane; & *Tokaristan* est encore le nom du pays entre les montagnes & le bord du *Gihon* ou de l'*Oxus*.

(*r*) On la trouve aussi sous le nom d'*Artamis* & d'*Artames*, elle couloit dans la Bactriane.

(*s*) C'est le même fleuve que le *Bactrus* dans la Bactriane, quelques-uns le moment aujourd'hui le *Buchiran*.

(*t*) Il ne paroît pas qu'on puisse prendre ce fleuve pour l'*Oxus* puisque joint à l'*Orgomanes* ou *Dargomanes*, il se jette dans l'*Oxus*.

(*u*) *Charte* ou *Chatracharta*, ville de la Bactriane, présentement *Chiartochan*.

(*x*) Ou *Alichorda*.

(*y*) *Astacana* dans Ptolomée.

(*z*) *Menapia* dans Ptolomée.

tre (*a*), qui a donné son nom au pays & à la nation. Au pied des montagnes nommées Sogdiennes (*b*) coulent deux fleuves portant bateau, l'Araxates (*c*) & le Dymas (*d*); après avoir roulé par les campagnes & les vallées, ils tombent dans la plaine & forment le Palus Oxie (*e*) qui s'étend en long & en large. On exalte entr'autres villes qui sont ici, Alexandrie (*f*), Cyreschate (*g*), & la métropole Drepsa (*h*).

Les Saces (*i*) sont contigus à ce pays; c'est un peuple sauvage, qui habite des lieux désagréables, où l'on ne trouve que du bétail & par conséquent peu de villes. Ils sont tous

(*a*) Ou *Zariaspa*, aujourd'hui *Balch* dans le *Chorasan*.
(*b*) Subsiste dans le nom de *Al-Sogd*.
(*c*) Ou *Araxes*, à présent le *Bend-Emir*.
(*d*) *Dymus* dans Ptolomée.
(*e*) Présentement *Chorasmuni*, dans la Sogdiane.
(*f*) Il y a eu en Perse plusieurs villes de ce nom, & il n'est pas aisé de déterminer les dénominations correspondantes.
(*g*) Elle est sur le bord citérieur du *Jaxarte* qui est le *Sihon*, ou *Sir* dans la Sogdiane.
(*h*) Ville de la *Sogdiane*, présentement *Mergian*.
(*i*) Peuples de la Schytie.

sous les monts Ascanimie (*k*) & Co-médus (*l*). Au-delà du pied de ces montagnes, & d'un bourg qu'ils appellent *Lithinos-purgos* (*m*), vient une longue route que suivent les Marchands qui vont quelquefois commercer chez les Seres.

Là où finissent les monts Imaüs & Tapuries (*n*), sont entre les extrémités de la Perse, & proche des Sarmates d'Asie, les Scythes qui touchent les frontieres les plus reculées du pays des Alains. Comme s'ils étoient séparés du reste des hommes & faits pour la solitude, ils vivent répandus dans de vastes espaces, accoutumés au vêtement & à la nourriture la plus simple. Plusieurs autres nations occupent encore ces contrées, je n'entrerai pas

(*k*) *Ascatancas* dans Ptolomée.

(*l*) Montagnes qui couvroient cette contrée au Nord & où le *Jaxarte* prend sa source.

(*m*) Ou tour de pierre, elle paroit être sur un roc escarpé nommé *Aatas*; Mr. d'Anville dans une dissertation sur la *Serique* des anciens, dit qu'Ammien confond ici, un lieu de station pour les marchands qui alloient faire le commerce chez les *Seres*, avec la *tour de pierre* que Ptolomée place chez les *Sacæ*. Voyez *Mémoires de l'Acad. Royale des Inscript. & Belles-Lettres*, Tom. XXXII. pag. 576.

(*n*) Montagnes du *Tabaristan*, ou *Mazanderan*.

dans le détail de ce qui les concerne, pour ne pas m'écarter trop de mon sujet. Il est pourtant à observer qu'au milieu de tous ces peuples, inabordables pour ainsi dire à cause de leur extrême férocité, il s'en trouve de doux & de bienfaisans, tels que les Jaxartes (*o*) & les Galactophages (*p*) dont parle Homere : *Les Galactophages & les Abiens, les plus justes des hommes.*

Entre tous les fleuves de ce pays qui se combinent avec de plus grands, ou que leur cours conduit à la mer, les plus renommés sont le Rœmnus (*q*), le Jaxartes (*r*) & le Talicus (*s*). On ne parle aussi que de trois de ses

---

(*o*) Ils vivoient sur les bords du *Jaxartes* ou *Sihon*.

(*p*) Peuples de la Sarmatie, ils habitoient les environs des *Palus Méotides*. Le nom de *Galactophages* leur vient du lait dont ils faisoient leur principale nourriture. Les interpretes ne s'accordent pas ici, les uns font des expressions Greques ἀγαυοὶ, γλακτοφάγοι, ἄβιοι, tout autant d'épithetes ; d'autres en font des noms de peuples. *Voy. Pope, Iliad. d'Homere Liv. XIII. v. 10.*

(*q*) *Rhymmus* dans Ptolomée, présentement *Jem*.

(*r*) Voyez ci-dessus.

(*s*) *Daicus* dans Ptolomée, aujourd'hui le *Jaïck*.

villes, savoir, Aspabote (*t*), Chauriane (*u*) & Saga (*x*). Outre l'une & l'autre Scythie, du côté de l'Orient, s'élevent comme un cercle des hauteurs qui environnent les Seres, nation considérable par l'étendue & la fertilité de son sol; ces peuples tiennent du côté de l'Occident aux Scythes; ils ont à l'Orient & au Septentrion des déserts couverts de neiges; au Midi, ils s'étendent jusqu'à l'Inde & au Gange; leurs montagnes se nomment Anniva (*y*), Nazavicie, Asmire (*z*), Emodus (*a*) & Opurocarre (*b*). Deux fleuves fameux, l'Oechardes (*c*) & le Bautis (*d*), coulent

(*t*) Inconnue à présent.

(*u*) *Chaurana* dans Ptolomée, on croit que c'est *Bervan* ville de la Tartarie.

(*x*) *Soïta* dans Ptolomée.

(*y*) Ce sont les *Annibi montes* auxquelles répondent à présent les *Altaï-Alin*.

(*z*) Dans la grande Tartarie.

(*a*) C'est cette chaîne de montagnes qui se prolonge au devant entre la Schytie & l'Inde.

(*b*) Ou *Ottorocorra*; on peut regarder ces monts comme une suite des monts *Emodi* qui séparent, selon Ptolomée, la Scythie & la Serique, d'avec l'Inde au-delà du Gange.

(*c*) Présentement l'*Ierghien*.

(*d*) Ou *Beautes*, aujourd'hui *Etziné*.

lentement par cette plaine, qui de tous côtés tombe en pente rapide, & en arrosent les immenses terres : la nature des lieux y est extrêmement variée, ici elle est unie, là elle s'abaisse doucement, & par cela même est fertile en blés, en troupeaux & en arbustes.

Divers peuples se trouvent dans cette fertile contrée, entr'autres les Alitrophages (*e*), les Anibes (*f*), les Sizyges (*g*) & les Chardes (*h*), qui sont exposés aux frimats & aux bruines. Les Rabannes (*i*), les Asmires (*k*); les Essedons (*l*), les plus célebres de tous, sont à l'Orient ; ils ont à l'Occident les Athagores (*m*) & les

---

(*e*) Qui se nourrissoient de poissons.

(*f*) Ils habitoient les montagnes d'*Annibi*.

(*g*) Inconnue.

(*h*) Plutôt *Oichardes*, du fleuve *Oechardes*, sur es bords duquel il vivoient.

(*i*) *Nabannæ*, dans Ptolomée.

(*k*) *Asmiræa*, aujourd'hui *Hami* ou *Kamil*, étoit eur capitale.

(*l*) Ou *Issedones*.

(*m*) On croit que ce sont les *Attacores* de Pline, *liv. VI*, *Chap. 6*.

Aspacares (*n*). Les Betes (*o*) établis sur le penchant des hautes montagnes qui sont au Midi, n'ont que peu de villes, mais grandes & opulentes; Asmire, Essedos (*p*), Asparata & Sera (*q*) sont très-connues & très-belles. Les Seres vivent tranquillement, loin du bruit des armes & des combats, & tels que des hommes qui préferent le repos à tout, ils ne sont jamais à charge à leurs voisins. La température de leur ciel est aussi agréable que salutaire, l'air en est pur, le souffle des vents tempéré. Ils ont plusieurs forêts peu épaisses: les arbres qu'elles renferment portent une espece de laine que les Seres en détachent par de fréquens arrosemens; ils cardent ensuite cette matiere humide & cotoneuse, puis la filent pour en faire cette soie dont l'usage étoit autrefois réservé aux Nobles, mais

---

(*n*) La contrée de *Tainfu* répond, selon Baudran, au pays qu'occupoit ce peuple.

(*o*) Ou *Bata*.

(*p*) Ou *Issedon*; on croit que c'est *Suchurs* ou *Synchur*, dans le Royaume de *Tangut* en Tartarie.

(*q*) Peut-être aujourd'hui *Sindfu*.

que

# Liv. XXIII. Chap. VI. 289

que les gens du plus bas étage portent aujourd'hui. Extrêmement sobres, ils n'aiment point le fracas, & évitent le commerce des autres hommes. Lorsque des étrangers traversent le fleuve pour acheter le produit de leurs arbres ou d'autres effets, ils indiquent sans parler, & seulement des yeux, le prix de ces objets. Leur frugalité est si grande, qu'ils ne changent jamais leurs produits contre une marchandise étrangere.

Après les Seres viennent les Ariens (r) exposés aux vents du Nord; le fleuve Arias (s) qui porte bateau, traverse leur pays & forme un grand lac auquel il donne son nom. Cette région renferme beaucoup de villes; les principales sont, Bitaxe (t), Sar-

---

(r). Ammien n'a pas pris garde que par les positions de Ptolomée, cette province d'Asie est à 50 degrés de longitude au-delà de la Serique, & en même temps moins boréale. *Voyez les Mémoires des Inscriptions & Belles-Lettres de l'Académie Royale de Paris*, Tom. XXXII, pag. 576.

(s) Ou *Arius*, aujourd'hui *Heri-hud*; il passe à *Herat*, capitale du *Chorasan*.

(t) Présentement *Badkis*.

Tome II.                                N.

matine (*u*), Sotere (*x*), Nisibe (*y*), & Alexandrie (*z*), d'où l'on compte mille cinq cents stades jusqu'à la mer Caspienne. Leurs voisins sont les Paropanisades (*a*), qui ont à l'Orient les Indes, & au Couchant le Caucase, ils occupent le penchant des montagnes; de tous leurs fleuves, le plus grand est l'Ortogordomare (*b*) qui prend sa source dans la Bactriane. Ils ont aussi quelques villes; les moins obscures sont Agazaque (*c*), Naulibus (*d*) & Ortopan (*e*); il y a, en côtoyant le rivage, deux mille deux

(*u*) *Sargamana* dans Ptolomée.

(*x*) Elle étoit dans la *Parthie*, sa position est inconnue aujourd'hui.

(*y*) Près du lac d'*Arrie*, à présent le lac *Zare*.

(*z*) Pourroit être *Cora*, capitale de Zaranges.

(*a*) Ou *Paropamisus*; c'étoit le pays bordé par la chaîne des montagnes qui portoient ce nom.

(*b*) Ou *Dorgomanes*, aujourd'hui *Obengir*.

(*c*) Elle étoit dans le voisinage de la partie du *Taurus*, appelée *Paropanisade*.

(*d*) *Gaulibis*, dans Ptolomée.

(*e*) *Ortospana* ou *Carura*, cette place précédoit dans l'Arie le passage des *Paropanisades*.

cents stades jusqu'aux confins de la Médie qui touche les portes Caspiennes. A ces peuples sont contigus les Drangiens (*f*) répandus sur des collines qu'arrose le fleuve Arabie, ainsi nommé parce qu'il naît dans ces quartiers-là; deux villes municipales, Prophthasie (*g*) & Ariaspe (*h*) s'y font remarquer par leur beauté & par leur opulence. Vient ensuite Arachosie (*i*), qui a les Indes à sa droite. Un fleuve bien moins considérable que l'Indus, dont il dérive, & qui a donné son nom à tout le pays, la parcourt, & forme le Palus, connu sous le nom d'Arachotoscrene. Les villes d'Alexandrie (*k*), d'Arbaque (*l*) & de Choaspe (*m*), sont assez intéressantes. Il y a

(*f*) Ils habitoient une contrée limitrophe de l'Arie.

(*g*) A présent *Zarang*.

(*h*) *Dergasp*.

(*i*) Contrée qui succede à la Drangiane, sur les limites de l'Inde.

(*k*) *Scanderié d'Arrokhage*.

(*l*) Dans l'*Arachosie*.

(*m*) Fleuve de la Susiane, il porte aussi le nom d'*Eulæus*.

dans le cœur de la Perse la Gedrosie (*n*); elle touche à droite les Indes que fertilise principalement le fleuve Artabius (*o*); les autres rivieres qui naissent du pied des Barbitanes, joignent leurs eaux à celles de l'Indus dont elles prennent le nom à l'endroit où finissent ces montagnes. Il y a aussi quelques villes; les plus estimées, sans parler des îles, sont Sedratyre (*p*) & le port Gynæcon. Pour ne pas nous écarter trop de notre sujet par le détail minutieux des côtes qui sont aux extrémités de la Perse, il suffira de dire, que la mer qui s'étend des monts Caspiens par le côté septentrional jusqu'à ces détroits, comprend neuf mille stades; au Midi, depuis les bouches du Nil, jusqu'au commencement de la Carmanie, quatorze mille.

La diversité qu'on rencontre parmi les hommes de ces différentes contrées, est égale à celle des lieux. Pour parler

---

(*n*) Aujourd'hui *Mekeran*.

(*o*) Peut être l'*Ilmenc*.

(*p*) Inconnue aujourd'hui.

en général de la figure & des mœurs de ces peuples, on peut dire qu'ils sont presque tous secs, brunâtres & livides ; ils ont le regard farouche, les sourcils joints & arqués, leurs barbes sont assez bien, & leurs cheveux longs & hérissés. On les voit toujours l'épée au côté, soit dans les repas, soit aux jours de fêtes. Thucydide dit que les Athéniens furent les premiers des Grecs qui renoncerent à cet usage.

Les Perses sacrifient avec excès à l'amour, & n'ont jamais assez de maîtresses ; ils ne connoissent point la pédérastie ; chacun d'eux contracte à proportion de ses richesses, plus ou moins de mariages. De là vient que cette diversité d'attachemens étouffe le véritable amour ; ils évitent comme une peste le luxe, les apprêts dans les repas, & sur-tout la boisson. Excepté les tables des grands, il n'est point chez eux d'heure fixe pour le dîner ; leur estomac leur tient lieu d'horloge, & lorsqu'il parle, ils mangent ce qu'ils trouvent ; aucun d'eux dès qu'il est rassasié, ne se surcharge d'alimens. Il est incroyable à quel point ils pouſſent la retenue & la précaution ; s'ils ſe trouvent en pays ennemi & qu'ils ſe promenent dans des jardins, ou dans des vignobles, ils n'en déſirent & n'en prennent rien, tant ils craignent les poiſons & les effets de la magie. Vous ne verrez jamais un Perſe lâcher de l'eau de bout, ou s'écarter pour ſatisfaire à d'autres fonctions ; tant ils cachent avec pudeur, juſqu'à l'apparence de ces beſoins. Ils ont d'ailleurs un extérieur ſi mou, & une démarche ſi nonchalante, qu'on les croiroit efféminés quoiqu'ils ſoient très-belliqueux; il eſt vrai qu'ils ſont plus ruſés que vaillans, & qu'ils en impoſent plus de loin que de près; ils bavardent beaucoup & parlent d'un ton haut & groſſier. Fanfarons, avantageux, ſanguinaires, ils menacent dans le ſuccès comme dans la défaite : ruſés, vains, cruels, ils s'arrogent le droit de vie & de mort ſur leurs eſclaves, & ſur les plébéiens obſcurs. Ils écorchent en partie, ou tout-à-fait, des hommes vivans. Il n'eſt pas permis aux eſclaves qui les ſervent à table, de ſouffler, de parler ou de cracher; de sorte que toutes les bouches sont closes dès qu'ils prennent leur repas. Leurs lois sont extrêmement séveres; les plus cruelles regardent les ingrats & les déserteurs; il en est encore d'abominables, & qui enveloppent toute une famille dans le crime d'un seul de ses membres. Ils n'établissent pour juges que des gens integres, exercés dans les affaires, & qui n'ont pas besoin d'être assistés; de là vient qu'ils se moquent de nos usages qui donnent quelquefois pour assesseurs à des ignorans, des hommes éloquens & habiles dans le droit public. Car, ou c'est une fable de l'antiquité, ou la pratique de faire asseoir chez eux un juge sur un tribunal couvert de la peau d'un magistrat inique, a cessé.

L'exemple que nous leur avons souvent donné, de l'ordre, de la discipline, & des exercices militaires, les rend redoutables, même aux armées les plus nombreuses; ils comptent beaucoup sur leur cavalerie composée de l'élite de leur noblesse. Leurs fantassins couverts à la façon de nos gladiateurs connus sous le nom de Mirmidons, obéissent en goujats. Cette troupe, comme si elle étoit dévouée à un esclavage éternel, sert sans paye & sans récompense. Outre les peuples qu'ils avoient vaincus, les Perses auroient encore imposé le joug à bien d'autres, tant ils sont hardis & exercés aux combats, s'ils n'eussent été occupés par des guerres étrangeres & par des dissensions civiles. La plupart ont des vêtemens brillans de différentes couleurs, & qui les habillent de maniere, que, tout en exposant la poitrine & les côtés à l'agitation du vent, ils paroissent couverts depuis les pieds jusqu'à la tête. Ils se sont accoutumés, depuis qu'ils ont triomphé de la Lydie & de Crœsus, à porter des bracelets & des colliers d'or garnis de pierreries & surtout de perles qu'ils ont en abondance. Il me reste à dire un mot de cette espece de pierres. On trouve dans les Indes & en Perse, les perles dans des coquilles de mer fortes & blanches; elles s'y forment dans un certain temps de l'année par le mélange de la rosée. Ces testacées comme si elles désiroient une forte d'accouplement, s'ouvrent pour recevoir l'humidité de la nuit, puis accouchent pour ainsi dire, & donnent deux ou trois de ces perles ; on les appelle *Unions*, parce qu'en ouvrant ces écailles on n'y en trouve souvent qu'une seule, mais plus grande. Une preuve que c'est de l'air, & non de quelque substance de la mer que se forment ces productions, c'est que les gouttes de la rosée du matin qui s'y insinue, forment de petites pierres, claires & polies, tandis que celles que produit la rosée du soir, sont inégales, rougeâtres & quelquefois tachetées. Le volume de ces pierres dépend encore de la quantité d'humidité que ces coquilles ont aspirée. Frappées du bruit de la foudre, ou elles périssent, ou elles ne donnent que des perles de peu de valeur, ou enfin elles avortent. La pêche en est difficile & dangereuse ; & ce qui en rend le prix fort cher, c'est qu'elles fuient les lieux où se rendent d'ordinaire les pêcheurs, pour se cacher, comme on le conjecture, soit dans des creux de rochers, soit dans les antres de chiens marins. Nous n'ignorons pas non plus, qu'on trouve de ces perles quoiqu'inférieures en qualité, dans quelques endroits de la mer Britannique.

# AMMIEN MARCELLIN.

## LIVRE XXIV.

### CHAPITRE I.

*Julien entre en Assyrie avec son armée, & met le feu au fort Anatha qui s'étoit rendu à lui.*

JULIEN s'étant donc assuré des dispositions des troupes qui prirent avec une égale ardeur & selon l'usage, Dieu à témoin, que leur heureux chef seroit invincible, crut devoir mettre promptement la derniere main à son entreprise, & dès que la nuit fut passée, il donna l'ordre de marcher. On le vit donc, après avoir fait tous les arrangemens que demandoit une guerre aussi importante, entrer dès la pointe du jour sur les terres des Assyriens. Plein de courage, il parcouroit à cheval les rangs & animoit tout le monde à l'imiter & à se conduire vaillamment. Comme il craignoit les piéges qu'on pouvoit lui tendre dans des lieux qu'il ne connoissoit pas assez, il commença, en Général habile & expérimenté, à faire avancer l'armée en bataillons carrés. Pour prévenir toute surprise, quinze cents coureurs qu'il détacha, marchoient avec précaution sur ses flancs & sur son front. Il se chargea du corps d'armée où étoit l'élite des troupes, & commanda à Névitte de côtoyer sur la droite avec quelques légions, les bords de l'Euphrate. Arinthée & Hormisdas conduisoient par la plaine les rangs serrés de la gauche & la cavalerie. Dagalaiphe & Victor avoient l'arriere garde, & Secundin Duc de l'Osdroene fermoit la marche. Ensuite pour tromper l'ennemi au cas qu'il s'avisât d'attaquer, & pour grossir à ses yeux le nombre de nos troupes, Julien fit déployer ces différens corps, & étendit sa cavalerie & son infanterie au point, que son armée depuis l'avant jusqu'à l'arriere-garde, embrassoit un intervalle de près de dix milles; artifice admirable qu'on attribue à Pyrrhus Roi d'Epire (*a*) qui étoit si habile à occuper des camps avantageux & à donner à propos, tant ou si peu d'apparence à ses troupes, qu'il sembloit, suivant le besoin, en avoir un nombre plus ou moins considérable. Le bagage, les valets d'armée & tout ce qui étoit sans défense, fut renfermé entre les deux flancs pour n'être pas enlevé par quelque coup de main, comme il arrive souvent quand on n'y pourvoit pas. Malgré les fréquens détours du fleuve, la flotte n'osa ni devancer, ni rester en arriere; après deux jours de marche nous vînmes à une ville déserte nommée Duras; elle est située sur le bord de l'Euphrate.

Des hardes de cerfs qu'on trouva ici & que nos gens tuerent, tantôt à coups de fleches, tantôt à coups de rames, leur fournirent de bons repas; plusieurs de ces animaux accoutumés à nager, se précipiterent dans le fleuve

---

(*a*) Ce Prince fut le premier qui enseigna la Castramétation. *Voyez Tite-Live*, *Liv. XXXV, Chap. 14.* « On peut juger, dit *Plutarque*, de la science de ce » Prince, & de sa grande habileté dans l'art de me- » ner des troupes & de ranger des armées en bataille, » par les traités qu'il a composés sur ce sujet. » *Voyez Plutarque, Vie de Pyrrhus.*

& regagnerent promptement leurs forêts. De là nous fîmes quatre petites marches & sur le soir le Comte Lucilien, à la tête de mille hommes de troupes légeres qu'on mit dans des barques, fut chargé par le Prince, d'attaquer le fort d'Anatha que baignent, ainsi que plusieurs autres, les eaux de l'Euphrate. Les bateaux, à l'aide de la nuit qui favorisoit cette surprise, environnerent donc le fort. Mais à la pointe du jour, un homme sorti de la ville pour puiser de l'eau, découvrit tout d'un coup nos troupes & appella à grands cris la garnison aux armes. Julien qui d'une hauteur observoit l'état de la place, traverse aussitôt le fleuve avec deux bateaux que suivirent plusieurs autres chargés d'instrumens de siege ; mais voyant, lorsqu'il fut près des murailles, qu'il ne pouvoit sans beaucoup de danger en tenter l'attaque, il employa tour à tour, la douceur & les menaces pour engager les défenseurs à se rendre. Ceux-ci demanderent à parler à Hormisdas, & ce Prince réussit par ses promesses & par ses sermens, à leur inspirer beaucoup de confiance dans la modération des Romains. Précédés d'un bœuf couronné, ce qui chez eux est la preuve qu'on souscrit à la paix, ils parurent en supplians ; les ouvrages de la place furent aussitôt réduits en cendres, & son Préfet Pusée, qui dans la suite a été Duc de l'Egypte, fut honoré du caractere de Tribun. Le reste des habitans fut traité avec bonté, on les fit passer, eux, leurs familles & leurs effets, à Chalcis (*b*) ville de la Syrie. Ce fut ici qu'on nous présenta un soldat, qui lorsque Maximien (*c*) fit une irruption sur les frontieres de la Perse, avoit été abandonné comme malade ; jeune encore, à ce qu'il disoit, il avoit selon la coutume du pays, épousé plusieurs femmes qui lui avoient donné une nombreuse postérité : malgré le poids de l'âge, il tressautoit de joie, comme s'il eût contribué à la réddition de la place, & prenoit plusieurs personnes à témoin,

(*b*) Présentement *Kennasserin* ou *Kinnesrin*, ville de la Turquie Asiatique, dans le Gouvernement d'Alep ; les Francs l'appellent le vieil Alep.

(*c*) C'étoit C. Galerius Maximein, surnommé Armentaire ; Dioclétien l'éleva en 292, à la qualité de César, & l'envoya en 296 contre les Perses. *Voyez* Aurel. Vict. Ch. XXXIX.

qu'il avoit souvent pressenti & prédit, qu'âgé de près de cent ans il seroit enseveli sur les terres de l'empire. On conduisit encore à Julien quelques coureurs des ennemis ; les Sarrasins qui les avoient pris, furent récompensés & chargés de continuer leurs courses. Il arriva le lendemain un événement terrible. La violence des tourbillons qu'excita le vent, fut telle, qu'elle abattit tous les édifices, & un grand nombre de tentes ; plusieurs soldats ne pouvant se soutenir, en furent renversés. A cela se joignit encore un autre désastre, c'est que la riviere sortit tout à coup de son lit, & engloutit quelques bateaux chargés de grains ; les écluses destinées à répandre ou à arrêter les eaux furent rompues, elles étoient d'un ouvrage solide de maçonnerie : on n'a pas su s'il falloit mettre ce dernier accident sur le compte des ennemis, ou sur celui de la rapidité des torrens.

Cette ville, la premiere de toutes, étant donc prise, ses ouvrages détruits & ses captifs transportés, la confiance du soldat s'anima, il exalta à haute voix le mérite de son Prince, & crut voir dans ce premier fuccès un heureux préfage pour l'avenir. Julien n'en continua pas moins cependant à fe défier au milieu de ces régions inconnues, des rufes & des artifices fans nombre d'une nation qu'il craignoit. Auffi le voyoit-on tantôt à la tête de l'armée, tantôt confondu avec les troupes légeres, hâter la marche des bataillons, parcourir les vallons & les brouffailles, pour voir s'il n'y avoit rien de caché, & rappeler avec fa douceur naturelle, ou avec des menaces, ceux des foldats qui s'écartoient trop. Il permit cependant, après que chacun eut fait provifion de tout ce dont il avoit befoin, de brûler les habitations & les riches campagnes de l'ennemi, qui en fouffrit d'autant plus qu'il ne s'y étoit pas attendu. Les foldats jouiffoient avec plus de plaifir de ce qu'ils avoient recueilli de leurs mains, & regardoient ces provifions comme le prix de leur valeur; leur joie s'augmentoit encore en penfant qu'au milieu de cette abondance il leur reftoit toujours les vivres de la flotte. Ici un de nos foldats qui dans l'ivreffe traverfa imprudemment & fans nécessité le fleuve, tomba sous nos yeux entre les mains des ennemis qui le massacrerent.

## CHAPITRE II.

*Julien, tantôt laissant des villes & des forts sans les attaquer, tantôt en brûlant d'autres, soumet Pirisabore & y met le feu.*

Nous marchâmes après cette expédition contre Thilutha, forteresse située au milieu du fleuve; elle est extrêmement élevée; l'art n'auroit pas pu pourvoir mieux à sa défense, que la nature ne l'a fait. Les habitans sollicités avec la douceur qui convenoit, à se rendre, la place n'étant pas prenable par les armes, répondirent qu'il n'en étoit pas encore temps, mais qu'ils remettroient la ville comme une dépendance du Royaume, aussi-tôt que les Romains se seroient rendus maîtres de l'intérieur du pays; ensuite ils virent tranquillement & sans nous insulter, défiler notre flotte.

Nous reçûmes la même réponſe & fûmes également renvoyés d'une autre place nommée Achaïachala ; elle étoit environnée par l'Euphrate & d'un accès très-difficile. Le lendemain nous paſſâmes devant un château que l'on avoit abandonné à cauſe de la foibleſſe de ſes murailles, & nous le brûlâmes. Nous fîmes les deux jours ſuivans deux cents ſtades, & arrivâmes à Baraxmalcha : nous y traverſâmes le fleuve, & vînmes à Diacire qui étoit éloignée de ſept milles : les habitans l'avoient quittée en y laiſſant beaucoup de blé & d'excellent ſel : il y avoit au haut de la citadelle un temple fort élevé ; on mit le feu à la ville & on égorgea quelques femmes qui s'y trouvoient ; puis ayant traverſé une ſource de bitume, nous entrâmes dans Ozogardane, dont le peuple effrayé de notre approche, s'étoit pareillement ſauvé : on montroit ici le tribunal de Trajan. Nous mîmes encore le feu à cette ville : après deux jours de halte, vers la fin de la ſeconde nuit, le Surena qui tient en Perſe le premier rang après le Roi, & un certain Malechus Podoſace, chef d'une tribu de Sarrasins Assanites, & fameux par les ravages qu'il avoit faits pendant long-temps sur nos frontieres, dresserent des embûches à Hormisdas. L'on ne sait d'où ils avoient appris qu'il iroit à la découverte; mais la hauteur des bords du fleuve qui dans cet endroit est profond & resserré, ne leur permettant pas de le passer à gué, ils manquerent leur coup.

Dès la pointe du jour les ennemis étant déjà à notre portée, nous découvrîmes leurs casques brillans & leurs armures redoutables; nos soldats se formerent au plus vîte, fondirent vaillamment sur eux, & quoique leurs arcs, qu'ils bandoient avec de grands efforts, & l'éclat de leurs armes offrît quelque chose d'effrayant aux yeux des Romains, cependant animés par la vengeance, ils se couvrirent si bien de leurs boucliers, & serrerent de si près les Perses, qu'ils les mirent hors d'état de faire usage de leurs fleches. Ce premier succès encouragea nos troupes, qui s'avancerent jusqu'au bourg Macepracta; on y voyoit encore les restes d'une longue muraille destinée autrefois à préserver l'Assyrie contre les surprises de ses voisins. Ici une partie du fleuve se partage en larges canaux destinés à porter jusque dans l'intérieur de la Babylonie, des eaux qui en fertilisent les campagnes & plusieurs villes des environs ; l'autre Nahamalcha (*a*), c'est-à-dire, le fleuve royal, passe près de Ctésiphon (*b*) : il y a à son commencement une haute tour en façon de phare : ce fut là que notre infanterie traversa sur des ponts solidement construits ; la cavalerie avec les bêtes de somme passa aussi à la nage & de biais, les endroits les moins dangereux du fleuve ; un autre corps fut assailli tout d'un coup par une grêle de traits que les ennemis décocherent, mais nos auxiliaires qui excellent à la course, se mirent à leurs trousses, & poursuivirent les fuyards qu'ils étendirent sur le carreau. Cette affaire heureusement terminée, on

---

(*a*) Ammien lui donne plus bas, Ch. VI, le nom de *Naarmalcha* ; & Pline, *Hist. Nat. Liv. VI*, Ch. 26, l'appelle *Armalchar*. Ce canal, qui sortoit de l'Euphrate joignoit le Tigre près de *Séleucie*.

(*b*) Les restes d'un ancien édifice, appelés *Takt-Kesra*, dans le gouvernement de Bagdad, paroissent indiquer l'emplacement de cette ville.

vint à Pirisabore (c). C'est une grande ville, fort peuplée & environnée d'eau comme une île. Julien fit à cheval le tour des murailles, en examina soigneusement la situation, & parut ne rien omettre de ce qui étoit nécessaire pour en bien former l'attaque: il comptoit, en intimidant par là les habitans, de les faire renoncer au dessein de résister. On leur proposa à diverses reprises de se rendre, mais ni les menaces ni les promesses ne produisirent aucun effet; on commença donc le siege; la ville fut investie par trois rangs de soldats, & le premier jour se passa jusqu'au soir à s'envoyer des traits. Les défenseurs qui ne manquoient ni de force ni de courage, étendirent sur les remparts pour affoiblir la violence des traits, des rideaux lâches & flottans, tissus de poil de chevre; défendus encore par des boucliers faits de gros osiers & couverts de cuirs cruds, ils résisterent vaillamment: on les eût pris pour des figures de fer, car des lames de ce métal ar-

(c). *Zosime*, *Liv. III*, *Ch.* 17, la nomme *Bersabora*.

tristement ajustées à chacun de leurs membres, leur garantissoient tout le corps.

Quelquefois, comme pour s'entretenir avec lui, ils appelloient Hormisdas qui étoit de leur pays & de sang royal ; puis lorsqu'il approchoit, ils l'accabloient d'injures, le traitoient de déserteur & de perfide. La plus grande partie de cette journée se passa encore en froides railleries ; dès que la nuit fut venue, nous avançâmes plusieurs machines, & entreprîmes de combler les fossés. Aux premiers rayons du jour, les assiégés qui virent non seulement à quel point on avoit poussé les ouvrages, mais qu'un rude coup de belier avoit percé une tour qui étoit dans un des angles, abandonnerent le double mur de la ville pour se jeter dans la citadelle ; elle étoit assise sur la cime aplatie d'un mont escarpé qui s'élevant fort haut au milieu, imitoit par son circuit un bouclier Argolique, excepté du côté du Septentrion, où ce qui manquoit à sa rondeur, étoit compensé par les rochers qui se trouvoient dans l'Euphrate, & qui le défendoient suffisamment ; au-dessus de ses murailles étoient encore des créneaux construits de bitume & de briques cuites. On sait que rien n'égale en solidité cette sorte d'ouvrages.

Le soldat devenu plus féroce en voyant qu'il ne se trouvoit personne dans la ville, se tourna avec intrépidité contre les habitans, qui de la citadelle lançoient toute sorte de traits. Comme nos catapultes & nos balistes les incommodoient, ils dirigeoient contre nous, de la hauteur qu'ils occupoient, des arcs fortement tendus ; leurs extrémités, dont les courbures resserroient, ne se plioient qu'avec lenteur ; mais aussi les cordes qu'on en détachoit à grands coups de doigts, faisoient partir des roseaux ferrés & propres à percer mortellement tout ce qu'ils rencontroient.

On s'envoyoit encore, de part & d'autre, des nuées de pierres ; & cette cruelle attaque dura, depuis le point du jour, jusqu'au commencement de la nuit, où on se sépara sans que la victoire penchât plus d'un côté que de l'autre.

Le jour suivant, tandis qu'on se battoit avec la même fureur, qu'il périssoit

rissoit beaucoup de monde, & que le succès étoit toujours indécis, l'Empereur au milieu de ces pertes réciproques, tenta les derniers efforts. A la tête d'un corps, & couvert par les boucliers contre les fleches, il vole avec son monde à une des portes qui étoit fortement garnie de fer; là, malgré les cailloux, les balles de plomb & les traits dont on l'accable, il presse à cris redoublés ses gens de s'ouvrir un passage, & ne se retire qu'au moment où il vit qu'il alloit être écrasé. Il échappa à ce danger avec tout son monde, mais un peu confus; quelques personnes de sa suite furent légérement blessées. Il avoit lu que Scipion Emilien (*d*) & l'Historien Polybe, né à Mégalopolis en Arcadie (*e*), avoient, de la même maniere, forcé avec trente hommes, une porte de Carthage; mais ce trait même ne fait aucun tort à l'action de Julien; car Scipion s'avança jusqu'à

(*d*) Les freres Valois observent qu'on n'a rien de détaillé sur ce fait, le passage où Polybe en parloit n'étant pas parvenu jusqu'à nous.

(*e*) On croit que c'est aujourd'hui *Leondari*, ou *Leontari*, village de la Zaconie en Morée.

la porte de la place, à l'aide d'une voûte de pierre sous laquelle étoit cette porte, & s'y tint caché & en sureté, profitant, pour se glisser dans la ville, du moment où les ennemis en étoient sortis, & s'occupoient à découvrir ces masses ; Julien attaqua au contraire un endroit découvert & ne se retira que lorsque le ciel fut, pour ainsi dire, obscurci par les traits & les cailloux sans nombre qu'on décocha contre lui. Après cette brusque & rapide tentative, comme l'ouvrage des mantelets & des terrasses n'avançoit que lentement, Julien ordonna de construire une machine connue sous le nom d'hélépole ; c'étoit celle dont se servit, comme nous l'avons dit plus haut, le Roi Démétrius pour prendre plusieurs villes, ce qui fit donner à ce Prince le nom de Poliorcetes. Cette énorme masse qui devoit dominer les créneaux des plus hautes tours, & le danger qui menaçoit les assiégés, les fit enfin recourir aux prieres ; on les vit donc se répandre sur les tours & sur le haut des murailles, tendre des mains suppliantes aux Romains & implorer leur pitié. Dès qu'ils s'apperçurent que les travaux cessoient & qu'on n'entreprenoit plus rien, ce qui étoit un signe de treve, ils demanderent & obtinrent la liberté de conférer avec Hormisdas; Mamersides le Commandant fut dévalé par une corde & conduit à l'Empereur. Il fit ses soumissions, & ayant obtenu grace, comme il le souhaitoit, pour lui & pour ses compatriotes, on lui permit de s'en retourner. Au récit qu'il fit à son retour, le peuple des deux sexes souscrivit à tout; on conclud solennellement la paix, les portes de la ville furent ouvertes, les habitans en sortirent en criant que le magnanime & clément Julien étoit à leurs yeux un Dieu sauveur. Le nombre de ceux qui se rendirent, fut de deux mille cinq cents, car les autres qui avoient prévu le siege, s'étoient retirés dans de petites barques. On trouva dans cette place une ample provision d'armes & de vivres. Les vainqueurs en prirent ce qu'il leur falloit, & brûlerent le reste avec la place elle-même.

## CHAPITRE III.

*Julien, pour récompenser les soldats, leur promet à chacun cent deniers; & comme ils paroissent mépriser un aussi chétif présent, il les rappelle à la raison par un discours plein de sens.*

LE lendemain, pendant que l'Empereur profitoit de quelques momens de relâche pour prendre son repas, il reçut la triste nouvelle que le Surena, Général Perse, qui conduisoit l'avantgarde ennemie, étoit inopinément tombé sur trois de nos escadrons, qu'il avoit enlevé un étendard, & tué quelques-uns de nos gens, parmi lesquels étoit un Tribun. Au même instant, Julien transporté de colere part avec un corps, & comptant beaucoup sur la célérité de sa marche, il tombe sur ces brigands qui furent honteusement repoussés: il cassa ensuite comme des lâches & des poltrons les deux autres Tribuns, dégrada dix des soldats qui avoient fui, & les fit mettre à mort selon les anciennes lois de la guerre.

Après qu'on eut, ainsi que nous l'avons dit, mis le feu à Pirisabore, Julien, du haut d'un tribunal qu'il fit dresser, remercia les troupes assemblées, des preuves de bravoure qu'elles avoient données, les exhorta à continuer, & promit à chacun cent pieces d'argent; mais s'appercevant que la modicité de cette somme excitoit des murmures, il éleva la voix & leur dit d'un ton d'indignation: « Ces Perses que vous voyez, se trouvent dans la plus grande abondance, c'est à notre valeur à s'enrichir de leurs dépouilles; croyez que la République, après avoir possédé d'immenses trésors, n'est à présent dans l'indigence, que par la faute de ceux qui, pour satisfaire leur avarice, ont enseigné aux Princes à acheter la paix des Barbares. Les fonds sont en désordre, les villes épuisées, les provinces saccagées; quoique noble, je suis sans bien, sans parens opulens, & faisant consister, comme je le fais, le souve-

» rain bien dans les qualités de l'ame,
» je ne rougis pas d'avouer mon hon-
» nête pauvreté. Les Fabricius, tout
» pauvres qu'ils étoient, n'en ont pas
» moins conduit avec gloire des guer-
» res considérables. Vous pouvez jouir
» en abondance de tous ces avanta-
» ges, si vous vous abandonnez sans
» crainte, & autant que l'humanité
» le comporte, à la volonté du Ciel
» & à mes conseils; mais si vous re-
» fusez d'obéir, retirez-vous, je ter-
» minerai seul la carriere de mes ex-
» ploits, sans regretter une vie qu'une
» petite fievre peut me ravir; certai-
» nement je mourrai comme il con-
» vient à un Empereur, ou je renon-
» cerai à l'Empire que je n'ai pas
» possédé de maniere à ne pouvoir
» pas vivre un jour en simple parti-
» culier. J'aurai du moins le plaisir
» & l'honneur de laisser après moi
» des Officiers habiles & instruits dans
» toutes les parties de l'art de la
» guerre ».

Ce discours fait avec cette sagesse
qui, dans les succès comme dans les
revers, faisoit toujours tenir à Julien
un juste milieu, adoucit pour le mo-

ment les soldats : pleins d'espérances pour l'avenir, ils promirent tout d'une voix qu'ils seroient dociles, & éleverent jusqu'au ciel l'ascendant & la magnanimité du Prince ; ils exprimerent ces sentimens, comme on a coutume de le faire lorsqu'ils partent du cœur, je veux dire par un bruit léger de leurs armes, puis rentrant sous les tentes, ils se remirent de leurs fatigues en se reposant & en prenant la nourriture que les circonstances leur offroient. Julien encourageoit ses troupes, non par l'idée de leurs familles, mais par la grandeur de l'entreprise qu'il venoit de commencer. *Puissai-je ainsi*, disoit-il en forme de serment, *soumettre les Perses & relever par-là l'Empire Romain ébranlé!* Trajan avoit, à ce qu'on rapporte, la coutume de donner du poids à ses paroles, en jurant de la même maniere. *Ainsi puissai-je réduire la Dace en Province! Ainsi puissai-je traverser sur des ponts l'Istre & l'Euphrate!*

Nous fîmes après cela une marche de quatorze mille pas, & arrivâmes à un endroit dont les eaux abondantes fécondent les campagnes. Les Perses

instruits d'avance de notre route, lâ-
cherent les écluses. Une grande étendue de pays étant donc inondée, l'Empereur, après avoir fait reposer le
lendemain son armée, la précéda pour
jeter beaucoup de petits ponts construits d'outres, de bateaux de cuirs,
& de poutres de palmiers; ensuite il
la fit défiler, quoiqu'avec peine. Les
terres de ces contrées sont la plupart
plantées de vignobles, & de divers
arbres fruitiers; les palmiers y forment
des forêts immenses, qui s'étendent
jusqu'au territoire de Mésene (a) & à
la grande mer. On y trouve par-tout
des branches d'arbres & de palmiers
détachées, dont le fruit donne en
abondance du miel & du vin. On
prétend que les palmiers s'accouplent,
& qu'il est aisé d'en distinguer le sexe;
on ajoute qu'on rend fécondes les palmiers femelles, en les saupoudrant de
la semence des mâles, & qu'ils ressen-
tent un amour réciproque : que la
preuve en est, que se courbant l'un
contre l'autre, les plus grands vents

(a) C'étoit une bande de terre, isolée par un canal
sortant du Tigre près d'Apamée, & renfermant ce
qu'on appelle actuellement *Digel* dans le Diar-beckr.

### LIV. XXIV. CHAP. III. 321

ne sauroient parvenir à les séparer.

Que si la femelle n'est pas couverte de la semence du mâle, par une espece d'avortement, elle ne produit que des fruits précoces, & si l'on ignore de quel mâle le palmier femelle est épris, on oint son tronc de la semence d'un mâle, qui sent aussi-tôt cette agréable odeur, & indique par là le désir qu'il a de s'accoupler. L'armée qui se nourrit amplement de ces fruits, traversa ensuite plusieurs îles, & là même où l'on craignoit la disette, on appréhenda l'excès. Julien, après avoir repoussé un parti d'archers ennemis qui s'étoit cachés pour le surprendre, vint à un endroit où le bras le plus considérable de l'Euphrate se partage en plusieurs ruisseaux.

## CHAPITRE IV.

*La ville de Maogamalcha est attaquée & prise par les Romains.*

Ici nos troupes qui ne respiroient que la vengeance, mirent en feu une ville que les Juifs qui l'habitoient avoient abandonnée, parce que ses murailles étoient trop basses. De-là Julien continua sa route avec d'autant plus de courage, qu'il comptoit sur l'assistance du Ciel. Arrivé devant Maogamalcha (a), place considérable & revêtue de bons murs, il dressa ses tentes avec toutes les précautions possibles, pour n'être pas surpris par la cavalerie Perse, qui n'est jamais plus redoutable qu'en pleine campagne ; ensuite accompagné d'un petit nombre de soldats armés à la légere, il fut à pied reconnoître soigneusement

---

(a) Ou *Majoramalcha*; Cellarius dans sa Géographie Ancienne, croit qu'Ortélius se trompe en pensant que cette ville est la même que *Bithra* dont parle Zosime, *Liv. III, Chap.* 19.

la situation de la place ; mais donnant dans une embuscade, il ne s'en tira qu'après avoir couru le plus grand danger. Car dix Perses sortis de la ville par une fausse porte, se coulerent, en s'appuyant sur les genoux, le long d'un chemin qui alloit en pente, & tomberent à l'improviste sur Julien. Deux d'entr'eux qui le reconnurent aux marques de sa dignité, l'attaquerent l'épée à la main ; mais il para leurs coups en élevant fort haut son bouclier, & en même temps perça un de ses assaillans ; le second fut mis en pieces par les gardes du Prince, les huit autres, dont quelques-uns furent blessés, s'enfuirent. On dépouilla les deux Perses qui avoient été tués, & Julien, chargé de ces trophées, rentra dans le camp avec tout son monde, au grand contentement de l'armée. Torquatus (*b*) enleva un collier d'or à son ennemi vaincu ; Valérius (*c*) triompha courageusement d'un Gaulois par le secours d'un corbeau, d'où lui vint le sur-

(*b*) *Voyez Aurel Vict. des Hommes illustres*, Ch. 28.
(*c*) *Voyez Florus*, *Liv. I*, *Chap. 13* ; & *Valere Maxime*, *Liv. III*, *Chap. 2*, §. 6.

O vj

nom de Corvinus, & par là leur nom a été transmis à la postérité ; nous ne leur envions pas cette gloire, mais qu'on ne refuse pas d'ajouter cette belle action de Julien aux exemples célebres de l'antiquité.

Le lendemain l'Empereur fit passer son armée sur des ponts qu'il avoit jetés & prit un camp plus avantageux; il l'environna d'une double circonvallation, parce qu'il craignoit, comme nous l'avons dit, la plaine, & sentant qu'il seroit dangereux de se porter en avant sans assurer ses derrieres, il forma le siege de la place. Pendant qu'on s'occupoit sérieusement de ces préparatifs, le Surena, Général ennemi, attaqua des chevaux qu'on avoit envoyé paître dans un bois de palmiers ; mais repoussé avec une perte légere par nos cohortes qui servoient d'escorte, il s'en retourna.

Les habitans de deux villes que des rivieres environnoient comme deux îles, tremblant pour leur salut, se rendirent à Ctésiphon ; les uns traverserent d'épaisses forêts, les autres ne virent d'autre moyen d'échapper que celui de tenter, en se jetant dans des troncs d'arbres creusés, de traverser les marais voisins pour arriver par de longs détours, à des terres éloignées : quelque-uns de ces fuyards qui oserent résister furent tués par nos soldats qui eux-mêmes parcouroient dans de petites barques ces retraites, & en ramenoient de temps en temps des prisonniers. On avoit sagement résolu, que tandis que l'infanterie attaqueroit les murailles, la cavalerie battroit la campagne pour amasser des vivres; par-là nos provinces étoient ménagées, & l'armée vivoit aux dépens de l'ennemi.

Déjà l'Empereur, qui avoit environné les doubles murs de la ville de trois rangs de troupes, l'attaquoit avec vigueur & se flattoit d'en venir à bout. Mais si l'attaque étoit indispensable, le succès n'en étoit pas moins très-difficile; car les hauts rochers qui environnoient la place de tous côtés, & qui formoient des enfoncemens tortueux, en défendoient l'accès, & ne permettoient pas d'en approcher sans le plus grand danger; joignez à cela des tours bien défendues, qui s'élevoient à la hauteur de la citadelle, qui elle-même étoit au haut du roc, & la pente de la plaine garnie d'ouvrages du côté où elle donnoit sur la riviere. Un désavantage non moins encore considérable pour nous, c'est qu'il n'y avoit aucune espérance de gagner par des caresses cette nombreuse garnison composée de gens d'élite, & dont la résistance faisoit croire qu'ils étoient déterminés à vaincre ou à s'enterrer sous les ruines de leur patrie. On avoit d'un autre côté bien de la peine à réprimer l'ardeur de nos soldats indociles qui demandoient à combattre en bataille rangée, & qui brûlant d'envie d'en venir aux mains, n'obéissoient qu'avec peine toutes les fois qu'on sonnoit la retraite.

La prudence & la sage conduite de Julien triompha pourtant de tous ces obstacles. On partagea les travaux, & chacun courut à son poste. Ici on élevoit des terrasses; là on combloit des fossés; ailleurs on creusoit des souterrains; plus loin les Ingénieurs plaçoient les machines qui devoient renverser les murs avec fracas. Névitte & Dagalaiphe faisoient travailler aux mines & aux claies. Julien se chargea des attaques & du soin d'empêcher qu'on ne tombât à l'improviste sur les machines, & qu'on n'y mît le feu. Au moment où les troupes demandoient avec vivacité le combat, le Duc Victor revint porter la nouvelle que les chemins étoient libres jusqu'à Ctésiphon. Cet avis remplit de joie les soldats; ils n'en furent que plus impatiens d'en venir aux mains, & attendirent en armes le signal.

Déjà le bruit des instrumens retentissoit de tous côtés. Les Romains, d'une voix menaçante & par de fréquentes courses en avant, provoquent l'ennemi qui, se confiant en son armure de fer, se croit à l'épreuve des traits; quelquefois nos gens joignent leurs boucliers & en forment une espece de tortue, dont l'inégale convexité se prête aux divers mouvemens qu'ils font. De leur côté les Perses, fermes sur leurs murailles, font tout ce qu'ils peuvent pour repousser & rendre inutiles ces efforts. Mais lorsqu'ils virent les assiégeans s'approcher sous la protection des claies d'osier, ils les chasserent au loin à coups de fleches, de gros cailloux, de torches enflammées & de maillets : les balistes agirent alors avec fracas, en décochant des fleches & des javelots sans nombre ; par-tout aussi où les scorpions furent dirigés par des mains habiles, il en partit une pluie de pierres rondes. Après de fréquentes attaques des deux côtés, la chaleur augmentant, & l'ardeur du soleil devenant insupportable, les combattans furent obligés de se retirer fatigués & couverts de sueur : le lendemain on recommença à se battre de toutes façons avec la même fureur, & les partis se séparerent encore sans le moindre avantage. L'Empereur qui partageoit tous les dangers, pressoit la prise de la ville ; il craignoit en perdant trop de temps, de négliger de plus grands objets ; mais dans les nécessités les plus urgentes, un rien suffit souvent pour apporter un grand changement aux affaires. Au moment où les deux partis sur le point de se séparer, se battoient, ce qui arrive ordinairement, avec moins d'opiniâtreté, un belier qu'on avoit amené peu auparavant, ayant été poussé mal à propos, renversa la plus haute tour construite de briques, & sa chute entraîna, avec un fracas horrible, celle du mur qui lui étoit contigu. Ici les assiégeans & les assiégés firent des prodiges de valeur, & se signalerent par les plus belles actions. Rien ne parut difficile aux Romains, animés par la colere & le ressentiment. Rien n'effraya les assiégés pour défendre leur vie. Le jour qui baissoit termina ce combat si long-temps douteux, & qui avoit coûté tant de sang. On pensa à se reposer. Sur ces entrefaites on vint annoncer à l'Empereur occupé de soins qui le tenoient éveillé, que les légionnaires chargés de creuser des mines, avoient, tandis qu'on se battoit sur terre & au grand jour, fait des souterrains, planté des pieux, pénétré jusques sous les fondemens, & qu'ils étoient prêts à percer s'il l'ordonnoit. La plus grande partie de la nuit étant passée, on donna le signal pour combattre, & l'on courut aux armes. Les murs furent à dessein attaqués de deux côtés ; par-là, les défenseurs forcés à courir au secours, tantôt ici, tantôt là, ne purent entendre le bruit que faisoient nos travailleurs, ce qui mit ceux-ci en état de sortir de leurs mines sans trouver de résistance.

D'après cette disposition, nos attaques ayant donc attiré toute l'attention des assiégés, Exsupere, soldat du corps des Victorieux, & après lui le Tribun Magnus & le Notaire Jovien, suivis de plusieurs autres, volent hors de ces retraites; d'abord ils égorgent ceux qui habitoient la maison par laquelle ils avoient pénétré, ils marchent ensuite avec précaution, & tuent les sentinelles qu'ils rencontrent & qui s'occupoient, selon l'usage de ce peuple, à exalter dans des chansons la justice & le bonheur de leur Prince.

On se persuada d'autant plus que Mars lui-même (s'il est vrai que la majesté des Dieux leur permette de se confondre avec les hommes) avoit assisté Luscinus (d) lorsqu'il força le camp des Lucaniens, qu'on crut voir, dans la chaleur du combat, un homme armé & d'une figure colossale qui portoit des échelles, & qu'on fit inutilement le lendemain une revue

(d) Voyez Valere-Maxime, Liv. I, Chap. 8, §. 6.

exacte de l'armée pour le trouver : il n'eſt pas douteux cependant qu'un ſoldat qui auroit fait cette belle action, n'auroit pas héſité à ſe faire connoître. Mais ſi alors il reſta inconnu, ceux qui ſe comporterent ici vaillamment ne furent pas ignorés, ils obtinrent les couronnes obſidionales, & on loua publiquement leur bravoure, ſelon l'uſage des anciens. Enfin la ville ouverte & menacée de tous côtés de ſa deſtruction, fut envahie. Tout ce qu'on rencontra, tomba, ſans diſtinction d'âge ou de ſexe, ſous les coups du vainqueur irrité ; d'autres effrayés de leur perte prochaine, & qui ne voient que glaives & que feux, ſe précipitent volontairement du haut des murailles en déplorant cette derniere cataſtrophe, & attendent, avec des corps briſés, qu'on les prive d'une vie plus inſupportable que la mort même. Nabdates Gouverneur de la place fut fait priſonnier avec quatre-vingts de ſes gardes. Julien, doux & clément, ordonna qu'il fût gardé ſans qu'on lui fît le moindre mal. Le butin fut enſuite partagé ſelon les travaux & les mérites de chacun. L'Empereur, qui se contentoit de peu, prit pour sa part & comme la récompense la plus précieuse de sa victoire, trois pieces d'or & un jeune enfant muet, mais qui par des gestes & des signes agréables exprimoit plusieurs choses qu'il savoit. Julien ne voulut ni voir, ni approcher aucune captive ; on sait que les femmes Perses sont d'une beauté parfaite ; c'est ainsi que ce Prince imita Alexandre & Scipion l'Africain, qui évitoient ces sortes d'occasions, pour ne pas se laisser vaincre par la volupté, après avoir triomphé des plus grands dangers.

Pendant le siege un de nos Ingénieurs, dont je ne me rappelle pas le nom & qui se tenoit derriere un scorpion, perdit la vie, ayant été atteint à la poitrine par une pierre que celui qui servoit cette piece n'avoit pas bien placée dans la fronde ; ses membres furent déchirés au point qu'il fut plus possible de le reconnoître.

Des avis surs apprirent ensuite à Julien qui venoit de se mettre en marche, qu'un certain nombre d'ennemis s'étoient embuchés autour des murailles, dans des creux & dans d'obscurs souterrains qui se trouvent en abondance dans ces quartiers, & qu'ils se préparoient à tomber sur notre arriere-garde. Une troupe de fantassins d'un courage éprouvé, fut envoyée pour les déloger de ces retraites; mais comme on ne put ni y pénétrer, ni engager ceux qui y étoient à en sortir pour combattre, on ferma l'entrée de ces cavernes avec du chaume & des sarmens auxquels on mit le feu; l'épaisse fumée qui entra dans ces especes de gorges, suffoqua quelques ennemis, la flamme en força d'autres à venir s'offrir à la mort, & le soldat, dès qu'il eut fait périr tous ces misérables, soit par le fer, soit par le feu, revint sans différer à ses drapeaux. C'est ainsi que tomba & fut réduite en cendres, par la valeur des Romains, une ville considérable & fort peuplée.

L'armée, après cette glorieuse expédition, traversa plusieurs rivieres sur des ponts, & parvint à deux forts construits avec de grandes précautions. Ici le Comte Victor qui nous précédoit rencontra le fils du Roi qui venoit de Ctésiphon accompagné de grands Seigneurs & de beaucoup de troupes, pour nous disputer le passage du fleuve; mais ce Prince se retira dès qu'il apperçut nos gens.

## CHAPITRE V.

*Les Romains attaquent & mettent en feu un château très-fort par son assiette & par ses ouvrages.*

L'ARMÉE continuant sa marche, on arriva à des bois & à des campagnes couvertes d'une agréable variété de plantes; nous y trouvâmes un palais bâti dans le goût Romain, & le plaisir que cela nous causa, fit qu'on le laissa subsister. Nous vîmes aussi dans cet endroit une grande enceinte renfermée & destinée aux plaisirs du Roi; il y avoit des bêtes sauvages, des lions à longues crinieres, des sangliers hérissés, des ours tels qu'ils sont en Perse, redoutables au-delà de ce qu'on peut imaginer, & d'autres animaux féroces d'une grandeur considérable : nos cavaliers briserent les portes de l'enclos, & tuerent toutes ces bêtes à coups d'épieux & de dards.

Ce terrain est fécond & cultivé ; la ville de Coche (*a*) nommée aussi Séleucie, n'en est pas fort éloignée. L'Empereur fit fortifier ici son camp à la hâte, & après avoir profité de la commodité des eaux & des pâturages pour rafraîchir pendant deux jours son armée, il prit les devants avec les coureurs, & parcourut cette ville abandonnée, que détruisit autrefois Vérus (*b*), & de laquelle sort un lac qui se décharge dans le Tigre. Il y vit un grand nombre de corps attachés à des gibets ; c'étoient les parens de celui qui avoit livré, comme nous l'avons rapporté, Pirisabore.

Ici fut brûlé vif le Gouverneur Nabdates qu'on avoit pris avec quatre-

___

(*a*) On croit qu'un lieu situé à une journée de *Bagdad*, & nommé *Al-Modain*, ce qui veut dire, les deux villes, représente *Coche* & *Ctésiphon* qui étoient vis-à-vis l'une de l'autre sur les rives opposées du Tigre : il paroît pourtant qu'il s'agit ici de *Zochase* dont parle *Zosime*, Liv. III.

(*b*) *Voyez ci-dessus* Liv. XXIII, Chap. 6.

vingts de ses gardes à Maogamalcha, tant parce qu'ayant promis au commencement du siege de rendre la ville, il n'en avoit rien fait, & s'étoit opiniâtrément défendu, que parce qu'enflé d'orgueil d'avoir obtenu sa grace, il osoit tenir des discours insolens sur le compte d'Hormisdas.

Nous essuyâmes un triste échec à quelque distance de là ; tandis que trois cohortes de nos coureurs en étoient aux mains avec un corps de Perses, qui étoient brusquement sortis de Ctésiphon, un autre détachement ennemi qui vint par la rive opposée du fleuve, attaqua les bêtes de somme qui nous suivoient, les enleva & tua quelques-uns de nos fourrageurs qui s'étoient imprudemment écartés. Julien frémissant & plein de colere, quitta cet endroit ; tandis qu'il approchoit de Ctésiphon, il trouva un château élevé & bien fortifié : suivi de peu de monde, il s'avance pour le reconnoître, & dans l'espérance qu'on ne l'appercevroit pas, il approche des murailles, jusqu'à la portée du trait. Mais il fut découvert, & aussi-tôt exposé à une décharge si furieuse de traits,

traits, qu'il eût péri par une grosse piece qui jouoit de dessus la muraille, si les boucliers dont on le couvrit ne lui eussent pas donné le temps de s'arracher à cet extrême danger; son Ecuyer qui étoit près de lui, fut blessé.

Cet incident l'irrita démesurément; il résolut d'attaquer le château: les assiégés qui comptoient beaucoup sur la force de la place & sur les secours du Roi, qui venoit à grands pas avec une puissante armée, se disposerent à une vigoureuse défense. Pendant qu'on préparoit les claies d'osier & les autres attirails de siege, la lune qui éclairoit alors, découvrant à ceux qui étoient sur les murailles ce qui se passoit au dehors, tout d'un coup la garnison réunie fit une sortie & tomba sur une de nos cohortes dont elle fit un grand carnage; il y périt un Tribun qui voulut s'opposer au premier choc. dans le même temps d'autres Perses venus, comme ils avoient fait peu auparavant, de la rive opposée du fleuve, attaquent nos gens, en tuent quelques-uns & en font d'autres prisonniers. La crainte que les ennemis ne fussent en beaucoup plus grand nombre qu'ils n'étoient en effet, étonna d'abord le courage de nos soldats; mais revenus de cette frayeur, ils coururent en tumulte aux armes, & les instrumens militaires ranimant le reste des troupes, elles se hâterent avec fracas d'en venir aux mains; les assiégés effrayés à leur tour, rentrerent dans la ville sans avoir essuyé de perte.

L'Empereur indigné contre ceux qui avoient si lâchement soutenu le premier effort de l'ennemi, les dégrada & les fit passer dans la milice dont le service est plus onéreux. Ensuite plus acharné que jamais à la destruction de ce fort, devant lequel il avoit couru de si grands dangers, il y donna tous ses soins; toujours à la tête des troupes, on le voyoit au premier rang combattre avec intrépidité, donner l'exemple de la bravoure & l'exciter par ses éloges. Son courage qui brava tous les périls, tous les moyens d'attaque qu'on employa, & la valeur de ses troupes, triompherent enfin de la place qui fut réduite en cendres. Les grandes fatigues qu'on avoit essuyées

& ce qui restoit encore à faire, déterminerent Julien à donner du repos à son armée que tant de travaux avoient épuisée; il lui fit distribuer des vivres en abondance. On éleva un bon rempart, on creusa de profonds fossés qui furent garnis de fortes palissades, pour se garantir des brusques attaques, aussi bien que d'autres embûches que lui faisoit craindre le voisinage de Ctésiphon.

## CHAPITRE VI.

*Julien tué dans un combat où il ne perd que soixante & dix hommes, deux mille cinq cents Perses; il harangue son armée & distribue plusieurs couronnes.*

De là nous vînmes à la riviere de Naarmalcha, ce qui veut dire le fleuve royal. Il étoit alors à sec. Trajan, & après lui Sévere l'avoient fait creuser, pour en faire un vaste canal qui pût recevoir les eaux de l'Euphrate & porter des navires jusqu'au Tigre. On

P ij

trouva que le plus sûr étoit de nettoyer d'abord cet endroit que les Perses qui craignoient l'usage qu'on en pourroit faire, avoient comblé de plusieurs grosses pierres. Julien le fit donc déblayer & les eaux s'y rendant aussitôt en abondance, la flotte après un chemin de trente stades, entra dans le Tigre que l'armée traversa sans perte de temps sur des ponts, pour marcher vers Coche. Nous fîmes halte, & nous reposâmes dans une campagne abondante qu'embellissoit des arbustes, des vignes, & des cyprès ; il y avoit au milieu d'un bois agréable, une retraite charmante dont les différentes parties étoient ornées selon l'usage de cette nation, de peintures qui représentoient les animaux auxquels le Roi avoit coutume de donner la chasse ; car les Perses n'aiment des peintures, que celles qui offrent l'image de meurtres & de combats.

Tout ayant répondu jusqu'ici à nos vœux, l'Empereur n'en devint que plus hardi, & comptant sur son bonheur qui jusques-là n'avoit souffert aucune atteinte, il forma plus d'une fois des entreprises presque téméraires. Il prit donc des meilleurs navires qui portoient des vivres & des machines, les fit décharger & mit sur chacun quatre vingts hommes. Faisant ensuite trois divisions de sa flotte dont il garda auprès de lui la principale, il résolut d'en faire partir une, dès le commencement de la nuit, sous les ordres du Comte Victor, pour traverser le fleuve & occuper le rivage ennemi.

Les Généraux que ce hardi projet allarma, le prierent tout d'une voix de n'en pas tenter l'exécution; mais l'inébranlable Julien fit élever l'étendard & cinq galeres partirent aussitôt; à peine approcherent-elles du rivage, que les feux & les matieres combustibles dont on les accabla, les auroient réduites en cendres avec les soldats qui les montoient, si l'Empereur criant avec courage, que c'étoit là le signal de nos gens qui avertissoient qu'ils étoient les maîtres des bords du fleuve, n'avoit pas engagé par-là le reste de la flotte à forcer de rames. Les navires aborderent donc sans recevoir de dommage, & les soldats, quoiqu'incommodés par les pierres & les traits que l'ennemi leur décochoit d'en haut, gagnerent après un combat opiniâtre, les hauteurs escarpées qui bordent le rivage, & s'y maintinrent.

L'histoire parle avec éloge de Sertorius qui passa le Rhône à la nage avec ses armes & sa cuirasse; ici quelques soldats en désordre & qui craignirent, après le signal donné, de ne pouvoir pas traverser, fermement attachés à leurs boucliers larges & creux, & qu'ils ne savoient pas trop bien diriger, suivirent de près les bateaux qui alloient fort vîte sur ce fleuve rapide & profond. Les Perses nous opposerent de nombreux escadrons de cavalerie. Leurs chevaux étoient bardés & caparaçonnés de cuirs épais, & leurs cavaliers tout couverts de lames de fer dont l'éclat éblouissoit. On avoit placé pour les soutenir des manipules d'infanterie qui avec des boucliers oblongs, creux, tissus d'osier, & garnis de cuirs cruds, manœuvroient en serrant leurs rangs. Après eux venoient des éléphans semblables à des collines mouvantes & dont les masses énormes avoient déjà plus d'une fois inspiré la terreur, & menacé de la mort ceux qui en approcheroient.

Julien, suivant la disposition d'Homere, plaça entre les deux lignes l'infanterie dont il étoit moins sûr, de peur qu'étant à la premiere, & venant à lâcher le pied, elle n'entraînât le reste de l'armée dans une fuite honteuse, ou qu'occupant la derniere, elle ne pût impunément tourner le dos; pour lui, escorté d'un petit nombre de troupes légeres, il parcouroit les premiers & les derniers rangs. Dès que les armées furent en présence, les Romains couverts de leurs casques dont les aigrettes brilloient au loin, agiterent leurs boucliers & s'avancerent avec lenteur & en cadence, les coureurs commencerent le combat par des décharges d'armes de traits, & en un instant il s'éleva un tourbillon de poussiere. Les cris d'usage dans ces occasions, joints au bruit des instrumens qui animent le courage, firent qu'on en vint bientôt à se joindre & à combattre avec les piques & les épées ; plus nos troupes avançoient, & plus elles se mettoient à l'abri des fleches. On voyoit Julien remplissant tour à tour les devoirs de général &

P iv

de soldat intrépide, se porter partout, soutenir ceux qui plioient, & ranimer ceux qui avoient besoin d'émulation. Enfin la premiere ligne des Persés s'ouvrit ; ils reculerent d'abord foiblement, puis à grands pas, leurs armes étant échauffées, & prirent le chemin de Ctésiphon ; nos troupes quoique fatiguées d'un combat qui avoit duré par une chaleur brûlante depuis le matin jusqu'au soir, les poursuivirent pourtant, & les prenant en queue les menerent battant avec leurs principaux chefs, Pygrane, le Surena & Narseus, jusques sous les murs de Ctésiphon ; elles seroient même entrées dans la ville confondues avec les fuyards, si le Général Victor blessé à l'épaule, ne les en eût empêchées des mains & de la voix ; il craignoit que nos gens imprudemment enfermés dans une ville d'où ils ne pourroient pas sortir, ne fussent enfin accablés par le nombre. Que les Poëtes célebrent les triomphes d'Hector, qu'ils élevent la valeur d'Achille ; que les siecles les plus reculés parlent avec éloges de Sophanes, d'Aminie, de Callimaque, de Cynægire, ces foudres de la Grece qui ont brillé dans les guerres des Medes (a); il n'est personne qui ose nier que plusieurs de nos soldats ne se soient également illustrés dans cette journée, par des actions mémorables.

Après ce combat les troupes rassurées & couvertes encore du sang de l'ennemi, s'assemblerent autour de la tente de Julien pour le combler d'éloges & le remercier de ce que se montrant aussi habile Général que vaillant soldat, il avoit si bien conduit la bataille, qu'environ deux mille cinq cents Perses y avoient péri, tandis que nous n'avions perdu que soixante & dix hommes. Julien appelant par leurs noms la plupart de ceux qu'il avoit vu payer vaillamment de leurs personnes, leur distribua des couronnes navales, civiques & castrenses. Ces succès lui en firent espérer de plus grands, il voulut immoler beaucoup de victimes à Mars le Vengeur; mais de dix beaux taureaux qu'il fit mener, neuf tomberent d'eux-mêmes avant que d'arriver à l'autel; le dixieme rompit ses liens, & traîné à grand'peine, il

(a) Voyez Hérodote, Liv. VI, VIII, IX; Justin, Liv. II; Valere-Maxime, Liv. III, Chap. 2.

P v

offrit des signes de mauvais augure. Julien en fut si indigné, qu'il prit à haute voix Jupiter à témoin, qu'il ne sacrifieroit plus à Mars. Il n'eut pas le temps d'être parjure, puisqu'il mourut peu après.

## CHAPITRE VII.

*Julien rebuté du siege de Ctésiphon, fait brûler tous ses vaisseaux & s'éloigne du fleuve.*

L'EMPEREUR tint ensuite conseil avec ses principaux Officiers sur le siege de Ctésiphon; le sentiment de quelques-uns fut, qu'il seroit téméraire & hors de saison d'attaquer cette ville, tant parce que sa situation la rendoit imprenable, que parce que Sapor approchoit avec une nombreuse armée. Julien approuva cet avis comme le plus sage, & détacha aussitôt Arinthée avec un corps d'infanterie qui fit un riche butin, soit en ravageant les quartiers d'alentour, & les campagnes qui abondoient en vivres & en beftiaux, foit, en donnant la chaffe à ceux des ennemis que la terreur avoit fait fuir dans d'épais fentiers & dans de fombres retraites qu'ils connoiffoient à merveille. Pour lui que l'ambition dominoit & pouffoit à étendre fes conquêtes, au mépris de ce qu'on lui dit pour l'en détourner, & cenfurant fes Généraux dont il croyoit que les confeils étoient le fruit de la pareffe & de l'amour du repos, il laiffa le fleuve à gauche, réfolu fous la conduite de malheureux guides, d'avancer à grands pas dans le pays. Armé, pour ainfi dire, du flambeau de Bellone il mit le feu à fa flotte, & ne conferva que douze navires des plus petits, qu'il fit mettre fur des chariots pour s'en fervir, en cas de befoin, à conftruire des ponts.

Il crut agir bien fagement dans cette occafion, puifqu'il empêchoit par là que fa flotte pût fervir à l'ennemi, & que d'un autre côté, vingt mille hommes de fon armée, employés dès le commencement de la campagne, à conduire ces bateaux, fe trouvoient déchargés de ce foin. Cependant, comme chacun murmuroit par la crainte des suites, & qu'il étoit clair qu'en cas d'échec, on seroit dans l'impossibilité de franchir des lieux arides & des montagnes extrêmement hautes pour regagner l'eau, les transfuges avouant encore dans les tourmens, qu'ils avoient fait un rapport infidele, il ordonna d'éteindre promptement les flammes ; mais elles avoient fait des progrès si rapides, qu'on ne put sauver que douze vaisseaux que l'on mit à l'écart pour les garder. La flotte ainsi consumée mal à propos, Julien plein de confiance en son armée réunie, s'avança en force dans l'intérieur du pays où il trouva abondamment de la subsistance. Les ennemis, sur l'avis qu'ils en reçurent, mirent, pour nous faire tous périr par la disette, le feu aux pâturages & aux moissons ; cet incendie nous empêcha d'avancer, & nous força d'en attendre la fin dans le camp. En attendant les Perses nous harceloient de loin ; tantôt ils s'éparpilloient à dessein, tantôt ils nous attaquoient en corps, pour qu'il parût à ceux qui regardoient de loin, que les troupes du Roi les avoient joints,

& que nous cruſſions que c'étoit là ce qui les animoit aux attaques hardies qu'ils faiſoient. L'Empereur & les ſoldats s'affligeoient, la flotte étant détruite, de ne pouvoir plus jeter de ponts, ni marcher à l'ennemi qui approchoit à en juger par l'éclat des armes. A ce mal s'en joignoit un autre non moins conſidérable, c'eſt que, par les raiſons que nous avons déjà dites, ni le ſecours d'Arſace, ni celui des autres Généraux n'arrivoient pas.

## CHAPITRE VIII.

*Julien ne pouvant, ni conſtruire des ponts, ni joindre une partie de ſon armée, ſe détermine à retourner par la Cordouene.*

LE Prince pour conſoler ſes ſoldats alarmés, ordonna de faire paroître les captifs qui étoient d'une taille grêle & fort maigres, ainſi que ſont preſque tous les Perſes ; puis s'adreſſant aux Romains ; « Voilà, dit-il, ceux que
» les fils de Mars regardent comme

» de redoutables ennemis ; des chè-
» vres difformes & hideuses, &,
» comme l'expérience nous l'a tant
» de fois prouvé, des lâches qui jettent
» les armes & tournent le dos avant
» que de combattre. » Ensuite après
avoir fait retirer les prisonniers, il
délibéra sur l'état présent des affaires.
On parla beaucoup, & l'armée cria
insolemment qu'il falloit retourner par
le même chemin, mais le Prince s'y
opposa avec force, & plusieurs se
joignirent à lui pour prouver que la
chose n'étoit pas praticable, puisqu'on
avoit tout détruit dans cette plaine
immense, & que les hameaux qui restoient, étoient destitués de tout ; que
les neiges & les glaces fondues inon-
doient tous les chemins, & que les
torrens grossis, faisoient déjà débor-
der les rivieres ; qu'outre cela, c'étoit
le temps où les chaleurs attiroient
des nuées de mouches & d'insectes qui
déroboient en quelque sorte la vue
du ciel.

Après bien des indécisions sur le
parti qu'on devoit prendre, on dressa
des autels, on égorgea des victimes,
on consulta les Dieux, pour savoir

s'ils approuvoient que nous retournaſ-
ſions par l'Aſſyrie, ou que côtoyant
les montagnes, nous fiſſions bruſque-
ment le dégât de Chiliocome ſituée
près de la Cordouene (*a*); les entrailles
ne nous éclairerent ſur aucun de ces
deux partis. On s'arrêta enfin, comme
n'en ayant pas de meilleur, à celui
d'atteindre la Cordouene. Le 16 de
Juin, l'Empereur leva le camp, &
s'étant mis en marche à la pointe du
jour, on apperçut une fumée épaiſſe
& un tourbillon de pouſſiere; on crut
que c'étoient des ânes ſauvages qui
ſont en grand nombre dans ces contrées, & qui marchent en troupe pour
ſe garantir des attaques des lions.
D'autres penſoient, que c'étoient les
Sarraſins qui dans l'idée que Julien
attaquoit Cteſiphon, venoient ſe joindre à nous. D'autres enfin ſe figu-
roient, que c'étoient les Perſes qui
ſe diſpoſoient à fondre ſur nous. Dans
cette incertitude & pour prévenir
toute ſurpriſe, on raſſembla les troupes au ſon des inſtrumens, pour s'ar-

(*a*) Contrée de la grande Arménie, qui, ſelon
quelques-uns, fait partie aujourd'hui du pays des
Curdes.

rêter près d'une riviere dans un vallon fleuri ; l'armée se rangea en rond après s'être fait une espece de rempart de ses boucliers, & nous nous reposâmes tranquillement. L'épaississement de l'air dura jusqu'au soir, & ne nous permit pas de voir ce qui avoit occasionné cette poussiere.

# AMMIEN MARCELLIN.

## LIVRE XXV.

### CHAPITRE I.

*Les Perses attaquent les Romains qui étoient en marche, & sont vigoureusement repoussés.*

Nous passâmes cette nuit qu'aucune étoile n'éclairoit, comme il arrive dans les momens critiques & dangereux, sans que personne osât se coucher ou fermer les yeux ; les premiers rayons du jour découvrant au loin les cuirasses brillantes & les armures de fer des ennemis, nous comprîmes que les troupes du Roi étoient arrivées. A cette vue nos soldats pleins d'ardeur s'empressèrent à en venir aux mains ; mais l'Empereur leur défendit de passer la petite riviere qui les séparoit des ennemis.

Il y eut à peu de distance du retranchement un sanglant combat entre nos coureurs & ceux des Perses. Machamée qui conduisoit un de nos bataillons, tomba dans la mêlée; son frere Maurus qui fut depuis Duc de la Phénicie, vola à son secours, massacra le meurtrier de son frere, & renversa tout ce qu'il rencontra; mais blessé enfin lui-même à l'épaule, il arracha à grand' peine de la mêlée, Machamée prêt d'expirer. Les deux partis étant également épuisés par l'excessive chaleur & les fréquentes attaques, les escadrons ennemis furent enfin forcés de se retirer avec une perte considérable. Tandis que nous nous éloignions, les Sarrasins que la crainte que leur inspiroient nos soldats, fit battre en retraite, se mêlerent avec les Perses & essayerent de tomber sur nos bagages; mais dès qu'ils apperçurent l'Empereur, ils se replierent sur la cavalerie destinée à les soutenir.

Partis de là nous arrivâmes à un bourg nommé Hucumbra, nous y trouvâmes pendant deux jours au-delà du nécessaire en provisions de bouche, ainsi qu'en froment : nous brûlâmes tout ce que nous ne pûmes pas emporter. Le lendemain pendant que l'armée avançoit tranquillement, les Perses attaquerent brusquement ceux qui formoient ce jour-là notre arrieregarde, & ils l'auroient détruite sans peine, si notre cavalerie répandue dans la plaine, s'appercevant aussi-tôt du dessein des ennemis, ne les eût repoussés après en avoir blessé plusieurs. Le Satrape Adace périt dans cette action ; c'est le même qui autrefois envoyé comme Ambassadeur à Constance, en fut très-bien reçu. On récompensa comme il convenoit celui qui l'avoit tué, & qui présenta les dépouilles de ce Général à Julien.

Nos légions accuserent ce même jour un corps de cavalerie de s'être insensiblement retiré pendant qu'elles fondoient sur l'ennemi, ce qui avoit presque ébranlé le courage de l'armée. L'Empereur plein d'une juste indignation, ôta à ce corps ses étendards, brisa ses piques, & condamna à marcher avec le bagage & les prisonniers tous ceux qu'on accufoit d'avoir lâché le pied ; quant à leur chef qui avoit vaillamment combattu, on le mit à la tête d'un autre efcadron dont le Tribun fut convaincu d'avoir indignement tourné le dos. On dégrada encore quatre autres Tribuns coupables de la même infamie. Julien, vû la grandeur & le nombre des difficultés qui l'attendoient, fe contenta de ce léger châtiment.

Après avoir marché foixante & dix ftades, tous nos vivres étant épuifés, les pâturages & les moiffons en feu, chacun fe chargea, autant qu'il le put, des grains & du fourrage qu'il tâcha d'arracher aux flammes. Nous quittâmes ce lieu, & l'armée entiere fe rendit à un endroit nommé Maranga ; dès la pointe du jour nous apperçûmes une multitude immenfe de Perfes avec Merene, Général de la cavalerie, deux fils du Roi, & un grand nombre de Seigneurs. Ces troupes étoient pour ainfi dire, couvertes de fer, car d'épaiffes lames de ce métal parfaitement ajuftées aux jointures du corps, embraffoient chacun de leurs membres. Leurs têtes étoient enveloppées de casques qui imitoient des faces humaines, & telles que des corps durs & solides, elles ne pouvoient être blessées que par les petites ouvertures faites pour les yeux & pour les narines; ceux d'entre eux qui devoient combattre avec des piques, étoient immobiles & sembloient attachés avec des chaînes d'airain; près d'eux étoient les archers, ( leur grande habileté dans ce genre d'exercice a rendu célebre cette nation dès son origine ) ils écartent les bras & tendent leurs arcs flexibles de maniere que la corde touche leur mamelle droite, tandis qu'ils tiennent de la main gauche la pointe du trait; puis avec une extrême adresse ils en décochent des fleches qui fiflent en partant, & font de mortelles blessures. On voyoit ensuite de brillans éléphans; leurs effroyables gueules, leurs cris terribles & l'odeur qu'ils exhaloient, effrayoient les hommes & encore plus les chevaux. Ceux qui montoient ces animaux portoient à la main droite, depuis la défaite qu'ils avoient essuyée devant Nisibe, des couteaux à manches; si l'animal devenu furieux, cessoit d'obéir à son maître, pour empêcher qu'en se tournant il n'écrasât l'armée qu'il devoit servir, on l'abattoit en lui enfonçant avec violence ce couteau entre la jointure qui sépare le cou & la tête.

L'expérience avoit montré à Hasdrubal, frere d'Annibal (*a*), que c'est ainsi qu'on ôte promptement la vie à ces animaux.

A la vue d'objets qu'il n'étoit pas possible de regarder sans effroi, l'intrépide Julien accompagné de ses cohortes & des principaux Officiers, rangea, ainsi que l'exigeoient les forces redoutables qu'il avoit à combattre, ses manipules en croissant, courba ses ailes; & de peur que les archers, s'ils tomboient sur nos bataillons, ne les missent en déroute, il avança au plus vîte pour rompre par là l'effet des traits de l'ennemi; puis donnant aussit-ôt le signal, l'infanterie Romaine qui fondit à rangs serrés sur le front épais des Perses, le renversa avec impétuosité: l'ardeur de combattre s'alluma au point, que le bruit des boucliers, les cris des combattans, & le

(*a*) Voyez ce qu'en dit Tite-Live, Liv. XXVII, Chap. 49.

fracas des armes alla toujours en augmentant; la campagne fut bientôt teinte de sang & jonchée des cadavres des Perses qui tomberent de tous côtés. Foibles dans la mêlée, ils trouverent de grandes difficultés à se battre corps à corps : l'habitude où ils étoient d'attaquer de loin, faisoit qu'aussitôt que quelques-uns de leurs corps plioient, ils cédoient comme la pluie que chasse le vent, & tout en fuyant ils lâchoient par derriere des fleches qui empêchoient de les poursuivre. Les Perses furent donc repoussés avec une vigueur étonnante, & nos soldats que l'excessive chaleur du jour avoit fatigués, pleins de l'espoir de nouveaux succès, rentrerent dans le camp au signal de la retraite. Les ennemis perdirent beaucoup plus que nous dans cette action. On regretta surtout parmi nos morts l'intrépide Vétranion qui commandoit la légion des Zianniens (*b*).

(*b*) Autrement *Tzanni*, ou *Thaanni*; ils étoient employés dans les Thraces. *Voy. Notice de l'Empire.*

## CHAPITRE II.

*L'armée éprouve la disette de blé & de fourrage. Julien est effrayé par des prodiges.*

Après trois jours de repos qu'on employa, tant à soigner ses propres blessures, que celles ce ses camarades, nous nous trouvâmes dans une destitution presque insoutenable de vivres; les blés & les pâturages ayant été brûlés, les hommes & les bêtes de charge furent réduits à la derniere extrémité; on distribua même au dernier des soldats qui souffroient de la faim, une grande partie des provisions destinées aux Tribuns & aux Comtes. L'Empereur pour qui l'on ne préparoit pas avec une profusion royale des mets délicats, mais qui se contentoit sous une tente peu spacieuse, d'une bouillie qu'un valet d'armée auroit dédaignée, s'oubliant pour ainsi dire lui-même, la partageoit encore avec les plus indigens. Ce Prince s'étant réveillé,

réveillé, selon sa coutume, après un sommeil inquiet & léger, pour rédiger, à l'exemple de César, ses pensées par écrit ; pendant qu'il s'occupoit fortement au milieu de la nuit d'un sujet philosophique, apperçut, comme il en fit l'aveu à ses amis, la figure du Génie de l'Empire sous un extérieur défait & bien différent de ce qu'il étoit, lorsqu'élevé au titre d'Auguste, il lui apparut dans les Gaules. Sa tête & sa corne d'abondance étoient couvertes d'un voile, & il sortit ainsi d'un air triste du pavillon. Julien ne put se défendre dans le premier moment d'une impression de surprise ; mais comme son ame étoit supérieure à toute espece de crainte, il s'abandonna aussi-tôt aux décrets du ciel ; puis se levant au milieu de la nuit, il offrit des sacrifices pour détourner les maux qui le menaçoient : tandis qu'il s'acquittoit de ce devoir, il crut voir un sillon de lumiere qui semblable à une flamme qui tombe, s'évanouit après avoir traversé l'air ; il fut saisi d'effroi en pensant que c'étoit peut-être là l'étoile menaçante de Mars. Cet éclat de lumiere étoit ce que nous nommons météore brillant (*a*), qui ne tombe jamais sur la terre, ni ne la touche. Car on peut à bon droit regarder comme profane & comme insensé quiconque s'imagine que des corps puissent tomber du ciel. Ces phénomenes se font en plus d'une maniere; il suffira d'en indiquer quelques-unes. Il est des Philosophes qui pensent que des étincelles qui s'échappent de l'éther, s'éteignent, parce qu'elles n'ont pas assez de force pour aller plus loin, ou que des jets de lumiere dardés sur d'épais nuages produisent par un choc violent cette scintillation, ou enfin lorsque quelque lumiere s'attache à un nuage, y prend la forme d'une étoile, court tant qu'elle est nourrie, pour ainsi dire, par une matiere ignée, & s'épuisant ensuite dans l'immensité de l'espace, se dissout en un corps aërien, & se confond dans la substance même, qui par son vio-

---

(*a*) Ces rapides sillons de lumiere tenoient lieu de préfages depuis long-temps. *Voy. l'Iliade*, *Liv. IV.* M. de R. a ainsi rendu la pensée d'Homere :

Comme un astre éclatant qui descend sur les mers,
Et de sillons de feux embrasant son passage,
Eblouit le Pilote étonné de préfage.

lent frottement l'avoit échauffée. Julien manda en toute hâte, avant que le jour parût, les Aruspices Etrusques, & les ayant consultés sur ce que lui annonçoit cette sorte d'astre qui lui étoit apparu, ils répondirent qu'il devoit s'abstenir soigneusement de toute entreprise ; qu'il paroissoit par les livres de Tarquitius (*b*), à l'article qui traite des prodiges, qu'il falloit, lorsqu'une flamme avoit été vue au ciel, se garder de combats & de tout ce qui y a quelque rapport. Mais comme Julien méprisoit ces prédictions ainsi que bien d'autres choses, les Aruspices le conjurerent de retarder au moins sa marche de quelques heures ; il résista encore à ces instances, s'opposa à tout ce que leur art put lui dire, & le jour étant venu, il leva son camp.

(*b*) *Vide Pithœi. adverſ. Lib. I, Cap.* 20.

## CHAPITRE III.

*L'Empereur qui avoit oublié sa cuirasse, se jette imprudemment dans la mêlée pour repousser les Perses qui l'assaillent de tous côtés ; il est blessé d'un coup de javelot, & porté dans sa tente.*

Les Perses qui, par les pertes fréquentes qu'ils avoient faites, redoutoient les combats réglés, nous suivoient en nous dressant des embûches, & observoient des hauteurs nos troupes qui marchoient de l'autre côté, afin que nos soldats s'appercevant de cette manœuvre, ne pussent de tout le jour s'arrêter à élever un rempart, ni se fortifier par des palissades. Pendant qu'on couvroit puissamment les flancs & que l'armée, vu la situation du terrain, défiloit en bataillons carrés, quoique peu serrés, on annonça à Julien qui avoit pris les devants pour reconnoître, & qui n'étoit pas encore armé, que l'arriere-garde venoit d'être attaquée; frappé de ce contre-temps, & oubliant sa cuirasse, il saisit dans le trouble un bouclier : pendant qu'il vole où le danger demandoit sa présence, il apprend que l'avant-garde qu'il vient de quitter, est également assaillie ; au moment où il court, au mépris de tous les dangers, pour y rétablir les affaires, un corps de Parthes armés de toutes pieces attaque notre centre, d'où se répandant sur l'aile gauche qui avoit plié, il accabloit à coups de traits & de piques, nos gens qui ne pouvoient soutenir les cris, & la puanteur des éléphans. Mais à la vue de Julien qui affronte les plus grands périls, notre Infanterie légere prend les Perses à dos & taille en piece les jarrets des hommes & des éléphans. L'Empereur qui voit fuir l'ennemi, l'indique des mains & de la voix, & animant ses troupes à la poursuite, s'abandonne imprudemment avec elles. Les cavaliers de sa garde que la terreur avoit dispersés, l'exhortent à éviter cette foule de fuyards, plus redoutables que ne le seroit dans sa chute la cime d'une montagne ; mais tout à coup ( & on ne fait pas d'où partit le trait ) le javelot d'un cavalier effleurant le bras du Prince, lui perça les côtes & resta attaché au foie; il se coupa les doigts de l'effort qu'il fit pour arracher ce fer qui étoit tranchant des deux côtés; renversé de cheval, ceux qui étoient autour de lui, le releverent aussi-tôt & le porterent au camp où on pansa sa blessure. Peu après la douleur diminua; Julien revenu à lui, & opposant un courage intrépide au mal, demanda ses armes & son cheval pour retourner au combat ranimer ses troupes, & faire voir que tranquille sur son sort, il s'occupoit vivement de celui des autres; il imita ici, quoique dans des circonstances différentes, la fermeté d'Epaminondas (a), ce Général célebre, qui blessé à mort à Mantinée & tiré de la mêlée, demanda avec inquiétude son bouclier; on ne le lui eut pas plutôt montré, que plein de joie il expira de sa blessure, & cet homme intrépide parut moins sensible à la perte de sa vie qu'à celle de cette

(a) *Voyez Valere-Maxime*, Liv. III, Chap. II, §. 5; *Justin*, Liv. VI, Chap. 8.

arme. Les forces de Julien ne répondirent pas à son ardeur, & le sang qu'il perdoit en abondance, ne lui permit pas de se remuer; il renonça même à l'espoir de vivre dès qu'on lui eut dit que l'endroit où il se trouvoit s'appeloit Phrygie. C'étoit là qu'on lui avoit prédit que le destin mettroit un terme à ses jours.

Il n'est pas croyable à quel point la vue de Julien, ramené au camp, remplit les soldats de douleur, & du désir de le venger; ils frappoient les boucliers de leurs javelots, résolus à périr si le sort l'exigeoit. Privés de leur chef, malgré le tourbillon de poussiere qui les aveugloit, & l'abattement que leur causoit l'excessive chaleur, ils ne suivirent que leur désespoir & se battirent en furieux. Les Perses de leur côté se rendoient en quelque sorte invisibles aux Romains, par une nuée de traits qu'ils décochoient; leurs éléphans qui les précédoient lentement, effrayoient les hommes & les bêtes par leurs énormes masses & leurs aigrettes flottantes. On entendit au loin le choc des armes, les accens plaintifs de ceux qui tomboient, le cliquetis des épées, & le bruit des chevaux, jusqu'à ce qu'enfin la nuit termina le combat, & sépara les deux partis fatigués & assouvis de carnage. Cinquante Seigneurs & Satrapes avec un grand nombre de Perses périrent dans cette action. Merena & Nohodares, Généraux du premier rang, furent de ce nombre.

Que les partisans de l'antiquité s'étonnent des vingt batailles que livra Marcellus (*b*) en divers endroits; qu'elle y joigne toutes les couronnes militaires de Sicinius Dentatus (*c*); qu'elle admire encore, je le veux, vingt-trois blessures que reçut dans différens combats Sergius (*d*), dont Catilina, le dernier de sa race, souilla

---

(*b*) Marcus Claudius Marcellus qui fut cinq fois Consul. Plutarque remarque qu'on l'appeloit *l'épée des Romains*. Pline, *Liv. VIII, Chap. 25*, lui attribue plus de vingt victoires ; car en parlant de César, il dit : *Il combattit cinquante fois en batailles rangées; en quoi il eut seul l'avantage sur Marcus Marcellus qui en avoit livré trente-neuf.*

(*c*) *Valere-Maxime, Liv. III, Chap. 2, §. 24. Aulu-Gelle, Liv. II, Chap. 11*, dit qu'on l'appeloit l'Achille Romain, qu'il se trouva à cent vingt combats. Voyez encore *Pline, Liv. VII, Chap. 28.*

(*d*) Il s'appeloit Marcus Sergius Silus. *Voyez Pline, Liv. VII, Chap. 28.*

pour toujours l'éclat de ces belles actions.

La douleur empoisonna beaucoup cependant ces heureux succès. Car depuis la retraite de Julien, l'aile droite plia par la mort d'Anatolius, qui étoit alors Grand-Maître des Offices, le Préfet Salluste courut risque de la vie, & ne fut délivré, Sophorius son conseiller étant mort, que par les soins de son appariteur; quelques soldats s'emparerent après bien des dangers d'un petit fort voisin d'où ils purent au bout de trois jours rejoindre l'armée.

En attendant, Julien couché dans sa tente, parla en ces termes à ceux qui l'environnoient, & qui étoient dans la tristesse & dans l'abattement.

« Le temps est venu, mes chers
» amis, où il faut quitter, quoique
» de bonne heure, la vie. En débi-
» teur de bonne foi, je la rends avec
» joie à la nature qui la redemande,
» & non à regret & à contre-cœur,
» comme on pourroit le penser. Ins-
» truit par tous les Philosophes de la
» supériorité de l'ame sur le corps,
» & considérant combien un sort

» avantageux est préférable à un moin-
» dre, j'ai plus de sujet de me ré-
» jouir que de m'affliger. J'observe
» aussi, que les Dieux ont plus d'une
» fois accordé la mort aux gens de
» bien, comme une très-grande ré-
» compense. Je mets au nombre de
» leurs bienfaits ce courage qui m'a
» soutenu sous le poids d'entreprises
» périlleuses, & empêché de céder
» ou de m'oublier; l'expérience m'a
» prouvé que les maux triomphent
» des lâches, & qu'ils fuient devant
» ceux qui leur résistent. Je suis sans
» remords; je ne me reproche aucun
» crime commis, soit pendant mon
» exil & ma vie privée, soit depuis
» que j'ai pris les rênes de l'Empire;
» je l'ai reçu des Immortels comme
» un dépôt, je me flatte de l'avoir
» conservé pur, en gouvernant avec
» modération, & en ne faisant ou ne
» soutenant jamais la guerre qu'après
» un mûr examen. Si l'avantage &
» l'utilité que j'espérois n'a pas tou-
» jours répondu à mon attente, c'est
» parce que les Dieux disposent des
» événemens. Convaincu qu'un bon
» Prince ne doit se proposer d'autre

» but que l'intérêt & le bonheur de
» ses peuples, j'ai toujours eu, vous
» le savez, plus d'inclination pour la
» paix, & j'ai banni de toute ma con-
» duite la licence, cette destructrice
» des mœurs & des fortunes. Par-tout
» où la République, que j'ai cons-
» tamment regardée comme une mere
» respectable, m'a exposé au danger,
» je m'y suis porté avec joie, & me
» suis accoutumé à fouler courageu-
» sement aux pieds les disgraces du
» sort. Je ne rougis point d'avouer
» que le coup dont je meurs m'a été
» prédit il y a long-temps. Je bénis
» l'Être Suprême de ce que je ne ter-
» mine pas ma carriere par la trahi-
» son, par de longues & cuisantes in-
» firmités, ou par le supplice des cri-
» minels, mais au milieu du cours
» brillant d'exploits qui m'ont mérité
» ce trépas honorable. On a raison
» de regarder comme lâche & timide
» tout homme qui désire la mort lors-
» qu'il ne le faut pas, & qui la craint
» lorsqu'il est temps de la recevoir.
» Mes forces ne permettent pas de
» vous en dire davantage. C'est à
» dessein que je ne vous nomme point

» mon succeſſeur : je pourrois ne pas
» indiquer le plus digne, ou en nom-
» mant celui que je croirois le plus
» capable, l'expoſer au plus grand
» danger par cette préférence. Tel
» qu'un tendre fils, je ſouhaite que
» la République trouve, après ma
» mort, un chef qui ſoit digne d'elle. »

Depuis ce diſcours prononcé tranquillement, il diſtribua à ſes amis les biens qu'il tenoit de ſa famille, & demanda des nouvelles du Grand-Maître des offices Anatolius; le Préfet Salluſte lui ayant dit pour toute réponſe qu'il étoit heureux, il comprit qu'il étoit mort & gémit de ſa perte, lui que la ſienne propre touchoit ſi peu; il cenſura vivement & avec toute ſa dignité les aſſiſtans qui fondoient en larmes, leur diſant qu'il n'étoit pas ſéant de pleurer un Prince qui alloit s'élever au ſéjour des aſtres. Ils ſe turent, & il raiſonna enſuite profondément avec les Philoſophes Maxime & Priſcus ſur la nobleſſe de l'ame : ſa plaie ſe rouvrit, & l'enflure arrêtant la circulation, après avoir bu de l'eau froide qu'il demanda, il expira ſans efforts dans la nuit, à l'âge de trente-deux ans. Il étoit né à Constantinople, il perdit dans sa jeunesse Constance son pere, qui à la mort de son frere Constantin, périt au milieu de cette foule de successeurs, & sa mere Basiline, qui étoit d'une illustre & très-ancienne famille.

## CHAPITRE IV.

*Vertus & vices de Julien. Sa figure & sa taille.*

CE Prince mérite assurément d'être compté parmi les Héros, tant par les grandes actions qu'il a faites, que par l'éclat du Trône qu'il illustra. Les Philosophes nous parlent de quatre vertus cardinales, de la tempérance, de la prudence, de la justice, du courage, & d'autres qui les accompagnent & qui viennent d'objets qui sont hors de nous, telles sont la science militaire, l'autorité, le bonheur & la bienfaisance ; Julien les cultiva toutes avec un soin égal. Il se distingua d'abord par une chasteté si parfaite, qu'il ne se permit pas le moindre excès en amour depuis qu'il eut perdu sa femme ; il avoit présent à l'esprit le mot rapporté par Platon, c'est que Sophocle le tragique à qui l'on demandoit dans sa vieillesse, s'il s'amusoit encore avec des femmes, répondit que non, & ajouta qu'il se réjouissoit de s'être soustrait à ce goût, comme à l'esclavage d'un maître violent & cruel. Pour s'affermir davantage encore dans cette habitude, Julien se rappeloit fréquemment la maxime du lyrique Bacchylide qu'il lisoit avec plaisir, & qui dit : *qu'ainsi qu'un habile peintre sait embellir un visage, de même la chasteté releve la conduite de ceux qui veulent se distinguer du vulgaire.* Julien évita tellement dans l'ardeur de sa jeunesse tout excès en ce genre, que ceux qui l'environnoient & le suivoient dans sa vie privée, n'eurent jamais sur cet article ( ce qui n'est pas fort commun ) le plus léger soupçon contre lui. Cette vertu s'accrut encore & se fortifia toujours plus, par le peu de nourriture & de sommeil qu'il prenoit, soit pendant la paix, soit pendant la guerre. Durant la paix, la modicité & la quantité de ses alimens, faisoient l'admiration de ceux qui l'approchoient, & indiquoit un homme prêt à vivre en Philosophe; dans ses diverses campagnes on le vit quelquefois faire debout, comme les soldats, un repas court & simple.

Après avoir réparé par un peu de sommeil les forces de son corps endurci aux fatigues, il visitoit lui-même les sentinelles & les postes, & retournoit ensuite à ses doctes occupations. Que si quelqu'un pouvoit nous instruire de tout ce qu'il faisoit pendant la nuit, on verroit quelle prodigieuse différence il y avoit entre certains Princes & celui-ci, qui ne se permettoit pas même les plaisirs que semble demander nécessairement la nature. Il donna plusieurs preuves de sa prudence ; je n'en alléguerai qu'un petit nombre d'exemples. Il déploya d'aussi grands talens durant la guerre que durant la paix ; il se piquoit d'être affable, & n'exigeoit précisément que ce qui ne l'exposoit ni au mépris, ni à l'insolence ; ses vertus étoient au-dessus de son âge. Il aimoit toutes les connoiſſances ; on trouva quelquefois en lui un juge inexorable & un cenſeur très-rigide ſur l'article des mœurs. Il plaiſantoit agréablement ſur les richeſſes, & mépriſoit tous les biens du monde ; enfin il diſoit qu'il étoit indigne d'un ſage, attendu qu'il a une ame, *d'aſpirer à être loué pour les qualités du corps.* Pluſieurs exemples prouvent par combien d'actes d'équité il ſe diſtingua ; d'un côté, parce que ſelon la nature des choſes & la qualité des perſonnes, il étoit terrible ſans cruauté ; de l'autre, parce qu'il réprimoit les vices, ſans infliger beaucoup de châtimens ; & qu'il menaçoit plus du glaive, qu'il n'en faiſoit uſage ; enfin pour ne pas raſſembler ici tout ce que je pourrois dire, on ſait qu'il ſe vengea avec tant de modération, de quelques ennemis qui avoient ouvertement tramé contre lui, qu'il adoucit par ſa bonté naturelle la rigueur des ſupplices qu'ils méritoient. Son courage parut encore au milieu des divers combats qu'il livra, dans les fréquentes guerres qu'il ſoutint, & des froids exceſſifs & des chaleurs brûlantes qu'il ſupporta. On demande dans le soldat les qualités du corps, & dans un Général celles de l'esprit. Il fondoit avec intrépidité sur des ennemis féroces, & quelquefois il opposa son corps comme une barriere, à la fuite de ses gens. Toujours à la tête des troupes, lorsqu'il détruisit les Provinces des Germains furieux, ou lorsqu'il fut question de marcher au milieu des sables arides de la Perse, il augmenta la confiance du soldat. Des traits sans nombre & fort connus prouvent jusqu'où alloit son habileté dans l'art militaire; sa conduite dans les sieges des villes & des forts, au mépris des plus grands dangers; la variété de ses ordres de batailles; la sagesse & la prudence avec laquelle il prenoit ses camps, & ses précautions pour pourvoir à la sureté des détachemens & des postes avancés. Il sut se donner tant d'autorité, qu'on le craignoit, quoiqu'on l'aimât aussi tendrement qu'un camarade qui partageoit les travaux & les dangers; on le vit dans les momens les plus critiques, infliger des peines aux lâches; nous avons déjà dit, que n'étant encore que César il eut l'art de conduire ses troupes, sans qu'elles eussent de solde, contre des nations féroces ; parlant avec courage à ceux qui murmuroient, il suffisoit pour les tancer qu'il menaçât de reprendre la vie privée ; parmi les exemples nombreux que je pourrois donner, de l'ascendant qu'il avoit pris, je me bornerai à dire, qu'il ne lui fallut qu'un mot d'exhortation pour conduire les Gaulois accoutumés au froid & au climat du Rhin à travers de vastes pays, & par la brûlante Assyrie, jusques sur les frontieres des Medes.

Il fut si heureux, que porté en quelque sorte sur les ailes d'une fortune favorable, il vint à bout par ses glorieux triomphes, des plus grands obstacles ; après qu'il eut quitté l'Occident, les nations qui l'habitent, comme s'il eût pacifié le monde avec un sceptre magique, furent tranquilles jusqu'à sa mort ; il donna beaucoup de marques incontestables de libéralité, n'imposa que des charges fort légeres, dispensa du Coronaire & des dettes trop arriérées, rendit les droits des particuliers égaux à ceux du fisc, fit grace aux villes des tributs, & les remit en poſſeſſion de leurs terres, excepté de celles que les gens, autrefois en place, avoient vendues comme s'ils en avoient le droit. Il penſoit ſi peu à accumuler de l'argent, qu'il le croyoit bien mieux entre les mains des propriétaires; il alléguoit quelquefois, ce qu'*Alexandre le Grand, à qui l'on demandoit où étoit ſon tréſor*, répondit avec bonté, *chez mes amis.*

Après avoir parlé, quoique ſuccinctement de ce que nous avons pu connoître de ſes vertus, paſſons à ſes défauts. Il étoit trop vif, mais il avoit auſſi cela de bon, qu'il permettoit qu'on le reprît, lorſque ſa vivacité l'emportoit trop loin. Il parloit beaucoup, & gardoit rarement le ſilence; ſon goût pour la divination étoit ſi grand, qu'on peut le comparer à cet égard à Hadrien: plus ſuperſtitieux, qu'obſervateur fidele des cérémonies, il égorgeoit avec profuſion tant de victimes, qu'on crut qu'il n'y auroit pas aſſez de bœufs, s'il revenoit vainqueur des Parthes. Il reſſembloit en cela, à ce Céſar Marcus, duquel on diſoit: *Les bœufs blancs au Céſar Mar-*

*cus. Salut. C'est fait de nous si vous triomphez* (a). Amateur des applaudissemens du peuple, il tiroit vanité avec plus de joie qu'il ne convenoit des plus petites choses, & affectoit, pour paroître populaire, de s'entretenir souvent avec les gens du plus bas étage: par-là, comme il le disoit lui-même, on pouvoit croire que la justice qu'Aratus supposoit s'être retirée dans le Ciel, indignée des vices des mortels, en étoit redescendue sous son regne; mais il s'oublioit quelquefois, par des démarches qui le mettoient en contradiction avec lui-même. Car s'il fit des Edits modérés, il en fit quelques uns aussi, quoique en petit nombre, qui ordonnoient ou défendoient despotiquement certaines choses; telle fut la défense dure qu'il fit aux Rhéteurs & aux Grammairiens Chrétiens d'enseigner, tant qu'ils n'abjureroient pas leur culte. Il fut encore blâmable en ce qu'il permit qu'on forçât contre

(a) Séneque, (*Liv. III, Chap. 27, des Bienfaits,*) rapporte qu'un Sénateur nommé Rufus s'oublia dans un festin au point de dire tout haut, qu'il souhaitoit qu'Auguste ne revînt pas d'un voyage qu'il alloit faire, *& que les taureaux & les veaux faisoient le même vœu.*

l'équité quelques personnes, soit des étrangers, soit de ceux que leurs privileges ou leur origine en exemptoit, à entrer dans divers corps municipaux. Quant à son extérieur, il étoit d'une taille médiocre, ses cheveux, comme s'il les eût toujours peignés, étoient doux ; sa barbe hérissée se terminoit en pointe, le feu qui brilloit dans ses beaux yeux, indiquoit que son ame se trouvoit à l'étroit dans son corps ; ses sourcils étoient agréables, & il avoit le nez fort droit, la bouche un peu trop fendue, la levre inférieure pendante, le cou gros & courbé, & les épaules larges & épaisses. Depuis la tête aux pieds il étoit bien proportionné, ce qui le rendoit robuste & excellent pour la course.

Que ses détracteurs, qui l'accusent d'avoir suscité des guerres funestes à la République, sachent que dans le vrai ce n'est point à Julien, mais à Constance, qui acquiesça avec trop de facilité, comme nous l'avons détaillé plus haut, aux mensonges de Metrodore, qu'il faut attribuer les entreprises contre les Parthes. C'est à cela qu'il faut attribuer encore la ruine de nos armées, la captivité de plusieurs de nos soldats, la destruction de nos villes, la prise & la démolition de nos forts, les dépenses excessives qui ont épuisé nos Provinces, & l'effet des menaces des Parthes, qui ont porté la désolation depuis les frontieres de la Perse, jusqu'au sein de la Bithynie & des rives de la Propontide. L'acharnement de la guerre ne faisoit qu'augmenter dans les Gaules; les Germains répandus sur notre territoire menaçoient de passer les Alpes, pour ravager l'Italie: après des revers sans nombre & inouis, il ne restoit que des sujets de larmes & de terreur; le souvenir de ce qui s'étoit passé, accabloit, & l'idée de ce qu'on avoit encore à redouter, glaçoit d'effroi. A peine Julien envoyé, tout jeune qu'il étoit, dans cette partie occidentale en qualité de César, y fut-il arrivé, que traitant ces Rois en vils esclaves, il remédia à tout avec une célérité admirable. Et pour restaurer aussi promptement l'Orient, il attaqua les Perses, dont il auroit surement triomphé & remporté le surnom de Persique, si le Ciel eût secondé ses desseins & ses entreprises. Il est des gens qui blâment ce Prince, quoiqu'il ait triomphé par-tout, d'avoir imité ces téméraires qui, après avoir été vaincus dans des combats, ou après être échappés au naufrage, bravent encore les coups ou la tempête.

## CHAPITRE V.

*Jovien Primicere des Gardes est tumultuairement élu Empereur.*

On n'eut pas le temps de s'abandonner aux gémissemens, & à la douleur. Après avoir eu soin du corps du défunt, autant que les circonstances le permettoient, & selon qu'il l'avoit ordonné lui-même ; dès le lendemain matin qui étoit le 27 de Juin, l'armée qu'environnoient de tous côtés les Perses, assembla ses Généraux, ainsi que les premiers Officiers des légions & de la cavalerie, pour s'occuper de l'élection d'un chef. Arinthée, Victor, & ceux qui restoient encore de la cour de Constance, s'étant brouillés, se séparerent, & penserent, chacun de son côté, à choisir dans son parti un sujet capable : Névitte, au contraire, Dagalaiphe, & d'autres qui tenoient le premier rang parmi les Gaulois, le chercherent dans leur corps. Tandis qu'ils hésitent, les suffrages se réunirent tout d'une voix en faveur de Salluste : mais il s'excusa, alléguant son âge & ses infirmités ; un soldat distingué qui vit l'extrême obstination de cet Officier à refuser, s'écria : « Eh » mes amis, que feriez-vous dans ce » moment, si l'Empereur absent, ce » qui ne seroit pas sans exemple, » vous eût chargés du soin de cette » guerre ? Mettant à part toute autre » considération, votre principal objet » ne seroit-il pas d'arracher le soldat » aux maux qui le menacent ? Faites-le » donc à présent, & si nous sommes » assez heureux pour rentrer dans la » Mésopotamie, c'est alors que les » deux armées réunissant leurs suffra- » ges ; éliront légitimement un Empe- » reur ». Mais dans ce court intervalle, & pendant qu'on délibéroit encore, quelques turbulens, comme il arrive dans les grands embarras, élirent

Jovien,

Jovien, chef des Gardes, & qui n'avoit qu'une réputation médiocre du côté de son pere ; car il étoit fils de ce Comte Varronianus si connu, qui avoit quitté depuis peu le métier des armes, pour mener une vie tranquille. Révêtu à la hâte des ornemens de la royauté, & tiré brusquement de sa tente, Jovien parcourut donc les rangs de l'armée qui se disposoit à partir. Comme elle occupoit un terrain de quatre milles, les troupes qui étoient devant les étendards, entendant proclamer Jovien Auguste, répéterent plus fort encore les mêmes cris, frappées de la ressemblance du nom, qui ne différoit que d'une lettre, & crurent, par ces acclamations qu'on avoit coutume de donner à Julien, qu'il étoit rétabli ; mais lorsqu'elles virent la figure longue & courbe de Jovien, convaincues de la mort de leur Prince, elles verserent des larmes, & s'abandonnerent à la tristesse ; un censeur rigide, qui condamneroit légérement ce qui se fit dans cette occasion, blâmeroit avec plus d'équité encore des nautoniers, qui après avoir perdu leur pilote habile, confieroient au milieu des flots & de la tempête, le foin du vaisseau, à celui des compagnons de leur péril qui s'offriroit le premier à leurs regards.

L'aveugle fortune régla donc ainsi les choses. L'enseigne des Joviens que commandoit autrefois Varronianus, s'étant brouillé avec Jovien lorsqu'il n'étoit que simple particulier, pour avoir parlé inconsidérément de son pere, craignit un ennemi qui venoit d'être élevé au rang suprême, & prit le parti de passer chez les Perses ; admis devant Sapor qui déjà s'avançoit, il lui annonça que le Prince qu'il craignoit, venoit d'expirer, & qu'au milieu du tumulte, les goujats de l'armée avoient élevé comme un fantôme, Jovien simple garde, homme foible & mou. L'orgueil de Sapor se réveilla à la nouvelle de ce bonheur inattendu qu'il avoit toujours souhaité en tremblant. Il détacha un corps considérable de cavaliers de sa garde, qu'il joignit à ceux qui avoient combattu contre nous, afin qu'ils pussent promptement tomber sur notre arriere-garde.

## CHAPITRE VI.

*Les Romains qui se hâtent de quitter la Perse, sont fréquemment attaqués, pendant leur marche, par les Perses & par les Sarrasins, qui sont obligés de se retirer après avoir beaucoup perdu.*

TEL étoit l'état des affaires, tant de notre côté, que de celui des Perses; on consulta les victimes, & les entrailles des animaux en faveur de Jovien; les réponses furent que sa perte seroit complette s'il se retranchoit, comme il l'avoit résolu, mais qu'il vaincroit s'il se mettoit en marche. Nous commençâmes donc à marcher, & les Perses nous attaquerent avec les éléphans qui les précédoient. Les cris & la marche de ces animaux jeta d'abord le trouble parmi nos gens & nos chevaux; les Joviens (*a*) cependant & les Herculiens après avoir tué quelque monde à l'ennemi, opposerent

(*a*) *Voyez Notice de l'Empire.*

une vigoureuse résistance à ces cavaliers qui étoient couverts de fer. Deux autres légions (*b*) vinrent ensuite au secours de leurs camarades qu'on serroit de près, tuerent deux éléphans, & beaucoup de Perses; il périt à la gauche des hommes d'une grande valeur, Julien, Macrobe, & Maxime, Tribuns des premieres légions de l'armée. On les ensevelit selon que les circonstances le permirent; sur le soir comme nous doublions le pas pour arriver à un fort nommé Sumere, nous reconnûmes le corps d'Anatolius étendu par terre, on l'inhuma à la hâte. Nous fûmes joints ici par soixante soldats & par les Palatins qui s'étoient réfugiés, comme nous l'avons dit plus haut, dans le château de Vaccat. Le jour suivant nous établîmes notre camp, autant que la situation du terrain le comportoit, dans un vallon qui étoit comme environné de murailles, & qui n'avoit qu'une large issue, nous plantâmes tout autour des pieux aussi pointus que des épées. Les ennemis qui virent cette manœuvre,

(*b*) Ammien les appelle *Jovii* & *Victores*. Voyez *la Notice de l'Empire*.

nous envoyerent des défilés qu'ils occupoient, une grêle de fleches, & nous accablerent d'injures, nous appellant perfides meurtriers d'un Prince infiniment estimable ; car ils avoient aussi ouï dire par des transfuges, d'après un bruit vague, que Julien avoit été tué, par un Romain. Les escadrons ennemis, ayant sur ces entrefaites forcé la porte Prétorienne, oserent s'avancer jusqu'à la tente de Jovien ; mais ils furent vigoureusement repoussés, & perdirent beaucoup de monde, sans compter les blessés. Nous quittâmes ce lieu, & occupâmes la nuit suivante Charcha : nous y fûmes en sureté, parce que les levées de terre, qu'on avoit faites sur le rivage pour empêcher les Sarrasins d'insulter l'Assyrie, étant détruites, personne ne pouvoit, comme autrefois, attaquer nos troupes. Après avoir parcouru le premier de Juillet trente stades, nous arrivâmes à une ville nommée Dure ; nos bêtes de somme étoient fatiguées, & ceux qui les conduisoient étant à pied & peu aguerris, une horde de Sarrasins les environna, & les auroit taillés en pieces, si notre cavalerie légere ne fut pas volée à leur secours. Les Sarrasins nous en vouloient, par la raison que Julien ayant défendu qu'on leur donnât, comme autrefois, des récompenses & des gratifications, sur les plaintes qu'ils lui firent, il ne leur répondit autre chose, si ce n'est *qu'un Empereur guerrier & actif n'avoit que du fer & non de l'or à donner.* L'acharnement des Perses nous força à passer quatre jours dans cet endroit; car ils nous poursuivoient & retardoient notre marche par de fréquentes attaques; aussitôt que nous nous arrêtions pour combattre, ils ralentissoient le pas, & nous tourmentoient par ces retardemens. Déjà ( car on aime dans les grands dangers à croire même des fictions, pourvu qu'elles nous flattent ) le bruit se répandit que nous n'étions pas éloignés de nos frontieres; & l'armée demandoit à grands cris, qu'on lui permît de passer le Tigre. L'Empereur de concert avec les Généraux s'y opposa, & conjura les troupes, à la vue de ce fleuve dont la canicule enfloit les eaux, de ne pas s'exposer à ces gouffres funestes : il ajoutoit que le plus grand nombre ne favoit pas nager, & que des corps d'ennemis s'étoient répandus de côté & d'autre sur ses bords. Mais cette demande redoublant malgré les refus, & le soldat qui faisoit grand bruit, donnant lieu de craindre qu'il ne se portât à quelqu'extrémité, on permit à regret, aux Sarmates (c) septentrionaux mêlés avec les Gaulois, de tenter les premiers le passage, afin que si la violence des eaux les emportoit, cet exemple triomphât de l'opiniâtreté du reste de l'armée; & s'ils réussissoient, qu'on pût s'exposer avec plus de confiance. On choisit donc ceux qui savoient nager, & qui dans leur patrie avoient été élevés de leur enfance, à traverser les rivieres. La nuit cachant ce dessein, ils partirent tous à la fois, comme si on les eût lâchés d'une prison, & se trouverent de l'autre côté du fleuve, bien plutôt qu'on ne l'espéroit. Ils firent un grand carnage des Perses qui pleins de sécurité,

(c) Les Freres Valois pensent qu'il faut lire *Germains* au lieu de *Sarmates*; & ils se fondent sur ce qui sera dit plus bas dans le Chapitre VIII; c'est que les Perses se vengerent sur les Romains, de la brusque attaque qu'ils avoient eue à soutenir de la part des Germains.

s'étoient abandonnés au sommeil dans les postes qu'ils devoient garder; puis des mains & de leurs saies entortillées, ils donnerent le signal de leur succès. Nos troupes qui le virent de loin brûloient d'impatience de les suivre, & ne différerent que parce que les architectes promettoient de joindre les ponts avec des outres d'animaux qu'on avoit tués.

## CHAPITRE VII.

*La famine & la disette qu'éprouvoit l'armée, porte Jovien à faire avec Sapor une paix nécessaire, mais honteuse; il rend cinq Provinces, ainsi que Nisibe & Singare.*

AU milieu de tous ces vains efforts, le Roi Sapor qui, lors même qu'il étoit éloigné, & depuis son arrivée, avoit appris par les rapports fideles de ses espions & des transfuges, les prodiges qu'avoient fait nos troupes, le carnage affreux de son monde & la perte de ses éléphans, ce qu'il ne se souvenoit pas lui être arrivé jusques-là, comprit que l'armée Romaine endurcie par des travaux continuels, seroit plus occupée, comme elle le disoit, après la mort de son illustre Empereur, du soin de le venger, que de se conserver, & qu'elle ne sortiroit des dangers qui la menaçoient, que par une victoire complette, ou par un trépas honorable. Tout cela l'inquiétoit & l'alarmoit beaucoup; d'un côté nos soldats répandus dans les provinces pouvoient être rassemblés sans peine; de l'autre, les pertes considérables qu'il avoit essuyées remplissoient ses gens de frayeur; il savoit encore que notre armée de la Mésopotamie n'étoit pas inférieure en nombre à celle que nous lui opposions dans ce moment. Ce qui sur-tout accabloit son esprit alarmé, c'étoit ces cinq cents soldats, qui après avoir traversé le fleuve malgré la hauteur de ses eaux, & égorgé les sentinelles, exhortoient le reste de leurs camarades à imiter leur courage.

 Deux jours s'écoulerent misérablement à essayer de construire les ponts que la violence des flots ne permit pas d'affermir, & à épuiser tous les vivres qu'on avoit ; le soldat que la disette & le désespoir animoit, se disposoit à périr plutôt par le fer, que par une mort aussi honteuse que la faim. L'être suprême veilloit cependant sur nous, & les Perses dont le découragement s'étoit accru de jour en jour en voyant la supériorité que conservoient nos troupes dans presque tous les combats, envoyerent contre toute attente pour parler de paix, deux députés, le Surena & un autre grand Seigneur. Ils proposoient des conditions rudes & difficiles ; ils disoient que leur maître par un principe d'humanité, permettoit au reste de notre armée de se retirer, si le César de concert avec ses Grands qui étoient avec lui, souscrivoit à ce qu'il exigeoit. Nous envoyâmes de notre côté Arinthée & le Préfet Salluste : quatre jours que nous passâmes dans les tourmens d'une faim plus cruelle que la mort, s'écoulerent en pourparlers. Le temps de ces délibérations auroit certainement suffi, si le Prince désabusé étoit sorti insensiblement du pays ennemi, pour arriver aux garnisons que nous avions dans la Cordouene, contrée fertile qui nous appartenoit, & d'où nous n'étions éloignés que de cent milles. Sapor s'obstina à vouloir qu'on lui rendît tout ce qui lui avoit été pris, à ce qu'il disoit, par Maximien; mais dans le fait il demandoit pour notre rançon les cinq provinces qui étoient au-delà du Tigre, savoir l'Arzane (*a*), la Moxoene (*b*) la Zabdicene (*c*), la Rehimene, & la Cordouene, avec quinze places fortes, outre Nisibe, Singare & le fort des Maures (*d*) qui est une place très-commode. Il valoit cent fois mieux combattre que d'accéder à une seule de ces propositions; mais la foule des flatteurs pressoit notre Prince timide; elle donnoit à entendre qu'on avoit lieu de craindre Procope, & assuroit que si Jovien ne hâtoit pas son retour, ce Général ne manqueroit

---

(*a*) Fait aujourd'hui partie du Gouvernement d'*Arzerum*, dans la Turquie Asiatique.

(*b*) Présentement *Moush*, dans le Gouvernement d'*Arzerum*.

(*c*) *Gezira*, dans le *Diar-beckr*.

(*d*) Présentement *Cafar-Tutha*, entre *Dara* & *Ras-Ain*, dans le Gouvernement de *Raca*.

pas à la nouvelle de la mort de Julien, d'exciter des troubles à l'aide des soldats qu'il avoit sous ses ordres, & qui n'avoient essuyé aucune fatigue. Jovien gagné par ces trop fréquentes insinuations, accorda tout de suite ce qu'on demandoit. Il n'obtint que difficilement que Nisibe & Singare passeroient aux Perses sans leurs habitans, & qu'il seroit permis à ceux des autres châteaux d'en sortir pour retourner dans nos places fortes. On ajouta à ces honteux accords une démarche aussi odieuse que funeste, ce fut de nous engager à refuser à Arsace, qui avoit toujours été notre fidele allié, le secours qu'il nous demandoit contre les Perses. Deux raisons portoient les ennemis à insister sur cet article; ils vouloient d'abord punir ce Prince de ce qu'il avoit, par l'ordre de Julien, détruit Chiliocome: ils vouloient encore se réserver la facilité de ravager l'Arménie; aussi Arsace fut-il dans la suite pris vif, & les Parthes profitant des troubles & des dissensions, s'emparerent d'Artaxate (*c*), & de là

(*c*) On montre les ruines de cette place à trois milles d'*Erivan*, en Perse.

plus grande partie de l'Arménie qui confine la Médie. Pour empêcher qu'on ne contrevînt pendant la treve à ce honteux traité, on donna de part & d'autre pour ôtages des personnages de marque ; de notre côté, Remore, Victor & Bellovede, Tribuns de corps distingués dans nos troupes ; de celui des Perses, Bineses qui étoit un des premiers Seigneurs, & trois autres Satrapes estimés. La paix fut donc conclue & jurée pour trente ans. Nous prîmes une autre route, parce que les chemins qui bordoient le fleuve étoient rudes & raboteux, mais la faim & la soif nous tourmentoient toujours.

## CHAPITRE VIII.

*Les Romains passent le Tigre, & après avoir long-temps & cruellement souffert de disette, entrent enfin dans la Mésopotamie. Jovien regle tant bien que mal les affaires de l'Illyrie & des Gaules.*

Cette paix faite sous le spécieux prétexte d'humanité, devint funeste à une infinité de malheureux, qui affoiblis par la faim, & forcés par cela même à dérober la connoissance de leur marche, faute de savoir nager étoient engloutis par les flots, ou s'ils étoient assez heureux pour traverser le fleuve, ils se voyoient égorgés comme des troupeaux de bêtes, soit par les Sarrasins, soit par les Perses, (sur lesquels les Germains, comme nous venons de le dire, étoient brusquement tombés) ou enfin transportés fort loin, ils finissoient par l'esclavage. Dès que les trompettes donnerent ouvertement l'ordre de paſſer le fleuve, il n'eſt pas croyable avec quelle ardeur on s'expoſa à ce danger; chacun ſe préféroit aux autres, & ſe hâtoit d'éviter des maux qui lui paroiſſoient terribles; les uns eſſayoient de retenir avec des claies d'oſier légérement entrelacées, les bêtes de ſomme qui nageoient çà & là; d'autres étoient aſſis ſur des outres, quelques-uns qui tentoient d'autres expédiens dans ce preſſant danger, traverſoient en rompant obliquement les flots. L'Empereur après avoir paſſé avec peu de monde ſur ces petits bateaux qui étoient reſtés de la flotte que Julien fit brûler, réſolut de les faire aller & revenir juſqu'à ce qu'on nous eût tous traverſés. Enfin l'aſſiſtance céleſte nous arrachant à bien des périls, nous atteignîmes tous, à la réſerve des malheureux qui périrent dans le trajet, l'autre rive.

Au milieu des inquiétudes que nous cauſoient la crainte des maux qui nous menaçoient, nos coureurs nous rapporterent que les Perſes jetoient fort loin de nous un pont pour tomber malgré la paix & le traité, ſur nos malades & ſur les bêtes de ſomme qu'on laiſſoit marcher ſans précaution, depuis que les troubles avoient ceſſé; mais s'appercevant qu'ils étoient découverts, ils renoncerent à ce déteſtable projet. Lorſque nous nous vîmes délivrés de cette crainte, nous doublâmes le pas, & vînmes près de Hatra, ancienne ville ſituée au milieu d'un déſert, & abandonnée depuis long-temps. Trajan & Sévere, Princes guerriers, ayant eſſayé à diverſes repriſes de la détruire, y périrent preſque avec leurs armées, comme nous l'avons dit dans la vie de ces Princes. Nous apprîmes qu'il ne ſe trouvoit dans ces régions arides, & qui avoient ſoixante & dix lieues d'étendue, que de l'eau ſalée & fétide; & pour alimens, que de l'aurone, de l'abſynthe, de la ſerpentine, & d'autres herbes auſſi mauvaiſes; nous remplîmes donc d'eau douce nos vaſes, & après avoir tué nos chameaux & nos autres bêtes de charge, on en vint à ces alimens, tout dangereux qu'ils étoient. Au bout d'une marche de ſix jours, nous ne trouvâmes pas même de l'herbe, derniere reſſource dans les périls extrêmes: Caſſien, Duc de la Mésopotamie, & le Tribun Mauricius qui avoient été envoyés pour procurer des vivres, nous joignirent à un château nommé Ur (a) en Persan; ils portoient des provisions qu'avoit conservées en vivant avec épargne, l'armée qu'on avoit laissée sous la conduite de Procope & de Sébastien. D'ici on envoya l'autre Procope Secrétaire, & Mémoride Tribun militaire, en Illyrie & en Gaule, pour annoncer la mort de Julien & l'élévation de Jovien à l'Empire. L'Empereur leur avoit ordonné, en les chargeant des Patentes de Général de l'infanterie & de la cavalerie qu'ils devoient remettre à Lucilien son beaupere, qui s'étoit retiré du service, & qui vivoit alors à Sirmium, de l'engager à se rendre promptement à Milan pour y affermir les affaires, & ce qu'il craignoit sur-tout, pour s'opposer aux incidens qui pourroient survenir. A ces lettres il en avoit ajouté de secretes par lesquelles il conseilloit à Lucilien de se faire accompagner par quelques personnes intelligentes & fidelles dont

(a) Strabon lui donne le nom d'*Orch*, & Ptolomée celui d'*Orchoe*.

il pût se servir au besoin. Envoyant ensuite, avec beaucoup de sagesse, les marques de la dignité à Malarich qui étoit alors en Italie chargé d'affaires particulieres, il l'éleva à la place de Jovin au grade de Général dans les Gaules; par là il écarta d'un côté un homme d'un grand mérite, & de l'autre il compta que Malarich le regardant comme l'auteur d'une fortune à laquelle sa médiocrité ne lui auroit jamais permis d'aspirer, n'en auroit que plus de zele pour l'affermir sur son trône encore chancelant.

Il ordonna à ceux qu'il envoya pour exécuter ces commissions, d'exalter tout ce qui s'étoit passé, & de s'accorder à répandre de tous côtés la nouvelle que l'expédition des Parthes étoit heureusement terminée: il voulut aussi que marchant nuit & jour, ils remissent le plutôt possible les lettres du nouvel Empereur aux Gouverneurs des provinces & des troupes; qu'après s'être informés sous main des dispositions de chacun, ils revinssent au plus vîte lui en faire rapport, afin qu'instruit de ce qui se passoit dans les régions éloignées, il pût aviser à des moyens sûrs & prudens d'assurer sa dignité. Mais l'histoire lamentable de nos désastres précédant ces messagers, voloit en quelque sorte par les provinces & par les contrées ; les habitans de Nisibe furent sur-tout atterrés en apprenant que leur ville étoit abandonnée à Sapor ; ils ne pouvoient que redouter la colere & le ressentiment de ce Prince, au ressouvenir de ce qu'il avoit perdu toutes les fois qu'il avoit attaqué cette place. Il étoit incontestable que sans la situation avantageuse & la bonté des murailles de cette ville, toutes les parties orientales de l'Empire auroient subi le joug des Perses. Au milieu des alarmes que leur causoient les maux qui les menaçoient, ils avoient pourtant ce foible espoir, c'est que l'Empereur, ou de lui-même, ou touché par leurs instances, se détermineroit à conserver leur ville, comme la barriere la plus forte de l'Orient.

Tandis que ces divers bruits se répandoient par-tout, le peu de vivres qu'on avoit amenés, comme nous l'avons dit, à l'armée, étant consumés, nous nous ferions vus réduits à manger de la chair humaine, si celle des bêtes que l'on tua n'avoit pas duré quelque temps; cette disette fit aussi qu'on se débarrassa de la plus grande partie de ses armes & du bagage. Car nous souffrîmes une si grande faim, que si l'on trouvoit par hasard ( ce qui arrivoit bien rarement ) un boisseau de farine, on en donnoit au moins dix pieces d'or (*b*). Nous vînmes de là à Thilsaphata; Sébastien, Procope, & les chefs des troupes, chargés du soin de défendre la Mésopotamie, s'y rendirent comme l'exigeoit la circonstance; ils furent gracieusement accueillis, & nous accompagnerent. Nous hâtâmes notre marche, & découvrîmes avec plaisir Nisibe; l'Empereur établit son camp hors de la ville; une foule innombrable de peuple le conjura d'y entrer & de

―――――――――――

( *b* ) L'*aureus* ou *denier d'or*, valoit vingt-cinq drachmes; en comptant la drachme ou le denier d'argent à trois gros de notre monnoie, le boisseau auroit coûté trente & un rixdaler & six gros. Il faut observer que la valeur des *aurei*, varia. Du temps d'Aurélien on ne frappoit que quarante *aurei* d'une livre d'or, & sous Justinien septante-deux. *Voyez Pitiscus & Gronovius sur Gell. Liv. 1, Chap. 19.*

loger au palais selon l'usage des Princes; il le refusa obstinément, rougissant sans doute de voir une ville imprenable passer sous ses yeux au pouvoir d'ennemis irrités.

Sur le soir Jovien, le premier des Secrétaires & le même qui au siege de Majozamalcha sortit avec quelques-uns de ses camarades par une mine, fut arraché de table, conduit à l'écart & précipité dans un puits sec, où il fut accablé sous une quantité de pierres : vraisemblablement parce qu'à la mort de Julien il fut nommé par un petit nombre, comme digne de succéder à ce Prince, & que depuis l'élévation de Jovien il ne mit pas assez de prudence dans sa conduite, car il murmuroit de ce qui s'étoit passé, & régaloit quelquefois les soldats.

## CHAPITRE IX.

*Binese, Seigneur Persan, reçoit des mains de Jovien, la ville imprenable de Nisibe; les habitans quittent avec douleur leur patrie, & se retirent à Amide. Selon le traité on assigne cinq Provinces, avec la ville de Singar, & seize Châteaux.*

Le lendemain Bineses qui étoit, comme on l'a déjà dit, un des premiers Officiers du Roi, se hâtant d'exécuter les ordres de son maître, demanda avec instance qu'on satisfît aux accords; & avec la permission de Jovien, il entra dans la ville, arbora sur la citadelle l'étendard de sa nation, annonça aux habitans la déplorable nouvelle de leur expatriation, & aussitôt leur ordonna à tous de sortir. Ces malheureux demanderent à mains jointes qu'on ne les forçât pas à se retirer, qu'ils s'engageoient à défendre seuls cette place; qu'ils n'exigeoient pas même qu'on leur fournît des soldats ou des vivres, & qu'ils comptoient sur la providence qui les avoit plus d'une fois protégés en pareille occasion. Les gens distingués aussi bien que le peuple, faisoient la même priere, mais c'étoit frapper l'air; l'Empereur qui avoit d'autres sujets de crainte, allégua qu'il ne vouloit pas se rendre coupable de parjure. Alors Sabinus qui tenoit par sa naissance & par ses richesses le premier rang parmi les habitans, dit avec vivacité, que Constance vaincu quelquefois dans les guerres furieuses qu'il avoit faites aux Perses, & réduit à fuir avec un petit nombre des siens jusqu'à Hibita, place peu sûre, s'étoit vu réduit à se contenter du pain que lui avoit présenté une vieille paysanne : qu'il n'avoit cependant rien perdu de ses provinces jusqu'à sa mort ; & que Jovien abanbonnoit dès le commencement de son regne le boulevard, qui avoit toujours défendu ces contrées. A la fin tous ces discours ne faisant rien sur le Prince, qui prétexta toujours la religion du serment, un certain Avocat, nommé Silvanus, au moment où Jovien accepta la couronne qu'il avoit refusée quelque temps, s'écria courageusement : *Prince, puissent les autres villes qui vous restent vous couronner de même.* Ces paroles irriterent si fort l'Empereur, qu'il ordonna que les habitans déjà au désespoir de la situation présente des affaires, évacuassent la ville dans trois jours. On établit des exécuteurs qui menaçoient de mort ceux qui différeroient de sortir, & la place fut remplie de deuil & de gémissemens. Un cri général de douleur retentit de tous côtés : ici c'étoit une femme illustre qui s'arrachoit les cheveux en quittant la ville qui l'avoit vue naître, là une mere privée de ses enfans ou de son époux, se voyoit chassée loin de leurs tombeaux; cette troupe de malheureux arrosoit de ses larmes les poteaux & les seuils de leurs demeures. Depuis ce moment les rues furent remplies de fuyards. Plusieurs se hâtoient d'enlever, comme s'ils les eussent volées, leurs propres richesses qu'ils comptoient de transporter sur des chariots; la disette de chevaux fit qu'on abandonna beaucoup de meubles précieux.

Fortune de l'Empire, on peut à bon droit

droit vous reprocher que, tandis qu'il falloit à l'Etat ébranlé par d'affreuses tempêtes un chef habile, vous en avez confié la conduite à un jeune homme, qu'il seroit aussi injuste de louer que de blâmer, puisqu'il ne s'étoit fait connoître jusqu'alors par aucune action brillante en ce genre. Ce qui affligea sensiblement les gens de bien, c'est que la crainte d'avoir un rival, & que quelque téméraire ne formât dans les Gaules & dans l'Illyrie, ce qui étoit déjà plus d'une fois arrivé, des projets d'élévation, lui fit pour hâter son retour commettre, sous le prétexte d'éviter un parjure, l'indigne action de livrer Nisibe, qui déjà du temps de Mithridate, avoit puissamment défendu aux Perses l'entrée de l'Orient ; car on ne trouvera jamais dans nos annales qu'aucun Empereur, ou Consul, ait cédé depuis notre origine la moindre partie de nos terres à un ennemi ; & ce fut toujours, non pour des Provinces recouvrées, mais pour des acquisitions ajoutées au Domaine de la République, qu'on accorda les honneurs du triomphe. De-là vient qu'on les refusa à P. Scipion qui reçonquit l'Espagne, à Fulvius qui vainquit Capoue dans une longue guerre, & à Opimius qui après plusieurs combats força à se rendre les Fregellans (*a*), qui étoient alors des ennemis très-dangereux. Nos annales nous disent encore que des traités honteux qu'avoit extorqué la nécessité, furent rompus, & que les guerres recommencèrent aussi-tôt, quoique les deux partis eussent confirmé ces accords par le serment : par exemple, lorsque nos légions subirent anciennement le joug dans le pays des Samnites (*b*) aux fourches caudines ; lorsqu'Albinus traita indignement de la paix dans la Numidie, & qu'on abandonna aux Numantins, Mancinus auteur d'une convention honteusement précipitée. Après qu'on eut donc fait sortir les habitans, livré la ville & envoyé le Tribun Constance pour remettre aux Seigneurs Persans, les forts & les pays dont on étoit convenu, Procope fut chargé d'accompagner le corps de Julien & de l'inhumer ainsi qu'il l'avoit

(*a*) Voyez Valere-Maxime, Liv. II, Ch. 8, §. 4, 5.
(*b*) Voyez Flor. Liv. I, Ch. 16; II, Chap. 18.

ordonné dans le fauxbourg de Tarſe. Procope, auſſi-tôt qu'il ſe fut acquité de ce devoir, diſparut; & malgré les ſoins qu'on ſe donna pour découvrir ſa retraite, il ne parut que long-temps après devant Conſtantinople, revêtu de la pourpre.

## CHAPITRE X.

*Jovien qui craint les entrepriſes qu'on peut former en Syrie, en Cilicie, en Cappadoce & dans la Galatie, accélere ſa marche; il prend à Ancyre le Conſulat avec ſon fils Varronien qui étoit encore enfant; peu après il expire de mort ſubite à Dadaſtane.*

LES affaires étant ainſi terminées, nous nous mîmes en marche, & arrivâmes à Antioche. Comme ſi le ciel étoit courroucé, on n'y vit pendant pluſieurs jours, qu'une foule de choſes effrayantes; les experts aſſurerent que ces prodiges annonçoient des événemens déplorables; car la ſtatue du Céſar Maximien, qui eſt dans le veſtibule du château, perdit tout à coup la sphere d'airain faite en façon de globe, qu'elle tenoit à la main. Les folives de la chambre du conseil firent un bruit effroyable ; il apparut de temps en temps des cometes, sur la nature desquelles les Physiciens raisonnent diversement. Les uns pensent qu'on les nomme ainsi, parce que les feux tors comme des cheveux qu'elles répandent, ne sont autre chose qu'un amas de quantité d'étoiles ; d'autres prétendent que ce ne sont que des exhalaisons arides qui s'élevent peu à peu à une certaine hauteur de la terre & s'enflamment. Ceux-ci croient que les rayons du soleil arrêtés dans leur cours par un nuage épais qui les empêche de se propager, forment par leur mélange avec ce corps opaque une lumiere qui semble composée d'étoiles. Quelques-uns sont dans l'idée, que ce phénomene n'a lieu, que lorsqu'un nuage élevé plus que de coutume, brille des feux éternels du soleil dont il est voisin ; ou que ce sont des astres semblables aux autres, mais dont nous ignorons le temps marqué de leur lever, ou de leur coucher. Les écrits des Philosophes fournissent encore plusieurs autres opinions sur ces corps ; nous les passerons sous silence, pour ne pas embarrasser le cours de notre narration.

Jovien s'arrêta quelque temps à Antioche ; accablé du poids de diverses affaires, il souhaita ardemment de quitter cette ville : n'épargnant donc ni les troupes, ni les chevaux, il en partit au fort de l'hiver, malgré les présages peu favorables, dont nous avons parlé, pour venir à Tarse (a) ville célebre de la Cilicie ; nous en avons rapporté plus haut l'origine. Il continua sa route avec une extrême diligence & résolut d'orner le tombeau de Julien qui étoit derriere les murailles, & sur le chemin qui conduit aux défilés du mont Taurus. Si on y eût bien pensé, on n'auroit pas choisi le Cydne, tout agréable & belle que soit cette riviere, pour arroser la cendre de Julien, & éterniser la mémoire de ses hauts faits, mais plutôt le Tibre qui traverse la ville éternelle, & qui baigne les monumens des Dieux de nos ancêtres. Jovien quit-

(a) *Tarsous*, dans la Caramanie.

tant Tarſe, ſe rendit à grandes journées à Tyane (*b*), ville de la Cappadoce; Procope le Secrétaire & Mémoride le Tribun vinrent à ſa rencontre, ils lui raconterent ce qui s'étoit paſſé, & d'abord en ſuivant l'ordre des événemens ils dirent; que Lucilien arrivé à Milan avec Seniachus & Valentinien Tribuns qu'il avoit pris avec lui, ayant appris que Malarich refuſoit la charge qu'on vouloit lui donner, s'étoit promptement réfugié à Rheims: que là, ſortant des bornes de ſa charge, il avoit mal à propos, & comme ſi l'on étoit en pleine paix, voulu rechercher les comptes du ci-devant Actuaire (*c*); que celui-ci qui ſe ſentoit coupable, s'étoit réfugié aux drapeaux, avoit feint que Julien vivoit encore, & qu'un homme médiocre cherchoit à innover; par cette ruſe il échauffa les troupes qui tuèrent Lucilien & Seniachus; que Valentinien (le même qui peu après fut Empereur), tout tremblant & ne ſa-

---

(*b*) On ne connoît pas actuellement l'emplacement de Tyane.

(*c*) Sorte de Commis qui dans les armées Romaines diſtribuoit les vivres aux ſoldats.

chant où se sauver, avoit été caché par son hôte Primitivus.

A ces tristes nouvelles ils en ajouterent une agréable ; c'est qu'il arrivoit des soldats envoyés par Jovin, de ceux qu'on nomme en termes militaires chefs des écoles, pour déclarer que l'armée Gauloise se soumettoit avec joie à l'empire de Jovien. Sur cela Valentinien qui étoit revenu avec eux, fut nommé chef de la seconde école des Scutaires, & Vitalien fut mis dans le corps des Gardes, il étoit soldat parmi les Erules ; long-temps après il fut élevé à la dignité de Comte, mais il fit mal ses affaires dans l'Illyrie. Arinthée fut aussitôt député dans les Gaules, avec des lettres pour Jovin, dont il devoit occuper & remplir avec fermeté le poste : il lui fut encore ordonné de punir l'auteur du trouble, & d'envoyer chargés de chaînes à la cour, ceux qui avoient trempé dans la sédition. Ces arrangemens que les circonstances sembloient demander, ayant été faits ; l'Empereur donna audience dans Aspune, petite ville de la Galatie, aux soldats Gaulois. On les admit dans le conseil, & favorablement accueillis à cause des bonnes nouvelles qu'ils portoient, ils furent récompensés & renvoyés à leurs drapeaux. Jovien se rendit ensuite à Ancyre (*d*), où après les préparatifs nécessaires vu les circonstances, il entra dans le Consulat, s'associant son fils Varronien qui étoit extrêmement jeune. Les cris que fit cet enfant pendant qu'on le portoit, selon l'usage, dans la chaire curule, furent un présage de ce qui arriva peu après.

Il parut depuis ce moment que Jovien se hâtoit d'approcher à grands pas du terme qui devoit finir sa carriere. Car étant arrivé à Dadastane (*e*) ville qui sépare la Bithynie de la Galatie, il fut trouvé mort dans la nuit, ce qui donna lieu à plusieurs soupçons. On dit qu'il périt de l'odeur de la chaux dont on avoit fraîchement enduit sa chambre à coucher, ou de la vapeur de charbons allumés, ou d'une indigestion, causée par une

---

(*d*) Aujourd'hui *Angoura* ou *Angouri*, dans l'Anatolie; c'est aux environs de cette ville que Bajazet fut vaincu & fait prisonnier, en 1401, par Timur.

(*e*) Elle étoit sur le fleuve Sangarius.

trop grande quantité d'alimens, dont il s'étoit surchargé. Il mourut âgé de trente trois ans. Sa fin fut pareille à celle de Scipion Emilien (a), & nous trouvons qu'on n'a pas plus fait de recherches sur la mort de l'un que sur celle de l'autre. Il marchoit pesamment, avoit un air fort gai, & les yeux bleus; sa taille étoit si haute & si épaisse, qu'on fut long-temps à trouver des vétemens royaux qui s'y ajustassent. Il avoit pris Constance pour modele & s'occupoit quelquefois de choses sérieuses l'après midi. Il s'amusoit souvent à badiner en public avec ses courtisans. Il aimoit la religion chrétienne; il lui accorda même quelquefois des distinctions, & quoiqu'il n'en eût qu'une connoissance médiocre, il témoigna son penchant pour elle, par les postes qu'il accorda à quelques-uns de ceux qui la professoient; il mangeoit beaucoup, & s'abandonnoit au vin & aux femmes; peut-être la décence qu'on doit au trône, l'eût-elle corrigé dans la suite de ces vices. Le bruit courut que

(f) *Voyez Valere-Maxime, Liv. VIII, §. 4;*
*Velleius Paterculus, II, §. 4.*

Varronnien son pere avoit été long-temps auparavant, averti en songe de cet événement, & qu'il en fit part à deux de ses intimes amis, ayant ajouté qu'on lui déféreroit le Consulat ; mais s'il obtint l'un, il manqua l'autre ; car il mourut avant de voir son fils dans l'élévation, où il apprit qu'il étoit ; & comme il avoit été prédit en songe à ce vieillard qu'une dignité considérable étoit réservée à son nom, son petit-fils Varronien encore enfant fut déclaré Consul avec son pere Jovien.

*Note*. L'édition de *Gronovius* que j'ai suivie, indique pour ce livre onze sommaires de chapitres, tandis qu'il n'y en a réellement que dix.

*Fin du Tome second.*